Zur Stimme finden
Dorottya Rerrich

Gewidmet

meiner Mutter, Maria M. Rerrich,
die eine so schöne Stimme hat, die ich schon sehr früh hörte

meiner Großmutter, Maria Kéler †,
die so sanft und heiter war und die Gedichte schrieb

Frau Professor Margret Langen †,
Sängerin und Professorin für Stimmbildung und
Sprachgestaltung

Sylvie Bothe †, geb. Gassmann,
Yogalehrerin, Schauspielerin, Sozialarbeiterin

Ursula Geßlein

Weil ich keine Hierarchie des Dankes aufstellen möchte, erfolgt mein folgendes Danksagen versuchterweise chronologisch bzw. im Hinblick auf ihre Unterstützung für die Dissertation:

Aus ganzem Herzen danke ich auch meinem Vater Béla Rerrich in Schweden * meiner Schwester Marcsi Rerrich * meinem Schwager Heinrich Bollinger *
Konstantin Gregor Mathéy
Root Leeb * Waltraud Knaier-Thullner*

Heiner Keupp * Frau Professor Annemarie Bäuml-Roßnagl
Dr. A. Houben
Allen Dokorandinnen und Doktoranden im gemeindepsychologischen Forschungskolloquium von Heiner Keupp

Angela Lipp * Alexandra Mager * Gabriele Fues
Eva Egartner * Maria Flaig * Brigitte Kiefer *
Allen Frauen bei Prima♀Donna in den Jahren 1986–1992
Roswitha Soltau und den damaligen Mitarbeiterinnen und Mitarbeitern der Beratungsstelle von Condrobs e.V.
Axel Eberth * Gerhard Eckstein

Marianne Köppelmann * János Gönczöl * Inge Langen * Polyxene Mathéy * Alexandros Mathéy * Sanne Droege * Elmar Koenen * Elisabeth v.d. Goltz * Gabriella Bitskey * Wolfgang Faber

Dr. Jochen Strüngmann * Dr. Carola Burkhardt-Neumann * Pfarrer L. Huber *
Trikčs * Maria A. Ximenes * Maria Sučli Pavani * Yara J. Costa * Roswitha Langer * Marianne P. Cárdenas * Cornelius Souchay * Everaudo Rangel * Mireille Bock Van Mierlo * Sascha Bock * Fernando Chaim * Marcos dos Santos Silva * Conny Rose *

Toni Faltermaier * Wolfgang Kraus * Wolfgang Stark * Moni Bobzien * Rolf Marschner * Geli Franz * Rolf Schwendter *Ursula Meiler-Albrecht * Frank Albrecht *Bettina Meier-Kaiser * Sabine Kuhn-Zaidenstadt * Agi Perge Szücs * Heni Szücs * Manu Mantini * Szandra Perge * Sarah Thullner * Phia Böhnisch * Anais Greifenstein * Michael Klotz * Jóska Schranz-Somorjai * Rudi Laschinger * Joseph Weizenbaum * Gunna Wendt * Hans von Kéler * Christine Scherrmann * Sigrun Anselm *Dr. Almuth Paluka * Ruth Seebauer * Chunauti Katrin Kähler * Friederike Freytag * Annemie Blessing * Eva Bauer * Stefanie und Tilman Evers * Angelika Kreuzer * Winfried Krämer * Michael Weil * Prof. Jutta Allmendinger * Dr. Hanna Brückner * Beate Hummel * Christine Plahl * Irene Lorenz * Maria Dornauer * Ulrike Ebbinghaus * Rainer Eckerl und allen Mitarbeiterinnen und Mitarbeitern des Arbeitskreises Legasthenie Bayern e.V. * den Kindern * Maud V. Conta * Helga Bilden * Poline Hilsenbeck * Mr. David Grozier * Dr. Ursula Götter * Carmen Tatschmurat * Kilian Gaertner * Thomas Wex * sowie die Person (Personen?), die ich wahrscheinlich vergessen habe – und das tut mir sehr leid!

Ich danke gesondert sehr herzlich den Frauen und Männern, mit denen ich Interviews machte, die in dieser Arbeit in Ausschnitten wiedergegeben sind – in der Reihenfolge ihres Erscheinens: X.X. * Bettina Meier-Kaiser * Gert Westphal * János Gönczöl * Rafik Schami * Senta Fricke * Alexandra Mager *
sowie Elke Geese * Ricky Gehrig * Den Studentinnen an der TU in Darmstadt, die an der Zukunftswerkstatt teilnahmen, danke ich herzlich.

Für's Lesen, Anmerkungen zu und Korrekturen an der Arbeit bzw. von Kapiteln der Arbeit danke ich ganz herzlich Heiner Keupp * Frau Prof. M.-A. Bäuml-Roßnagl * Konstantin Mathéy * János Gönczöl * Sanne Droege * Polyxene Mathéy * Heinrich Bollinger * Toni Faltermaier * Maria M. Rerrich * Inge Langen * Angela Lipp * Root Leeb * Waltraud Knaier-Thullner * Wolfgang Faber * Roswitha Schroeter * Annette Tretzel * Matthias Junker * Klaus Weber * Angelika Holtermann * Karin Berner * Ottmar Mareis

Meiner Großmutter † danke ich sehr herzlich für die handschriftliche alphabetische Auflistung der Fotokopien für diese Arbeit.

Christiane Schöttler danke ich aus ganzem Herzen für die hervorragenden Computer Lay-Out Arbeiten.

Ich empfand es als ein Geschenk, wie Ralf Rainer Reimann die Buchentstehung betreute. Ein schönes Buch zu verlegen war sein Ziel. Lieben Dank dafür.

Gliederung

I. Liebe Psyche! 10

II. Μεθ' οδος: Über den Weg 21

III. Prima♀Donna, Condrobs e.V.: Der Sehnsucht
 nach dem Leben auf der Spur 43

IV. Von Poesie, dramatischer Sprechkunst
 und der Kunst arabischen Erzählens 63

V. Was viele Frauen tun: Vom Lieben, Zuhören –
 und Sprechen mit Babys und Kleinkindern 106

VI. A Dieu 126

Bibliographie 137

I. Liebe Psyche!

München, im Frühling 1998

Liebe Psyche!

Es ist das Jahr 1998 nach Christi Geburt.

Ich schreibe Dir, weil ich hoffe, daß Du mir helfen kannst. Schließlich ist die Wissenschaft, in der ich diese Dissertation schreibe ("Psychologie") nach Dir benannt. Wußtest Du das? Es gibt eine Wissenschaft, die nach Dir – einer Frau – benannt ist!

Das ist deshalb phänomenal, weil es bis heute eher untypisch ist, daß sich Wissenschaften an Frauen orientieren. In Deutschland werden Frauen im Jahre 2000 noch keine 100 Jahre (!) an den Universitäten als Studierende (!) zugelassen sein (vgl. Bußmann, 1993). Und in anderen Ländern sieht's ähnlich aus. Weißt Du, wieviel (wie wenig) Prozent Professorinnen es heute in der Psychologie gibt? Und rat 'mal, wie "viele von diesen Professorinnen Mann und Kinder haben? (1) Immerhin sieht es in der Psychologie noch besser aus als in der Philosophie etwa oder gar der Theologie.

Für meine Dissertation schreibe ich einfach direkt an Dich. Ich stelle mir vor, daß Du mich als Frau verstehen kannst. Aus Deiner historischen und geographischen Distanz sehen manche Dinge bestimmt anders aus. Ja, und Eros ist doch Dein Geliebter. Freud hat Eros' Namen aufgegriffen, um damit ein großes Geheimnis zu umschreiben. Er wollte mit Eros' Namen – Eros als Gott der Liebe – Anfang dieses Jahrhunderts das Wesen des Seins beschreiben, und nannte es "die Gesamtheit der Lebenstriebe". Liebe ist mir in dieser Arbeit von zentraler Bedeutung.

Übrigens: Eine "Dissertation" gilt als ein "höherer" akademischer Abschluß, deren Kriterien vor langer Zeit vermutlich ausschließlich von Männern – Männern in privilegierten gesellschaftlichen Verhältnissen und im Hinblick auf Frauen in bevormundender Position – festgelegt, sowie formal und inhaltlich von Männern tradiert wurden. Was meinst Du, werden solche undemokratisch institutionalisierten Qualifikationsnachweise wohl noch lange gültig sein? Was denkst Du ehrlich als Frau, wird auch in Zukunft ein Geschlecht allein über akademische Qualifikationen bestimmen, die man und frau sich biographisch in den Lebensjahren von Familiengründung und Kindererziehung erwerben? Soll denn wirklich ein von der Herrschaftsgeschichte der sog. Ersten Welt geprägter, vom "Leistungsprinzip" (vgl. Marcuse, Kapitel II.) geplagter Männerbetrieb den immer zahlreicher dazukommenden Frauen vorschreiben und vorleben, was und wie "Univers"ität zu sein hat?

Ich meine nicht. Klar wurde mir, daß ein radikaler Wandel "von unten" durch Frauen in der Uni möglich ist, als ich vor vier Jahren eine Zukunftswerkstatt für Frauen an der psychologischen Fakultät der Technischen Universität in Darmstadt hielt. Dir zu Ehren hatte ich die Zukunftswerkstatt mit dem Titel ausgeschrieben: "Psyche's Zukunftsperspektiven. Oder: Was will ich eigentlich als Frau in meinem Psychologiestudium?"

Die örtliche Frauenbeauftragte hatte die Realisierung der Zukunftswerkstatt ermöglicht. Wir hatten die Uni "für uns", denn die Zukunftswerkstatt fand an zwei Wochenenden statt. Als erstes haben wir – mit musikalischer Begleitung – den großen Seminarraum kurzerhand ausgeräumt und fantasievoll und bunt umgestaltet. Darin haben wir uns dann "frei" getanzt, bewegt, getönt und gelacht. Auf von den Frauen mitgebrachten bunten Decken haben wir's uns dann in einem Kreis auf dem Boden gemütlich gemacht. Ein leuchtender Blumenstrauß stand in einer Vase in der Mitte.

Es gäbe viel über diese Zukunftswerkstatt zu erzählen. Einige zentrale Erlebnisse waren für mich die liebevolle Fantasie, mit der Frauen sich Projekte, in und an denen sie gerne arbeiten würden, ausdachten, malten und dann erzählten. (Ich hatte im Utopieteil der Zukunftswerkstatt eine Fantasie mit einer Entspannungsphase vorangestellt: "Stelle Dir vor, Deine Stimme hat jede Entscheidungsbefugnis über die Gestaltung der Psychologie in Deutschland – Psychotherapie, psychosoziale Praxis, Theoriebildung, Forschung, Lehre, Veröffentlichungen, Zeitschriften, Gesundheits- und Sozialpolitik – alle erdenklichen Sparten. Alles ist Dir möglich und Du traust Dir alles zu. – Was willst Du tun? Was, wie, wann, wo? Was brauchst Du dafür an Unterstützung?)

Dann hättest Du unser gemeinsam gemaltes Bild von der Alma Mater sehen sollen! Sie lachte, hatte die Arme ausgestreckt, trug rote Tanzschuhe und ein weites grünes Kleid. Wir haben um diese gemalte neue Schutzpatronin dann unsere Wünsche an die Universität geschrieben: z.B. Licht und Erkenntnis; die Umwelt nicht eingehen lassen; ein achtsameres Miteinander Umgehen; Raum für Gefühle; mehr Offenheit und Ehrlichkeit; Zeit haben; eine Einheit von Körper, Geist und Seele; mit Anderen zusammenarbeiten; Mitreden ... Auch hatten Frauen auf das Plakat Symbole gemalt: ein leuchtendes lichtgelbes Dreieck, das nach innen Regenbogenfarben hatte, sowie ein fließendes Gewässer und eine lodernde Feuerstelle.

Toll waren unsere Percussion-Improvisationen in der großen Säulenhalle im Erdgeschoß. Eine neue Erfahrung, sich als Frau an der Uni "öffentlichen" Raum zu nehmen! Was haben wir gelacht! Ja, und für den Abschluß der Zukunftswerkstatt komponierte eine Frau eine Melodie. Zu dieser Melodie haben wir gemeinsam ein Lied gedichtet, mit dem Titel: "Wo komm ich her, wo geh' ich hin?" Wir haben es mit Instrumenten begleitet und auf Kassette aufgenommen.

Psyche, stell' Dir vor, Frauen sind in der Psychologie als Studentinnen inzwischen in der Mehrzahl! Wenn sich diese Frauen immer mehr Raum nehmen, um ihre Stimmen darin zu entfalten – da beginnt Frau Alma Mater wirklich zu lachen, meinst Du nicht auch?!

Als Verfasserin einer Dissertation stellte ich mir die Frage, wie ich meine Stimme als Frau am sinnvollsten in die Wissenschaft der Psyche einbringen könnte. Ich habe dafür eine Empfehlung von Adrienne Rich beherzigt, eine U.S. amerikanische feministische Wissenschaftlerin in Women's Studies (das gibt's in Deutschland noch nicht: eigenständige Fakultäten an der Uni von und für Frauen):

> *"Es ist kein Leichtes, wie eine Frau zu denken in einer Männerwelt, in der Welt der Professionen .... Wie eine Frau zu denken in einer Männerwelt heißt, kritisch zu denken. Sich*

zu weigern, das Gegebene hinzunehmen. Zusammenhänge zwischen solchen Fakten und Ideen herzustellen, die Männer übergangen haben.

Es heißt, sich zu erinnern, daß jeder Geist in einem Körper residiert; dem weiblichen Körper, in dem wir leben, Rechenschaft zu leisten; ständig gegebene Hypothesen gegen gelebte Erfahrung zu überprüfen. Es bedeutet eine fortwährende Kritik an Sprache. Denn wie es Wittgenstein (kein Feminist) einmal ausdrückte: "Die Grenzen meiner Sprache sind die Grenzen meiner Welt." Und es bedeutet das Schwierigste überhaupt: In der Kunst und in der Literatur, in den Sprachwissenschaften, in allen Beschreibungen, die wir über die Welt erhalten, auf das Schweigen, auf die Auslassungen, auf die unbenannten und unausgesprochenen aber kodierten Phänomene zu horchen und auf sie zu achten – denn dort werden wir echtes Wissen über Frauen finden. Und indem wir jenes Schweigen brechen, unser jeweiliges Selbst benennen, das Verborgene aufbrechen, uns präsent machen, beginnen wir, eine Realität zu definieren, die Resonanz hat mit uns, unser Sein bejaht ..."
(Rich, 1979, 244f.; Übers. D.R.)

Ich habe lange in einem selbstorganisierten Frauenprojekt für heroinabhängige Frauen gearbeitet. Dort haben wir – professionelle Frauen wie betroffene Frauen – unsere Stimmen eingebracht, um gemeinsam eine Realität zu gestalten und zu definieren, "die Resonanz hat mit uns und die unser Sein bejaht". Vom Weg, als Frauen eine Realität gemeinsam zu gestalten und zu definieren, die unser Sein bejaht – davon handelt meine Dissertation. Mich interessiert, wie Frauen Lebenskräfte von Frauen und von Anderen stärken können. Nicht zufällig lautet die zentrale Fragestellung meiner Dissertation:

Was kann ich tun, damit die Liebe an Kräften zunimmt?

Diese Frage interessiert mich hinsichtlich wissenschaftlichen Arbeitens, wie auch hinsichtlich meiner Arbeit als praktisch tätige Psychologin bei PrimaºDonna, Condrobs e.V. und folgenden Aufgaben.

Kapitel II.: Μεθ' οδος: Über den Weg

Der Weg, den ich gegangen bin und die Weise, wie ich ihn in dieser Arbeit darstelle, wird Dir schnell verständlich, wenn ich dazusage, daß die Zeit, in der ich lebe, eine ist, in der die Menschheit seit Jahrzehnten ausgelöscht werden könnte. Das sogenannte "Atomzeitalter" begann übrigens gegen Ende des schrecklichsten Weltkrieges, den die Menschheit je erfahren hat (Anders, 1981). Seither haben außerdem der dominierende wissenschaftlich-technische Fort-schritt in den modernen Industrienationen und die vorherrschenden, Menschen und Natur ausbeutenden ökonomischen Produktionsweisen strukturelle Gewaltprobleme und eine globale Umweltzerstörung in Dimensionen geschaffen, die nicht nur das menschliche Vorstellungsvermögen, sondern das menschliche Vermögen zur Angstbewältigung übersteigt (Petri, 1987)

Ich fragte mich, wie es in dieser Wirklichkeit sinnvoll ist, eine wissenschaftliche Arbeit zu schreiben. Das " W i e " schien mir entscheidend zu sein. Ich beschloß, das "Wie" ernst zu nehmen. So begann ich, nicht mehr in atemberaubender Geschwindigkeit auf der "Autobahn der Wissenschaft" mitzurasen. Was das bedeutet? Zum Beispiel die unverdauliche Menge wissenschaftlicher Veröffentlichungen beschleunigt zu "lesen", und dabei das eigene Wohlbefinden zu ignorieren. Oder: Neben Beruf und Dissertation hier noch einen Aufsatz zu schreiben, dort einen Vortrag zu halten. Mit "Wohlbefinden" meine ich Mehrererlei: mir geht es geistig-körperlich nicht gut, wenn ich so versuche, "mitzuhalten". Dann kommt es mir vor, daß sich fast alle Veröffentlichungen inhaltlich und sprachlich mehr und mehr ähneln. Vielleicht, weil ständig Gefühle "gestutzt" werden, wenn man (oder frau) auf überfordernde Weise arbeitet?

Damit bin ich schon beim nächsten Punkt: ich fragte mich, wie ich eine wissenschaftliche Arbeit schreiben kann, die als Frau gut und lebendig realisierbar ist. Ich versuchte, nicht meine Wut und Verzweiflung über bestehende Diskriminierungen von Frauen zu thematisieren, sondern konstruktiv zu sein. So ging ich einen Weg, der mir als Frau gut tat und korrigierte mich auf diesem Weg immer wieder, denn klar bin ich mitgeprägt durch das allgemeine Zuviel, Zuschnell, Zuwichtig. Ich nahm eine Empfehlung Walter Benjamins ernst und exerpierte – im eigenen Tempo – jeweils ein Buch, das mir wichtige Spuren in Richtung meiner Suchbewegung aufzuweisen schien, um die "Ansichten seines Innern" wirklich kennenzulernen (Benjamin, 1992, 17). Gespräche mit und Briefe von und an Freundinnen, Dabeisein, Tanzen und Lachen an guten Frauenorten waren für mich sehr wichtig, um mich zu erinnern, daß ich diese Arbeit so zu schreiben versuchte, wie sie für mich stimmte. Auch manche anderen, an der Universität heute noch nicht vermittelten Formen wissenschaftlichen Arbeitens halfen mir – ich erzähl's Dir ausführlich, wenn wir 'mal unter uns sind! Auch mit einigen Männern, besonders mit meinem Freund, waren viele Gespräche über diese Arbeit für mich sehr wichtig (2). Ich versuchte, die Kenntnis ernstzunehmen, daß wir alle Phantasie brauchen, um das Sosein unseres Zeitalters zu überwinden (Marcuse, 1958; Jungk, Müllert, 1981). Warum sollte es gut sein, eine Wissenschaft unverändert fortzuschreiben, deren Rationalität teilweise für die heutige gesellschaftliche Wirklichkeit mitverantwortlich ist Heiner Keupp befürwortet "wissenschaftliche Phantasie, die erforderlich ist, um die menschheitsbedrohenden Krisen zu erkennen und zu überwinden." (Keupp, 1992, 25)(3).

Wie kann das gehen? Horst Rumpf engagiert sich beispielsweise für eine "Rücknahme des Einordnungswissens" (Rumpf, 1993, 98). Er plädiert für Entautomatisierung: "Das Vorwissen, die eingelernten Fachbegriffe, die durch Konventionen entstandenen Fixierungen auf bestimmte Merkmale hinter sich lassen, sie jedenfalls in die Schwebe zu bringen und hinzuschauen. Wer kann das noch, wenn er (sie, D.R.) eine Sache im Stil unserer Schulen und Universitäten gelernt oder studiert hat?" (ders., vgl. 97)

Eine solche Haltung finde ich wichtig. Ich habe Ähnliches versucht, um zu ergründen, wie Gefühlsverletzungen von Frauen heute zu heilen sind.

In diesem Kapitel beschreibe ich Dir den Weg, den ich gegangen bin und die Perspektive, die sich mir daraus eröffnet. Ich beschreibe Dir auch die Interviews, die ich für diese Arbeit gemacht habe.

Kapitel III.: Prima♀Donna, Condrobs e.V.: Der Sehnsucht nach dem Leben auf der Spur

Hier beschreibe ich Dir die professionelle Arbeitsstruktur des Frauenprojekts, das ich mitgestaltet habe und in dem ich fünfeinhalb Jahre mitgearbeitet habe. Das Projekt ist für heroinabhängige Frauen und heißt "Prima°Donna", Condrobs e.V.. Es ist ein feministisch-therapeutisches und gemeindepsychologisches Modellprojekt. Psyche, bei Prima°Donna ging es darum, daß jede Frau behutsam heilen konnte. Dazu gehörte, daß jede Frau zu ihrer Stimme fand. Denn ein Wesentliches liebe- und respektvollen Sprechens miteinander ist, daß sich die Personen spüren. Dazu haben wir Prima°Donna als eine Art Schutzraum für Frauen gestaltet.(4)

Heroinabhängigkeit ist eine lebensgefährliche Sucht. Die Arbeit ist sehr nahe am Tode. Als Therapeutin war es über Jahre hinweg mein Anliegen, die Lebenskräfte von heroinabhängigen Frauen zu stärken. Das wesentliche "Heilmittel" gegen Selbstzerstörung und zerstörerische Kräfte, die mit Heroinabhängigkeit einhergehen, ist und bleibt – die Liebe. Als moderne Psychologin hatte ich über Liebe keine Klarheit. Das klingt sehr komisch. Genauer gesagt, über den U r s p r u n g d e r

Liebe: G o t t . Ich beziehe mich in diesem Kapitel daher auch auf meine eigenen existentiellen Erfahrungen. Denn: Arbeit mit Drogenabhängigen ist potentiell in Dimensionen gefährlich, von denen ich zuvor keine Ahnung hatte. Und: Drogenabhängige sind sehr gefährdet.

So nahe am Tod arbeitend, war es als Therapeutin entscheidend, sehr genau hinzuhören, was die Bewohnerinnen sagten, das Gehörte und Gefühlte auszuhalten und zu verstehen lernen. Du kannst Dir gar nicht vorstellen, wie viele Verletzungen diese Frauen erfahren hatten. Es war lebensnotwendig, mit dem Herzen zuzuhören und jeweils möglichst stimmig zu antworten. Eine Frau wirklich zu erreichen – also w i r k l i c h zu antworten – bedeutete, ihre Lebenskräfte und schöpferischen Eigenpotentiale zu stärken.

In dieser Arbeit schreibe ich aus meiner Perspektive als therapeutisch tätige Psychologin. Meine Kolleginnen Angela Lipp und Gabriele Fues waren, ganztags, therapeutisch bei Prima°Donna tätig (5). Wir arbeiteten in einem Kreis von sich meistens füreinander liebevoll mit Herz und Seele, Geist und Verstand einsetzender Frauen, die ihre reichen Selbsthilfepotentiale einbrachten.

Zuhören, Sich Einfühlen, Mitfühlen und dann oft feinst stimmige Antworten im therapeutischen Frauenkreis, welche Sprache war das? Manchmal an der Grenze zum Tod, bangend um eine Frau, wie haben wir da miteinander gesprochen? Sich einfühlend in Leid, das seine Wurzeln in frühester Kindheit hatte und so die Frauen begleitend, wie sprechen da Frauen miteinander? Diese Sprache läßt sich umschreiben als eine

> *"da Liebe und Weisheit sich fand,*
> *Das Rinnen des Stromes der Schöpferkraft*
> *in die Wüste künstlicher Dinge,*
> *Das Zersprühen farbiger Sterne auch,*
> *das die finstere Nacht durchdringe ..." (6)*

Denn das liebevolle Sich Füreinander Einsetzen der Frauen, ihre Kreativität im Alltag, ihre Bereitschaft, sich wechselseitig auf ihren manchmal sehr schmerzhaften Heilungswegen zu unterstützen – wissenschaftlich-technische Kravattenprosa (– Prosa?!), wie sie heute in der westlichen Welt der nördlichen Hemisphäre verbreitet ist, war das nicht!

Kapitel IV.: Von Poesie, dramatischer Sprechkunst und der Kunst arabischen Erzählens

"'Man kann von den Leuten billigerweise ebensowenig prätendieren, daß sie poetisch sein, als daß sie gesund sein sollen'" so zitiert Hans Magnus Enzensberger den Dichter Eichendorff, "einmal aber, als Kinder, müssen sie's gewesen sein: der Kinderreim bezeugt es, und bezeugt so die Allgegenwart der Poesie." Nach Enzensberger sind das Märchen und der Kinderreim "die prima poesis eines jeden Menschenlebens" (Enzensberger, 1961, 349f.). Dies ist wohl eine neuzeitliche, moderne Sicht, die Du, Psyche, kaum verstehen wirst. Denn Du wohnst in dem Land und in der Kultur, aus dem der Begriff Poesie und die Poetik Aristoteles entstammt! In seiner Poetik setzt sich ja Aristoteles mit der Sprache des Theaters auseinander: "Ich verstehe unter Sprache die im Vers zusammengefügten Wörter und unter Melodik das, was seine Wirkung ganz und gar im Sinnlichen entfaltet." (Aristoteles, 1982, 19). Das Drama ist nach Aristoteles "in anziehend geformter Sprache präsentiert." (ebd.) Er sagt, die Sprache ist anziehend geformt, "die Rhythmus und Melodie besitzt." (ebd.) Die Nachahmung im Drama, so Aristoteles, wird bewerkstelligt "mit Hilfe des Rhythmus und der Sprache und der Melodie". (ders., 5). Das Nachahmen, "ebenso die Melodie und der Rhythmus" sind "unserer Natur gemäß". Die Verse aber sind "Einheiten der Rhythmen" (ders., 13)

Das "Theatron, also das Theater" muß in Eurer Kultur "eine ganz große Rolle gespielt haben (7). Über 60 Freilichttheater haben die Archäologen auf griechischem Boden entdeckt und zum Teil voll ausgegraben. ... Aus dieser Vielzahl der Bauten ersehen wir, welche Wichtigkeit das Theater für den antiken Menschen gehabt hat. Es hatte kultischen Charakter und wurzelte tief in dem religiösen Empfinden der Griechen (und Griechinnen, D.R.)" (Mathéy, 1981, 1ff.).
*"Will man nun die Werke, die in diesen Theatern gespielt wurden, also die Tragödien, Komödien und Satyrspiele, angemessen beurteilen, so muß man sich etwas Entscheidendes vergegenwärtigen." schreibt Polyxene Mathéy. "Sie waren im wahrsten Sinne des Wortes "Gesamtkunstwerke", denn Wort, Musik und Bewegung dienten alle **gleichwertig** dem dramatischen Geschehen. Wie ja das griechische Wort **Musiké** (Hervorhebungen im Original, D.R.) ursprünglich die Verbindung dieser drei Elemente bedeutet hat." (dies., 13)*

*Kein Wunder also, wenn Platon schreibt, daß "'das Wichtigste in der Erziehung auf der Musik' – das heißt, der **musiké** – beruhe, 'weil Zeitmaß und Wohlklang vorzüglich in das Innere der Seele eindringen und sich ihr auf das Kräftigste einprägen' ...'Denn überall bedarf das Leben des Menschen richtiges Zeitmaß und Zusammenstimmung'" (zit. in Mathéy 1984, 3).*

Die Geburt Eurer Tragödie kommt "aus einem Tanz, dem Dithyrambos, der in Athen zu Ehren des Gottes Dionysos bei den großen Dionysien ausgeführt wurde. Es ist bemerkenswert, daß eine Spitzenleistung des menschlichen G e i s t e s aus der Keimzelle einer Gemeinschaft rhythmisch bewegte K ö r p e r (Hervorhebungen im Original, D.R.) entstanden ist!" (ebd.)

Ist es so zu verstehen, Psyche, daß Euer Theatron, das die "Schaustätte" bedeutet, die Menschen in die Geheimnisse der Welt einführen und sie stimmen wollte, sich in den Takt des Göttlichen einzufügen? Schreibt doch Plotin, daß der Weltplan "das wahrhafteste Dichtwerk ist, das die Menschen mit dichterischen Anlagen in Teilstücken nachdichten. (zit. in Rahner, 1990, 60) ... Denn, so verstehe ich das heute, Gott – "ist Poietes, Schöpfer und Poet in einem" (ebd.) (8). Galt es, durch das Vernehmen eines Dramas, eines Abbildes des Lebens, im Theatron mit allen Sinnen den innersten Rhythmus, die "Weise (des) Hervorgehens alles geschaffenen Seins aus der machtvoll leise und gestaltenden Schöpferhand" (ders., 15) zu erlauschen und zu erkennen?

Goethe umschreibt im Faust den Dichter (die Dichterin, D.R.):
Wodurch bewegt er alle Herzen?
Wodurch besiegt er jedes Element?
Ist es der Einklang nicht, der aus dem Busen dringt
Und in sein Herz die Welt zurücke schlingt?
(Goethe, 1969, 6)

Frau Professor Langen, bei der ich fünf Jahre lang nach dem Studium gelernt habe, hat mir diese Einsicht, die Goethe schreibt, vermittelt. In der Tat, sie hat mir ein ganz neues Verständnis von Sprache eröffnet. Psyche – Frau Professor Langen und das, was sie unterrichtete, hätten Dir sehr gefallen! In diesem Kapitel beschreibe ich, was ich bei ihr gelernt habe. (9) Vorweg gehe ich der Frage nach, was Poesie ist. Aus der Sicht von Stimmbildung und Sprachgestaltung nach Margret Langen reflektiere ich anschließend Interviews mit einer Künstlerin und drei Künstlern: Bettina Meier-Kaiser, Gert Westphal, János Gönczöl und Rafik Schami.

Kapitel V: Was viele Frauen tun: Vom Lieben, Zuhören – und Sprechen mit Babys und Kleinkindern

Auch bei diesem Kapitel bin ich sehr neugierig auf Deine Meinung, Psyche! Denn die Kultur, in der Du lebst ist ja eine so andere als die meines Zeitalters. Es heißt, Ihr seid uns in so vielem überlegen gewesen. Es heißt, Eure Baukunst war "geronnene Musik", Eure Rhetorik "gesprochene Musik" (Illinger, 1990, 30). Eure wunderschöne Sprache soll ein unmittelbar auf die Sinnlichkeit bezogenes rhythmisch-musikalisches Vermögen gehabt haben. Das Wort, "das geistigste Äußerungsmittel" war bei Euch als "eigenständige rhythmisch-musikalische Macht und gleichzeitig als Sprache, als phonetisches Gebilde, als Vorstellungs- und Affektgehalt verwirklicht." (Georgiades, 1977, 132). Auch sollt Ihr über eine Rhythmik verfügt haben, von der wir heute, zumindest in Deutschland, nur träumen können (ders., 14). Ich kann sie mir bestenfalls ähnlich vorstellen wie die Musikalität von Menschen in afrikanischen Gesellschaften, oder einer Gesellschaft mit afrikanischen Einflüssen wie Kuba in der heutigen Zeit. Jedenfalls stelle ich mir vor, daß Eure Rhythmik keine technisch entstellte war, wie das heute fast überall auf der Welt zunehmend der Fall ist. Ich stelle mir vor, daß Du Dir nicht entfernt vorstellen kannst, was unser Wort "Entfremdung" bedeutet. Denn Du weißt ja noch nicht, was Kapitalismus, noch was realer Sozialismus ist (war)! Die Disziplin, die Deinen Namen trägt, befaßt sich zentral mit emotionalen Störungen, die alle in einer sehr kurzen historischen Epoche aufgekommen sind, in der sog. (kapitalistischen) Industrialisierung. In dieser Zeit sind ja auch die entsetzlich aufgerüsteten Weltkriege geführt worden.

Es heißt, Eure antike Kultur sei bereits so entwickelt gewesen, daß Ihr unsere heutigen technischen Möglichkeiten hättet entwickeln können. Die gelehrten Frauen und Männer unserer Zeit fragen sich, warum Ihr das nicht getan habt. War es wirklich, weil Eure erotische Kultur so entfaltet war (Marcuse)?

Sic transit gloria mundi. Ach, Psyche! In der Zeit, in der ich Dir diese Zeilen schreibe, fragen sich Theoretiker und Theoretikerinnen, wie die Zerstörung des Lebens in der dritten industriellen Revolution überwunden werden kann (Weizenbaum, 1978; Weizenbaum, Wendt, 1993; Schachtner, 1993; vgl. für sinn-volles Lernen für die Schule Bäuml-Roßnagl, 1990). Weite Gebiete der Psychologie versuchen zu ergründen und zu heilen, was unsere Gesellschaft an unvorstellbarem psychischen Leid produziert. Hattet Ihr Euch an sprachsingenden Zeiten erfreut, so fragen wir uns heute, wie wir vor lauter Überflutung durch Lärm und toten "Rhythmen" – industriell und technisch erzeugten akustischen 'Schlägen' – die natürlichen Rhythmen unseres Körpers wieder spüren und zu einer inneren Ruhe finden können, die das Herz die Harmonie von Gottes Schöpfung vernehmen läßt.

In diesem Kapitel kommen zwei Mütter zu Wort, die ihren Babys und Kleinkindern zuhören. Senta Fricke und Alexandra Mager sind beide Professionelle in psychosozialer Arbeit und in der Frauenbewegung engagiert.

Es ist ja etwas sehr Spannendes, wie Frauen mit ihren Babys sprechen. In wen sich Frauen hier einfühlen, mit wem sie hier, psychologisch gesprochen, in Beziehung treten, auf wen sie sich "einschwingen", ist entscheidend: mit ihrem Baby. Ein Baby kann ja noch nicht sprechen ... Hier treten Aspekte menschlichen Sprechens in den Vordergrund, die in unserer wissenschaftlich-technischen Welt kaum respektiert werden. Welche Aspekte menschlichen Sprechens sind es? Entwickeln ihrerseits Frauen Fähigkeiten im Kontakt mit ihren Babys? Diesen Fragen gehe ich in diesem Kapitel nach.

Kapitel VI.: A Dieu

In diesem abschließenden Kapitel fasse ich nochmals rückblickend die Arbeit zusammen. Ich beziehe mich dabei auf meine zentrale Frage.

Psyche, ich deutete schon an, in welchem Zustand sich die Welt heute, im ausgehenden 20. Jahrhundert befindet! Die menschbewirkte Zerstörung unserer Lebensgrundlagen hat ein Ausmaß angenommen, das nicht nur zutiefst erschütternd ist, sondern natürlich massiv auf die Menschen zurückwirkt. Ein zeitgenössischer Sozialwissenschaftler hat es auf den Begriff gebracht: was wir inzwischen haben, ist eine "Risikogesellschaft", die einen zivilisatorischen Vulkan darstellt (Beck, 1986). Kein Tag vergeht, an dem nicht die schauderhaftesten Nachrichten von den Fernsehern in jedermanns, jeder Fraus und jeden Kindes Wohnzimmer "strahlen". (Selbst der Wetterbericht – und das Wetter ...– sind inzwischen oft sehr beunruhigend.) Diese Wirklichkeit, die so tief auf unser Sein zurückwirkt – und was wir dagegen tun können – kann ich in dieser Arbeit nicht ignorieren.

So wie bei Euch in der Tragödie der Chor "das Dasein wahrhaftiger, wirklicher", ja "vollständiger" abbildet (Nietzsche 1987, 66f.), so möchte ich in dieser Arbeit eine mitunter lyrische Stimme zu Wort kommen lassen. Diese Person spricht von der Natur, was der Mensch ihr angetan hat und wie sie wahrgenommen wird: Von Vögeln, von deren entsetzlichen Bedrohung und Sterben durch heutige Umweltzerstörung, von Besonderheiten von Vögeln und ihren natürlichen Ressourcen. Vögel stehen für mich in dieser Arbeit auch als Symbol für einen Teil der Schöpfung, der nicht mitbestimmen kann, was mit seinen Lebensgrundlagen durch Menschenhand geschieht; für einen Teil der Schöpfung, dessen Erscheinung und Gesang uns Menschen in stille Bewunderung und Ehrfurcht versetzt – angesichts der Schönheit von Gottes Werk.

*Kein vernünftiger Vogel, wenn er oder sie's verhindern kann, läßt sich in einen Käfig sperren. Zumal in einer historischen Epoche, in der bereits der Spatz auszusterben beginnt ...(Kannst Du Dir das vorstellen?!) Entsprechend erscheinen diese Interview-Ausschnitte **"frei fliegend"** quer durch die Arbeit, wo's gerade paßt. Durch die fett hervorgehobene Druckschrift – **"frei fliegend"** – erkennst Du's sofort. Die Passagen stehen für sich, ohne daß ich sie auswerte. Das ist in der Psychologie nicht üblich. Aber ist die Zeit, in der ich lebe, nicht eine solche, daß es wichtig ist, wissenschaftlich mit aller Phantasie zu arbeiten? (10) So erschwert das auch ist aufgrund von hoch-schulischen Konventionen, in denen vor langer Zeit von einigen Wenigen in einem historisch entstandenen Weltbild vereinbart wurde, "was" wissenschaftliches Vorgehen ist (11).*

Ist nicht in einer solchen Zeit die Freiheit des Geistes gefordert?

Die Person, mit der ich dieses Interview gemacht habe, wollte anonym bleiben; so steht jeweils "X.X.", wenn ich diese Person zitiere. Ich gebe Dir im Folgenden wieder, was X.X. über das Vogelsterben gesagt hat – ich stelle mir vor, daß Du mit Deiner historischen Distanz Dir gar nicht vorstellen kannst, was in der Risikogesellschaft los ist:

X.X.: **Ja, das Vogelsterben begleitet mich eigentlich schon – ja eigentlich schon mein ganzes bewußtes Leben lang. Ich hab' in alten Tagebüchern nachgeguckt, also, ich habe wirklich, seitdem ich mich überhaupt mit Vögeln befasse, oder überhaupt mit ihnen in Gedanken lebe, auch gleichzeitig diesen anderen Gedanken, daß sie nämlich nicht mehr sein könnten. Und ich denk' da zum Beispiel an so ein Buch wie "Der stumme Frühling". Es ist leider so, daß mein Traum, mein entsetzlicher Traum, den ich als Kind hatte, daß ich in ein riesiges Kaufhaus gehe und in eine Naturlandschaft, nein, richtig gesagt in eine Kunstlandschaft, in eine künstliche Landschaft komme, die Natur nachahmen soll, wo Plastikstörche und Plastikreiher in Plastikteichen stehen und Plastikschilf und Plastikweiden und Plastikwege da sind – also, eine Totenlandschaft, daß dieser Traum mich verfolgt. Ich hab' so eine Totenlandschaft auch nachgebildet gesehen bei der Dokumenta in Kassel. Da hingen also dann wirklich Vogelgerippe an Schnüren, die man** *auch sah, von der Decke. Und es war Sand, es war kein Wasser mehr, es waren gar keine Farben mehr. Ich muß, wenn ich so etwas mir vorstelle, verinnerliche, z. B. auch an den Aralsee denken, diesen See mit herrlichen Fischen und diese Wüste, die daraus gemacht wurde, wo die Menschen nur noch Stauballergien haben und kein einziger Fisch mehr lebt. Ja, wir sind tatsächlich in der Lage, alles, unsere Grundlagen binnen kürzester Zeit zu zerstören. Dieser Traum, von dem ich so gehofft habe, daß er nie Wirklichkeit annimmt, dieser Traum realisiert sich Stück für Stück, Schritt für Schritt. Es ist ein beengendes Gefühl. Die Vögel sind letztlich Indikatoren für das Umgehen mit der Umwelt. Es gibt Vogelarten, die sind so scheu, die vertragen keine Störung, wie zum Beispiel der Kranich. Ein Brutplatz von einem Kranich kann sehr schnell verlassen werden. Und ich hab' Angst, daß dies auch geschieht jetzt in dem ehemals zur DDR gehörigen Gebiet. Es gibt einfach Vogelarten, die Rückzugsarten sind, die große Reviere brauchen und die einfach ein So-Belassen-Wie-Es-Ist brauchen. Und ich hab' wenig Hoffnung, daß diese Vögel letztlich weiterleben können. Aber ich hab' auch wenig Hoffnung, daß eigentlich alle Vögel, die sich von Insekten vorwiegend ernähren, auf die Dauer weiterleben können. Sie sind ja nur ein Glied in der Kette von den akkumulierenden Umweltgiften. Im Insekt ist ja schon Umweltgift. Und der Vogel frißt dieses Insekt und hat das Gift in sich. Ich weiß auch nicht, man hat immer gesagt, ja, die Nadelhölzer seien robuster und würden mehr vertragen. Und was haben wir jetzt? Ein riesiges Nadelbaumsterben. Ich weiß nicht, ob vielleicht die Körnerfresser genauso nachziehen. Wir haben alles so verseucht (betont), so zerstört, und es ist eigentlich keine Hoffnung, daß in nächster Zeit im großen Stil umgedacht wird. Im Kleinen schon, und da muß man auch alles tun, daß diese zarten Pflanzen wachsen. Aber im großen Stil nicht.*

Wenn gar kein Bezug mehr da ist, zur Natur, wie kann dann der Verlust von Natur, vom Natürlichen überhaupt als schmerzlich erlebt werden? Wir verändern langsam auch unser Erleben, unsere Gefühlswelt. Diese Gefühlswelt wird immer eintöniger, ohne daß wir das merken. Oder wir sind einem derartigen Leidensdruck ausgesetzt, daß er auf die Dauer vielleicht gar nicht zu ertragen ist. (12)

Liebe Psyche, ich danke Dir im Voraus für's Lesen dieser Arbeit, für Deine Einfühlsamkeit und für Deine Rückmeldungen! Ich freue mich auf die Korrespondenz mit Dir und darauf, meine Kenntnis zu weiten über Sachverhalte, die mich schon so lange beschäftigen.

Herzliche Grüße,

Dorottya Rerrich

Anmerkungen

(1) Ich denke da an Lösungen zum Wohl von Kindern und damit auch zum Wohl von Frauen, die es meines Wissens in Deutschland noch nicht gibt: z.B. Professuren nach dem Rotationsprinzip; Professorin-werden-können in der dritten Lebensphase usw ... Ganz zu schweigen von denkbaren Traumvorstellungen von Arbeitsweisen, -inhalten und -mengen für Professorinnenstellen, die professionelle Frauen etwa in Zukunftswerkstätten und in der autonomen, internationalen Frauenbewegung entwickeln und verwirklichen könnten ...

(2) An dieser Stelle möchte ich Kosta Mathéy aus ganzem Herzen danken, der am intensivsten meinen Suchprozeß hinsichtlich Inhalt und Form dieser Arbeit begleitet hat. Vor allem seine feinen intuitiven Rückmeldungen haben mir jeweils sehr geholfen. Seine Warmherzigkeit und Humor haben mich sehr unterstützt. Er hat fast alle Teile der Arbeit in verschiedenen Fassungen gelesen und mir sehr wertvolle Korrekturen und Hinweise gegeben. Seine seltene Expertise mit dem Computer, auch die druckgraphische Gestaltung betreffend, waren eine unersetzliche Hilfe. Immer wieder habe ich in Ferien mit ihm auf der griechischen Insel Tinos gearbeitet. Dort konnte ich in der selbsternannten "Tinos Free University" (so genannt in Erinnerung an Bulgar Finn † in Amsterdam) in inspirierendster Umgebung arbeiten. Wie Griechen und Griechinnen sagen: wärmsten Dank dafür!

(3) Mein herzlichster Dank an Heiner Keupp beginnt viele Jahre früher als die Dissertation ... Im Diplomstudium und danach in mehreren Arbeitskontexten habe ich sehr, sehr Vieles bei ihm gelernt. In seinem gemeindepsychologischen Forschungskolloquium hatte ich einen gewiß sehr seltenen Freiraum, in meinem Verständnis wirklich zu forschen. Er hat mich dabei unterstützt, wo er nur konnte. Aus ganzem Herzen danke ich ihm für all' seine Anregungen und wichtigen Rückmeldungen, für Bücher und Artikel, für seine ganze Mühe und seine freundliche Geduld über all' die Jahre!

(4) Shulamit Reinharz, die die Bedeutung des Konzeptes von Stimme für Frauen aus soziologischer Sicht untersucht, schreibt:
"Menschen zuhören bedeutet, sie zu empowern (to empower them). Aber wenn du hören willst, (was sie sagen), mußt du in ihren Raum gehen, oder in einen sicheren Raum, um es zu hören. Bevor du erwarten kannst, irgendetwas Hörenswertes zu hören, mußt du die Machtdynamik des Raumes und der sozialen Akteure und Akteurinnen untersuchen." (Reinharz, 1988, 15. Übers. D.R.).

Vergleiche zu einer nicht nur sehr anregenden, sondern zugleich "empowering" Auseinandersetzung mit Empowerment und zu neuen Handlungskompetenzen in der psychosozialen Praxis durch Empowermentprozesse Stark, 1996. Vgl. zu frauenspezifischen Aspekten der Umsetzung des Empowermentkonzeptes: Sonntag, 1993; 1997. Siehe zur "Ermutigung zum aufrechten Gang", in der auch das Konzept des Empowerment integriert ist, das vor Kurzem erschienene Buch von Heiner Keupp (Keupp, 1997).
Zwei Frauenbücher, die ich persönlich sehr "empowering" finde, sind Helga Bilden (Hg.in): "Das Frauentherapie Handbuch" (Bilden, 1991), sowie Christiane Northrup: "Frauenkörper-Frauenweisheit" (Northrup, 1994). Vgl. Bibliographie. Aspekte des Empowerment aus spiritueller Sicht werden angesprochen in Melody Beattie: "Mut zur Unabhängigkeit." (Beattie, 1994)

(5) Angela Lipp hatte seit der Aufbauphase, Mitte Oktober 1985, im Projekt mitgearbeitet. Gabriele Fues war seit Juli 1988 Mitarbeiterin bei Prima^oDonna. Zuvor hatte auf dieser Stelle Alexandra Mager (bzw. Angelika Krauß) mitgearbeitet. Ich arbeitete ab September 1986 im Projekt mit. (vgl. Rerrich, 1991).
Angela, Gabriele und Alexandra haben mich auf vielfältigste Weise so liebevoll immer wieder darin unterstützt, mit dieser Dissertation eine Arbeit zu schreiben, die für mich als Frau stimmt. Dafür, für all' die Jahre so guter, so liebevoller und kreativer Zusammenarbeit (und Freundinnenschaft!), sowie für die Anregungen und den Mut, den mir ihre gute Weisen, als Frauen zu leben und zu arbeiten, immer wieder gemacht hat, danke ich ihnen aus ganzem Herzen! Das bunte Windrad, das mir Angela fürs Schreiben dieser Arbeit schenkte, ermunterte mich am Schreibtisch wiederholte Male zu einer anderen Art von wissenschaftlichen Dissertation.

Alexandra hat mich bei einem späteren Treffen auf unvergeßliche Weise unterstützt, diese Arbeit auf für mich stimmige Weise zu schreiben. Eva Egartner (inzwischen Psychologin beim Frauenprojekt), Maria Flaig und Brigitte Kiefer, die jeweils ihr Jahrespraktikum bei Prima♀Donna gemacht haben, danke ich auch ganz herzlich!

(6) Aus einem Gedicht von Josh Malihabadi, in: Schimmel, Annemarie: Nimm eine Rose und nenne sie Lieder. Poesie der islamischen Völker. Köln: Diederichs, 1987, S. 9.

(7) Einen wunderschönen Zugang zum Theater in unserer Kultur haben mir vor Jahren Ursula Meiler-Albrecht und Frank Dieter Albrecht erlebbar gemacht. Aus ganzem Herzen danke ich ihnen dafür! Aus den Gesprächen über Atem- und Stimmbildung habe ich sehr viel gelernt. Ursula verdanke ich Entscheidendes. Und so viel Schönes!

(8) Polyxene Mathéy danke ich an dieser Stelle aus ganzem Herzen für Kopien ihrer Vorträge und für die Empfehlungen, Hugo Rahners "Der spielende Mensch", Georgiades' "Der griechische Rhythmus" (siehe S. 8) und Johan Huizingas "Homo Ludens" (vgl. Kapitel II.) zu lesen! Die begeisternden Gespräche mit Polyxene Mathéy, sowie ihre Briefe und ungewöhnlich geistreichen Anregungen waren für diese Arbeit (und für mich) äußerst wichtig – und stets so frohstimmend!

(9) Frau Professor Langen † danke ich aus ganzem Herzen – für immer! Die Tiefe und Klarheit ihres Verständnisses von Sprache kann ich nicht vermitteln. Sie war so sehr liebe- und humorvoll, und sie hatte einen selten vorhandenen kritischen Weitblick. Der Unterricht bei ihr bleibt für mich unvergeßlich. Auf liebevollste Weise hat sie Anteil genommen auch an meiner beruflichen Arbeit und mich darin so sehr unterstützt.

(10) Frau Professor Maria-Anna Bäuml-Roßnagl hat mein Anliegen bereits in aller Unfertigkeit verstanden und mich darin auf die aller liebevollste Weise unterstützt und betreut. Ich habe für mich sehr Wichtiges bei ihr gelernt. Für all' das, für ihre wichtigen Anregungen und Rückmeldungen, für Bücher und Artikel danke ich ihr aus ganzem Herzen!

(11) János Gönczöl hat mich mit seinen seltenen literarischen Kenntnissen – und mit seinem liebevollen Humor – während des Schreibens dieser Arbeit unglaublich unterstützt! Ich habe in vielen Gesprächen mit ihm über das Gesamtkonzept und Teile dieser Arbeit sehr viel gelernt. Auch hat er das ganze Manuskript dieser Dissertation gelesen und viele hilfreiche Korrekturen und Anmerkungen gemacht. Aus ganzem Herzen danke ich ihm!

(12) An Stelle einer Personenangabe, die ich den Interview-Ausschnitten mit anderen Personen in dieser Arbeit voranstelle, möchte ich etwas wiedergeben, das X.X. im Interview sagte:
" ... ich glaube, daß jede Art von Zwang und Krampf und Anstrengung das Gegenteil bewirkt. ***Man muß seine Gedanken in aller Ruhe ordnen und dann wirken diese synergistisch. Dann können diese Gedanken so viel bewirken – obgleich man nicht hart war, weder zu sich, noch zu den anderen – können diese Gedanken ein erstaunliches Ergebnis haben. Wie das weiche Wasser, das mit der Zeit den harten Stein besiegt."***

II. Μεθ' οδῆς: Über den Weg

Am Hachinger Bach

Das siebte Jahr ist es nun, daß ich am Hachinger Bach Atem-, Stimm- und Sprachübungen mache, wie ich sie bei Frau Professor Langen gelernt habe.

Der Hachinger Bach ist eine kleine Wasserstraße, hie und da von Bäumen gesäumt. Junge Hainbuchen und Birken, manche nicht höher als ich, wachsen wie eine Allee, dort wo der Bach recht gerade durch den Park fließt. Die Mähmaschine kommt da nicht weiter und so blühen noch im Sommer allerlei Blumen an den Ufern, lila Blüten hie und dort, wilde Rosen nahe der Brücke, und duftender Mädesüß wächst mitten im Stadtpark.

Im Frühling sehe ich ab und zu ein Entenpaar auf dem Wasser schwimmen. Ganz leise blieb ich stehen, als ich eine Ente und einen Enterich mit Kleinen entdeckte. Und jedesmal, wenn ich Fische sehe, frage ich mich, warum sie gegen den Strom flitzen?

Zuviel Waschpulver benutzen die Menschen, das sehe ich am Bächlein, denn oft schwimmen Schaumreste daher. Kinder bauen immer wieder kleine Dämme über den Bach, indem sie Steine umstellen, so daß kleinste Wasserfälle entstehen. Vielleicht hilft das dem Wasser ein wenig, sich schneller zu regenerieren? Jedenfalls rauscht das Wasser an den Steindämmen und plätschert dann lebendig weiter.

An einer Stelle mache ich die Stimmübungen besonders gerne. Der kleine Bach macht hier eine Kurve und die Wiese ist weiter. Durch einen hügeligen Hang mit Bäumen bin ich vom Blick eventueller Spaziergänger und Spaziergängerinnen geschützt.

Ich spreche dem Bach ein Gedicht vor. Er ist ein sehr geduldiger "Lehrer".

Gefunden

Ich ging im Walde
So für mich hin,
Und nichts zu suchen,
Das war mein Sinn.

> Im Schatten sah ich
> Ein Blümchen stehn,
> Wie Sterne leuchtend,
> Wie Äuglein schön.
>
> Ich wollt es brechen,
> Da sagt' es fein:
> Soll ich zum Welken
> Gebrochen sein?
> Ich grubs mit allen
> Den Würzlein aus,
> Zum Garten trug ichs
> Am hübschen Haus,
>
> Und pflanzt es wieder
> Am stillen Ort;
> Nun zweigt es immer
> Und blüht so fort.
>
> Goethe

Inmitten eines Großstadtparks entsteht in mir eine heitere Ruhe.

Das Wort "Methode" stammt aus dem Griechischen, η μεθοδος, und bedeutet wörtlich: über den Weg. Welchen Weg habe ich eingeschlagen, um meine Fragestellung zu erforschen? Und wie bin ich vorgegangen auf diesem Weg? Wie ich das, was ich lerne, erlebe, ist im Taoismus "der Weg". In dieser alten asiatischen Tradition ist somit der Weg das Ziel (1).

Der Weg dieser Arbeit beginnt für mich mit dem Versprechen, daß ich mir selbst und meinem Doktorvater ausdrücklich gegeben hatte: "Diese Arbeit werde ich mit Freude machen!"

Wo komme ich her?

> *"In unserem Denken ist kein Funke mehr vom Aufschwung der Begriffe und von den Ekstasen des Wissens. ... Es gibt kein Wissen mehr, dessen Freund (philos) man sein könnte. Bei dem, was wir wissen, kommen wir nicht auf den Gedanken, es zu lieben, sondern fragen uns, wie wir es fertigbringen, mit ihm zu leben, ohne zu versteinern."*
> (Sloterdijk, 1983, 8)

Anfang der 80er Jahre arbeitete ich in einer sozialwissenschaftlichen Forschungsgruppe. Diese Gruppe verstand sich als in der Tradition der Kritischen Theorie forschend.

Es kam die Zeit der Friedensbewegung und ich engagierte mich in der Schwabinger Friedensinitiative. Ich begann mir zu überlegen, über welches Thema ich promovieren wollte. "Die Antiquiertheit des Menschen" und "Die atomare Bedrohung" von Günther Anders beschäftigten mich sehr. In seinen sozialphilosophischen Analysen hatte Anders bereits Ende der Fünfziger Jahre aufgrund der Wirklichkeit der Atomwaffen und anderen Massenvernichtungsmitteln philosophisch die "Endzeit" des Menschen diagnostiziert. Anders zieht für seine Analysen den Mythos des Prometheus heran: Prometheus kann die Folgen seines Tuns nicht mehr beheben.

Wie können Deine Worte
noch mit ganzer Kraft wirken
Wenn Tag für Tag die Computer raunen?

Wie kann Dein Kummer
mich weinen machen,
Dein Freuen
mich beglücken
Wenn Tag für Tag der Computer Emotionen analysiert?
Wortleichen werf' ich Dir vor
Speise Dich ab mit Stummelsätzen –
Da kann man nichts ..., das hört man so ...
Aber eigentlich geht es doch ...
Und starre wieder auf den Bildschirm.

Ach Bruder, wer erlauscht das Klagen Deiner Seele?

Erstarre Mensch zu Stein.
Ich bin der Bildschirmkönig
Ich bin der Computerhexer
Ich banne Dich
Starr sitzt Du mit blöden Augen
Vor meinen Dienern und schlägst
Tick tack tick tack die Tasten
Zauberschrift erscheint
Ein Tastendruck genügt.
Und sie war nie gewesen.
Das ideale Werkzeug für mich Verführer,
Für Dich Verführten.
Lenkt ab von Dir selbst
Nimmt weg Dein Ich
Zerstreut jeden Gedanken
Zerstreut jegliche Bedenken
Ob Du jemals wieder Dich finden kannst?
Ha ha! Nie und nimmermehr.

Aus: Interview mit X.X., Gedicht von X.X.

Ließ sich überhaupt noch in der "Endzeit" (Anders) ein "gutes Leben" gestalten? Das fragte ich mich.

Ich möchte noch drei Aspekte erzählen, die den Werdegang dieser Arbeit wesentlich beeinflußten.

– Angeregt durch einen Freund, der ein ausgestiegener Soziologe war, hatte ich begonnen, bei Sylvie Gassmann (spätere Bothe) † Hatha Yoga Unterricht zu nehmen. Das Yoga – bzw. Sylvie durch ihr Feingespür für jeweils stimmige Yoga-Übungen (2) – halfen mir, ausgeglichen zu sein, was im leistungsüberfrachteten Alltag des Wissenschaftsbetriebs nicht immer leicht war. Der Druck, der dort vorherrschte, termingerecht Zwischenberichte, Aufsätze oder Vorträge zu schreiben, war groß.

- In der Arbeit bekam ich mit der Zeit Ohrenschmerzen, wenn ich sozialwissenschaftliche Texte las. Von einem Arzt, den ich aufsuchte, wurde ich an eine sympathische alte Professorin in der Hals-Nasen-Ohren-Abteilung der Universitätsklinik verwiesen. Ich erzählte ihr mein Problem. Klinisch fehlte mir nichts. Sie gab mir freundlicherweise die Telefonnummer von Frau Professor Langen, die mit Sprache und Stimme arbeitete.
- Frau Professor Langen verstand sofort, warum ich Ohrenschmerzen bekam durch die Sprache, mit der ich beruflich zu tun hatte. Ich begann bei ihr Atem- und Stimmstunden zu nehmen. Ich lernte Atem- und Sprachübungen, sowie kleine Passagen aus klassischen literarischen Texten und Gedichte zu sprechen. Was ich bei ihr lernte, öffnete mir Herz und Sinne für die Schönheit der deutschen Sprache. Ich begann, Sprache neu zu begreifen.
- Im Wissenschaftsbetrieb machte ich immer wieder die Erfahrung, daß ich Diskriminierungen erfuhr, weil ich eine Frau war. Dies veranlaßte mich, mich immer mehr mit feministischen Inhalten auseinander zu setzen.

Was wäre eine sinnvolle Konsequenz aus Frauenperspektive zu dem prometheischen Gefälle – in der Mehrzahl einem Tun von Männern –, von dem Anders schrieb? Was galt es zu tun, was zu lassen, in der "Endzeit"? Was wäre sinnvoll für mich als Frau, in die Öffentlichkeit der Wissenschaft (Sozial-) Psychologie einzubringen? Und auch: wie wäre es sinnvoll, dies zu tun? Wie sollte das gehen, angesichts der bestehenden Wirklichkeit, auch in den sog. kritischen Sozialwissenschaften? Welche Wege und Barrieren gab es für Frauen in der Öffentlichkeit? Darüber wollte ich meine Dissertation schreiben.

D.R.: X.X., wenn Du Dir vorstellst, eine Gruppe von Vogelfrauen würden eine Art Protestsong anstimmen – wie würde das klingen?

X.X.: Ja, wenn also jetzt diese Vogelweibchen protestieren würden, zum Beispiel gegen diesen Ausverkauf der Umwelt oder so, dann müßte das schon furchterregend klingen, die würden auch bestimmt ihre Federn aufstellen und versuchen, mit den Augen zu rollen.

D.R.: (lacht)

X.X.: Ich kann mir am allerbesten Eulen da vorstellen. Die würden nämlich zischen und fauchen und alles nur Erdenkliche tun, um gefährlich auszusehen.

D.R.: Zischen und Fauchen?

X.X.: Zischen und Fauchen und die Augenlider auf und zu schlagen vielleicht, und Gewölle aus Wut ausspucken und so was. Aber so ein kleiner Vogel, nun, der also … der würde sich überschlagen. Der würde gar nicht mehr ein Lied so hintereinander singen, sondern der würde aus einem ganzen Lied praktisch simultan einen Ton machen. Die Singvögel können ja zwei Töne gleichzeitig erzeugen. Und der würde dann eben ganz viele Doppeltöne so mischen, daß das so ganz furchterregend …

D.R.: … schräg …

X.X.: … und schräg wirkt. Genau. (beide lachen) Wie eben so lose Vögel. Wirklich so ein bißchen wie Schönberg-Musik oder so …

D.R.: (lacht hellauf)

X.X.: (lacht) ... oder wirklich so ganz mißtönig. Eben so mißtönig wie eigentlich unsere Umweltsituation ist. So mißtönig müßten dann auch die Vögel klingen.

Es sollte noch Jahre dauern, bis ich für mich zu einer Klarheit gefunden hatte, worin für mich, in einer Zeit nach Günther Anders' Einsichten, Zukunftsweisendes lag.

Der Weg wird ein Spiel

Ein Wort ist ein Wort. Wie gestaltete ich es, daß mir diese Arbeit Freude machte?

Ruhe und Zeit brauchte ich. Warum entstehen akademische Arbeiten, so weit ich das sehe, heutzutage immer unter Streß? Da ich angenehme Arbeitsbedingungen für meine Dissertation haben wollte, jedoch berufstätig war, nahm ich mir die Ruhe und Zeit in kleinen Etappen, Jahre lang.

Ich gönnte es mir einfach, Bücher, die ich lesen wollte, zu lesen und ich exzerpierte sie teilweise in den Ferien. Auf diese Weise habe ich Wochen der Begeisterung verbracht. Aber dafür habe ich zugegebenerweise einige Wanderungen noch immer nicht unternommen. Und Kochen kann ich auch noch nicht so, wie ich das gerne möchte ... Vielmehr sammelte ich u.A. Exzerpte mit sehr interessanten Theorien in einem leuchtend roten Ordner. (Es kamen später weiße Ordner hinzu, sowie einer mit dem Bild einer blühenden Rose).

Die Krise des Arbeitsmarktes für sozialwissenschaftliche Akademiker und Akademikerinnen und die besonders erschwerte Situation dort für Frauen brachte es mit sich, daß ich inzwischen in einem selbstorganisierten feministischen gemeindepsychologischen Projekt arbeitete, als der leuchtend rote Ordner begann, voll zu werden.

An dieser Stelle möchte ich nur kurz andeuten, daß sich meine Interessen hinsichtlich meiner Dissertation mit meinen beruflichen Erfahrungen weiterentwickelten. Hatte ich mich anfangs gefragt, was und wie ich als Frau in eine global gefährdete "wissenschaftlich-technische" Welt einbringen könnte, hatte ich es inzwischen therapeutisch mit heroinabhängigen Frauen zu tun, die durch schlimmste Lebensverletzungen in dieser gesellschaftlichen Wirklichkeit zur Selbstzerstörung übergegangen waren. Der Heilungsweg von Frauen aus furchtbarer, in Schweigen und Scham gehüllter privater Not war für mich von zentraler Wichtigkeit. Was ich in dutzenden Variationen als Drogenberaterin (eine Arbeitsstelle zuvor) von heroinabhängigen Frauen gehört hatte, erfuhr ich nun im Schutzraum eines Frauentherapieprojekts in weiterer Deutlichkeit. Es schien mir die Spitze des Eisbergs zu sein von Verhältnissen, die alle Frauen betrafen.

Zu dieser Zeit brachte ich ein Spiel ins Doktoranden- und Doktorandinnen-Seminar ein.

Ich hatte auf Karteikarten Textstellen getippt aus den gesammelten Exzerpten, ohne Angaben der Autoren und Autorinnen (aber für mich durch Nummerierung kenntlich gemacht). Ich wollte nicht, daß wir "die wichtigen Leute" ernster nehmen würden als weniger bekannte Autoren und Autorinnen. Ich nähte einen leuchtend roten Filzbeutel mit gelben Kordeln für das Spiel, in den die Karteikarten hineinkamen.

Das Spiel ging so: Ich fragte die Anwesenden, ob sie einverstanden seien, an einem Spiel teilzunehmen. Es ginge in dem Spiel darum, zu raten, um was es mir in meiner Promotion "eigentlich" ginge. Die Gruppe war einverstanden. Der leuchtend rote Filzbeutel ging herum und zwar so lange, bis der Vorrat an Karteikarten reichte, die jeder und jede jeweils einzeln herauszogen. Auf diese Weise bekamen alle 3–4 Karteikarten. Dann bat ich die Teilnehmenden, sich Zeit zu nehmen, die Textstellen auf sich wirken zu lassen und später im Kreis ihre Einfälle als freie Assoziationen dazu mitzuteilen.

Ich notierte das Gesagte und war erfreut und erstaunt zugleich. Es schien bereits ein 'roter Faden' meiner Arbeit darin auf und machte mir Mut, mit meiner Suche weiterzumachen.
Die getippte Niederschrift, die ich in einer späteren Sitzung an die Doktoranden und Doktorandinnen verteilte, gebe ich im Folgenden wieder.

Notizen des "Kartenspiels" im Doktoranden- und Doktorandinnen-Seminar vom 15. Mai 1989

Das Folgende sind die Notizen, die ich mir zu Euren 'freien Assoziationen' zu den Texten, die ich anonym auf Karteikarten getippt hatte, gemacht habe: (Die Namen der Teilnehmenden habe ich anonymisiert)

Michael:
- Es geht um die Frage nach dem 'inneren Zusammenhalt', ähnlich wie Kant fragt: Was hält die Dinge im Inneren zusammen?
- Das, was zunächst nur intuitiv erfaßbar ist, soll nicht ausgegrenzt werden

Rolf:
- Hier geht's, glaube ich, um die Suche nach "nackter Wahrheit"
- Was erzeugt Harmonie in Kommunikation
- Mir kommt es vor, daß es auf allen Karten um das "Wie" geht: Wie ist das Verhältnis von Inhalt zu Form, von Mittel zu Zweck, von Weg zu Ziel
- Was haben Sprache und deren Bilder mit Psychischem zu tun?

Maria:
- Die Ursprünge der Kommunikation sind in unserer Gesellschaft heillos überfrachtet

Peter:
- All' die Karten scheinen mir sozusagen gegen den heute vorherrschenden Wortschwall anzugehen:
die Suche nach der Gerechtigkeit den Dingen gegenüber wie geht das heute überhaupt, den Anschlußan die Sprache nicht zu verlieren gegen die Zerstörung Autopoesis setzen

Martin:
- Es geht darum, komplexe Ordnungen zu explizieren, vom Bewußtsein in Sprache umzusetzen
- Die heutige Vieldeutigkeit bedingt umsomehr die Suche nach Eindeutigkeit in der Sprache
- Diese Karte erinnert mich an die Thesen von Joachim Ernst Behrendt.

Reinhard:
- Sprache muß Metapher und Bilder beinhalten (Beispiel Psychoanalyse), sonst trocknet doch der Dialog aus
- Mir fällt hierzu die Verstehenssoziologie ein: Simmel und Dilthey

Michael:
- Habermas benennt Gefahren der sozialen Bewegungen, die bishin zu faschistoiden Elementen beinhalten können. Die "Einheit der Vernunft in der Vielheit der

Stimmen" zu sehen heißt soviel wie: Emanzipation tut not. Wichtig ist auch der Blick auf die Zusammenhänge versus etwa einem vermeintlichen Leben in der Nische.

Astrid:
- Das Gemeinsame der Texte aller Karten, die ich gezogen habe, ist, daß es dialektische Aussagen sind

Karin:
- Kunst: In einem Bild etwa wird eine Welt kreiert, mit Spannungen und Auflösungen
- Wie können Frauen selbstbewußtere Konstruktionen von Wirklichkeit kreieren? Demgegenüber die WeltBilder der etablierten Wissenschaft. Voraussetzung dafür wäre, sich als Frau mit allem, mit allen Gefühlen einbringen zu können
- Während wir Frauen gelernt haben, Angst zu haben, uns mit unseren Gefühlen einzubringen, sind sog. primitive Völker höher entwickelt, was Gefühlsaustausch anbelangt, wie man/ frau das etwa am Mutter-Kind-Dialog beobachten kann
- Für Frauen müßte es wohl um aktive Gegenentwürfe gehen

Yvonne:
- Ich kann nicht sein wie ich bin in den "Herrschaftsräumen" der Wissenschaft. Da darf es keinen "Aufruhr" geben, keine Gefühle. So was oder Ähnliches wird als "primitiv" abgetan.
- Zu "all den toten Rhythmen, die auf uns eindringen" habe ich mir überlegt, auf wie vielfältige Art ich bereits "zerstört" werde jeden Tag auf dem Weg in die Arbeit
- Wir schauen laufend weg von all' dem, was lebensnotwendig ist: Warum wird eigentlich dann überhaupt geforscht?
- Mir kommt es so vor, daß Dein "roter Faden" zu sein scheint der Bezug zum Leben, was "lebendig" erhält

Zusammenfassung

Der 'rote Faden' meiner Arbeit ist der Bezug zum Leben: was lebendig macht. Ich war (und bin) auf der Suche nach der Wahrheit, "was" die Dinge im Inneren zusammenhält. In einer Dialektik bedingt die heutige Vieldeutigkeit umsomehr Eindeutigkeit in der Sprache. Wie kann man, frau, kind den Anschluß an Sprache nicht verlieren? Wie hat Sprache Bilder und Metaphern? Was sind Ursprünge der Kommunikation? Aktive Gegenentwürfe von Frauen in den Wissenschaften setzen voraus, daß sich Frauen in diese mit allen Gefühlen einbringen. Die freien Stimmen von Frauen sind ein wesentlicher Beitrag zur Einheit der Vernunft.

Ich brachte noch einige "Spiele" ins Doktoranden- und Doktorandinnen-Seminar ein, da ich – angeregt durch theoretische Einsichten (siehe weiter unten) – auf die Phantasie als Erkenntnisweg setzte und weil ich eine zeitlang experimentierte mit der Idee, meine Arbeit im Aufbau als eine Zukunftswerkstatt anzulegen. In der Konzeption der Zukunftswerkstatt spielt ja die Phantasie- und Utopiephase eine entscheidende Rolle.

Ich machte die Erfahrung, daß eine erstaunliche und mich begeisternde Vielfalt positiver Entwürfe auf ganz einfache Weise zu Tage traten, wenn man/frau etwa in einem Kreis von Doktoranden und Doktorandinnen nach deren Wünschen und Phantasien hinsichtlich einer Fragestellung fragt. Allerdings wußte ich nicht, wie ich dieses zu einer wissenschaftlichen Dissertation gestalten sollte. Mein Weg war also auch holprig und steinig, das gehörte vielleicht dazu.

Die Perspektive suchend

An dieser Stelle möchte ich einige theoretische Perspektiven andeuten, die mich bei dem weiteren Entstehungsprozeß dieser Arbeit beflügelten.

Ein Theoretiker, den ich lange Zeit geradezu als einen persönlichen Freund ansah, war Herbert Marcuse. In "Eros und Kultur" analysierte Marcuse, daß unsere Kultur durch das sog. Leistungsprinzip verheerende destruktive Folgen – und zwar zunehmend – hervorrief (Marcuse, 1957, orig. "Eros and Civilizations", 1955). Daher stellte er Freud's Anschauung über "die" notwendigen psychischen Voraussetzungen für die Entstehung von Kultur kritisch in Frage.

Im Grunde war Herbert Marcuse's Ausgangspunkt ähnlich der Einschätzungen Günther Anders'. Im Unterschied zu Anders, setzte Marcuse Hoffnung in die Tatsache, daß unsere Zivilsation nach seiner Einschätzung historisch an einer Entwicklungsstufe stand, in der endlich die Kräfte von Eros – Marcuse hält sich an die Freud'sche theoretische Konzeptualisierung – die Lebenskräfte also, endlich frei werden könnten und zur Bereicherung der Zivilisation eine sinnliche Kultur entfalten könnten. Hier könnten nach Marcuse sowohl Herrschaftsverhältnisse überwunden sein, als auch ein anderes Verhältnis zwischen Mensch und Natur entstehen.

Marcuse, dessen Erkenntnisinteresse einer Kultur ohne Unterdrückung gilt, spricht von Hegel's Vision eines Vernunftbegriffs, der "Rezeptivität", "Kontemplation", "Freude" beinhaltet (1957, 130). Leider arbeitet Marcuse diesen Vernunftbegriff nicht weiter aus. Er postuliert jedoch, daß eine Kultur, die sich zu einem höheren Zustand der Freiheit entfaltet, auf einem neuen Vernunftbegriff beruhen würde – statt auf dem Leistungsprinzip auf "Vernehmen", "Hören" und "Beziehung". Marcuse plädiert – auf begeisternde Weise – für Phantasie und Utopie, um die destruktiven Kräfte des Leistungsprinzips einzudämmen. Er sieht, mit Freud, in der Phantasie den relativ freiesten seelischen Vorgang, der eben deshalb Wege aufzuzeigen vermag aus der gewordenen Herrschaftslogik heraus.

Mich beschäftigte, welche Implikationen Marcuse's Werk für Frauen hatte, die sich in die Öffentlichkeit einbringen wollten. Das bestehende Realitätsprinzip (Freud) bzw. das – nach Marcuse damit gleichgesetzte – Leistungsprinzip galt es offensichtlich für Frauen nicht zu replizieren …

Für mich war entscheidend aus Marcuse's Analysen, die erste Formulierung der zentralen Frage meiner Arbeit (3) zu finden: Wie können wir "Eros" stärken? Diese Frage habe ich später geändert, nachdem mir mit weiteren theoretischen Reflexionen und wichtigen persönlichen Erfahrungen (vgl. Kapitel III., a.) meine Perspektive (die ich im Folgenden beschreiben werde) klar wurde. Nun lautete meine zentrale Frage:

> Was kann ich tun, damit die Liebe an Kräften zunimmt?

An dieser Stelle hatte ich das große Glück, daß ich mein Theorietagebuch auf einer Reise nach Griechenland Polyxene Mathéy zeigte und mit ihr über mein Thema ins Gespräch kam. Das Gespräch mit ihr war für mich sehr wichtig. Sie ist eine der warmherzigsten und klügsten Frauen, die ich kenne und voller Humor dazu. Als geborene Griechin hat sie nach einer Ausbildung als Pianistin in Deutschland anschließend mit Carl Orff zusammen gearbeitet und in Athen die Tanz- und Musikschule, Skolh Mateu, gegründet, die vor einigen Jahren ihr 50jähriges Jubiläum feierte. Polyxene Mathéy legte mir einige wichtige Bücher ans Herz, die Marcuse und andere merkwürdigerweise nicht rezipiert hatten.

Warum Marcuse Johan Huizinga's Werk "Homo Ludens" nicht zur Kenntnis genommen hat, entgeht mir (Huizinga, 1987). Huizinga's These, daß der Ursprung von Kultur im Spiel zu finden sei, untermauert m.E. Marcuse's Befürwortung einer sich an die Sinne wendenden Kultur und seine Anerkennung der Kant'schen und Schiller'schen Einsichten hinsichtlich der ästhetischen Dimension. Marcuse hebt ja ausdrücklich mit Schiller hervor, daß das Spiel den Menschen zu neuen Möglichkeiten befreien würde. Huizinga sieht in seinem sehr lesenswerten Buch das Spiel gar als verantwortlich für alles, was den Namen Kultur verdient. Um seine Sicht zu verdeutlichen, führt Huizinga u.a. die verschiedensten Bedeutungsklänge des Begriffs "Spiel" in verschiedensten Sprachen auf und zeigt die Bedeutung des Spiels in unterschiedlichsten kulturellen Sphären. In jedem Fall ist Spiel freies Handeln, "die Ziele, denen es dient, liegen selber außerhalb des Bereichs des direkt materiellen Interesses oder der individuellen Befriedigung von Lebensnotwendigkeiten" (Huizinga, 1987, 18). Und:

"An die primitiveren Formen des Spiels heften sich von Anfang an Fröhlichkeit und Anmut. Die Schönheit des bewegten menschlichen Körpers findet ihren höchsten Ausdruck im Spiel. In seinen höher entwickelten Formen ist das Spiel durchwoben von Rhythmus und Harmonie, jenen edelsten Gaben des ästhethischen Wahrnehmungsvermögens, die dem Menschen beschert sind. Vielfältige und enge Bande verbinden Spiel mit Schönheit."
(ebd., 15)

Warum und wie der Mensch ein spielender sein möge, erklärt Hugo Rahner in "Der spielende Mensch" auf großartige Weise (Rahner, 1990).

Meine Perspektive beleuchtend: Der spielende Mensch

"Spiel ist Verzauberung, Darstellung des ganz Anderen, Vorwegnahme des kommenden, Leugnung des lastend Tatsächlichen."
Rahner, 1990, 59

"Theorie", θεωρια, bedeutet im Griechischen wörtlich "Schau des Göttlichen". Nicht im Menschen war in der Antike der Sinn aller Dinge beschlossen. Was können wir erkennen? Hugo Rahner stellt griechische Weisheit mit christlicher Lebenskunst zusammen.

Die Welt ist nicht aus Zwang entstanden, wie wir etwa aus den Mythen ahnen können. Im Logos spiegelt sich die Fülle der Schöpfungsgedanken wieder. "'Das ist die Weisheit, an der Gott sich allezeit erfreute'", zitiert Rahner Origenes (Rahner, 1990, 23). Der Mensch "ist in all seinem Denken, Grübeln, Gestalten ein Nachahmer jenes Logos … (ebd., 33)". Auch die größten Taten des Menschen sind "nur wie ein Kinderspiel, verglichen mit dem, was wir ersehnen oder mit dem, was in Gott ist." (ebd.) Nach Platon war die Existenz des Menschen "eine Mischung aus Freude und Leid, eine Komödie und eine Tragödie zugleich" (ebd., 28). Der Mensch war für Platon ein Spielzeug in der Hand Gottes, ein παιγνιον θεου (zit. ebd., 15). Im Spiel, platonisch verstanden, konnte der Mensch teilhaben am Göttlichen bzw. das Göttliche ahnend nachvollziehen (vgl. hierzu Kapitel I: Liebe Psyche!). Der spielende Mensch war einer, "der in der Fülle der Betätigungen, die seinem geschaffenen Sein entströmen, leicht, weise, schön und ernst die schöpferische Kraft Gottes nachahmt, soweit es ihm gegeben ist" (ebd., 28). "Jedermann also, Mann wie Frau, muß diesem Ziele nachstreben und die schönsten Spiele zum eigentlichen Inhalt seines Lebens machen" schreibt Platon (zit. ebd., 16).

"Alles Spielen geht heimlich auf die θεωρια (theoria, D.R.), auf die Sehnsucht nach der Schau des Göttlichen", ja "nach der Theoria verlangen alle Dinge" so der Neoplatonianer Plotin, den Rahner rezipiert (ebd., 59). Plotin behauptete sogar: "Alles spielt ja nur aus Trieb nach der Schau, der

Ernst des Mannes und das Spiel des Knaben" (zit. ebd. 30). "Denn im Spiel will sich die schöne, heitere Beschwingtheit des Geistes einen Ausdruck verschaffen." (ebd., 59) Das Spiel ist "im Seelischen aber das Künstlerische in seiner umfassendsten Bedeutung." (ebd., 11)

Hugo Rahners Perspektive baut auf seinem christlichen Glauben auf. Er zeigt, anders als Marcuse und Huizinga tatsächlich eine Perspektive auf, weil er die "im Wesen des geschöpflich teilhabenden Seins liegende Transzendenz" (ebd., 17) bedenkt. Diese Perspektive ist für mich wegweisend: In christlicher Lebens-Freude und Lebens-Kunst liegt meines Erachtens Zukunftweisendes. Was meine Sehnsucht und den Weg dieser Arbeit anbelangt, so gilt der Satz Rahners:

> *"Alles Spiel ist irgendwo am Grunde seines Wesens ein Tanz, ein Reigen um die Wahrheit."* (ebd. 59)(4)

Ein anderes Forschen

Aus der selbstgestalteten therapeutischen Arbeit mit Frauen bei Prima♀Donna, die das Heilen, die Mündigkeit und die Selbstbestimmung von Frauen zum Ziel hatte, folgte für mich für diese Arbeit natürlich ein selbstbestimmter Forschungsansatz.

Ich wollte eine Frauenforschung machen, die nicht nur frei von dem Herrschaftscharakter männlicher Wissenschaft ist (Fromm, 1980). Regina Becker-Schmidt und Helga Bilden schreiben:
> *"Die Frage nach dem Herrschaftscharakter von Wissenschaft stellt sich für die Frauenforschung noch einmal ganz anders als in der üblichen Empirie. Sie muß sich in dreifacher Weise von männlicher Dominanz befreien: Sie kämpft angesichts der Marginalisierung von Wissenschaftlerinnen im Forschungsbetrieb um ihre Verankerung im "male-stream"; sie muß Probleme von Frauen als forschungsrelevante Belange überhaupt erst durchsetzen; und es gilt, androzentrische Weltbilder außer Kraft zu setzen."* (Becker-Schmidt und Bilden in Flick, v. Kardorff, Keupp, v. Rosenstiel, Wolff, 1991, 26).

Ich wollte eine Frauenforschung realisieren, die frei war zu selbstbestimmter Gestaltung – "über den empirischen Alltag hinausblickend auch utopische Ansprüche und Wünsche (formulierend)" (Diezinger, Kitzer, Anker, Bingel, Haas, Odierna, 1995, 29).

Was konnte das anders sein als ein offenes Wagnis – bedenkt frau, daß sich Frauenforschung in der BRD erst seit etwas mehr als 20 Jahren etabliert und mit einer jahrhundertealten dominanten männlichen Forschungstradition konfrontiert ist, durch deren "Denkformen, Deutungsmuster und Gefühlsnormierungen" die Erfahrungen von Frauen behindert sind (Becker-Schmidt und Bilden in Flick et al., 1991, 26). Sarah Harding charakterisiert jene wie folgt:
> *"Objektivität versus Subjektivität, der (!, D.R.) Wissenschaftler als erkennendes Subjekt versus die Objekte seiner Untersuchung, Vernunft versus Emotion, Geist versus Körper – in jedem Fall wurde das erstere mit Männlichkeit, das letztere mit Weiblichkeit assoziiert. Und in jedem Fall wurde behauptet, der menschliche Fortschritt sei nur dadurch zu erreichen, daß das erstere die Herrschaft über das letztere erlange."* (Harding, 1990, 21).

Die männliche Wissenschaftstradition ist nach der feministischen Physikerin Evelyn Fox Keller mit einer "visuellen Metapher" zu charakterisieren:

> *"Visuelle Metaphern suggerieren eine Kamera, die passiv eine statische Realität abbildet und fördern die Illusion, daß Distanzierung und Verobjektivierung entscheidend wichtig für die Konstruktion von Wissen sind. Visuelle Metaphern ermutigen dazu, auf Distanz zu gehen, um den richtigen Eindruck zu bekommen, und entfernen, so meint man, Subjekt und Objekt aus der Sphäre möglichen Verkehrs miteinander."* (Field Belenky, McVicker Clinchy, Rule Goldberger, Mattuck Tarule, 1989, 31)

Im Unterschied dazu, kam in meiner Forschung dem Lauschen, dem Hören und Zuhören eine entscheidende Rolle zu:
> *"Anders als das Auge arbeitet das Ohr dadurch, daß es subtile Veränderungen in der Nähe wahrnimmt. Anders als beim Auge ist beim Ohr die Nähe zwischen Subjekt und Objekt erforderlich. Anders als das Sehen suggerieren Sprechen und Zuhören Dialog und Interaktion."* (Field Belenky, McVicker Clinchy, Rule Goldberger, Mattuck Tarule, 1989, 31).

Murray Schaffer drückt es so aus: "Im visuellen Raum sind wir immer am Rande und schauen hinein. Im akustischen Raum sind wir immer im Zentrum und hören hinaus." (Schafer, 1990, o.S.)

Die neuzeitliche Wissenschaftsentwicklung basiert entscheidend auf Descartes' Philosophie. Er etablierte das rationalistische "Baugerüst der Moderne", das auch für die Wissenschaft Psychologie maßgebend war (Keupp, 1992). Heiner Keupp plädiert in seinem Aufsatz "Die Psychologie als Kind der Moderne: Die Chancen postmoderner Provokationen für ein Umdenken" für die Überwindung des starren, dekontextualisierten cartesianischen Systemdenkens und für die Emanzipation der Menschen aus dem "Gehäuse der Hörigkeit" der Subjektkonstruktionen der Psychologie, die sich in der Moderne als eine Art religionsgleiche Wissenschaft – mit cartesianischen Weltbild – etabliert hat. Er befürwortet, unter anderem, die
> *" 'Rückkehr zum Mündlichen', zur alltäglichen Herstellung einer sozial geteilten Wirklichkeit im Medium Sprache"* (Keupp, 1992, 26)

Das Denken Descartes' demontiert Peter Sloterdijk als einen Versuch, klanglos zu denken.
> *"Er (gemeint ist Descartes, D.R.) starrt in den Inhalt des Gedankens, ohne je auf den Klang der Stimme in seinem denkenden Gehirn zu achten. Nur so kann es ihm gelingen, nicht wahrzunehmen, daß sein Ich-denke-ich-Bin in Wahrheit ein Ich-höre-etwas-in-mir-von-mir-und-anderen-Reden bedeutet."* (Sloterdijk, 1993, 311f.)(5)

Seit mehr als hundert Jahren mühe sich die Philosophie ab, das cartesianische Weltbild zu überwinden und hebe u.a. "Resonanz statt Autonomie" hervor:
> *"Bei sich sein kann das Subjekt mithin nur, wenn ihm etwas gegeben ist, was sich in ihm hören läßt – ohne Klang kein Ohr, ohne Anderes kein Selbst."* (Sloterdijk, 1993, 313)

Ernst Joachim Berendt, der in langen Rundfunksendungen, vielen Büchern und Hörkassetten ein hörendes Paradigma ausarbeitet, betitelte ein Übungsbuch: "Ich höre – also bin ich" (Berendt, 1989; vgl. zum Hören auch Berendt 1983; 1989; 1985; 1989; vgl. auch Maguire, 1993, 75–108). Berendt vertritt die Auffassung, daß die Umbewertung des Verhältnisses von Auge und Ohr eine demokratische Basis für die Gleichberechtigung schaffen würde.

Die Philosophen (Philosophinnen) und in ihrer Nachfolge die Wissenschaftler (Wissenschaftlerinnen) – scheinen immer wieder vergessen zu haben, daß das Wort Vernunft von "vernehmen" kommt. Schon Salomon betete darum, ein hörendes Herz zu bekommen – kann man, frau, kind sich mehr wünschen?

Mit meiner anderen Frauenforschung bin ich, zuhörend und horchend, Fragen nachgegangen, die sich mir als Psychologin in der therapeutischen Frauenwohngemeinschaft Prima♀Donna gestellt haben. Auf das, was die Frauen erzählten, gingen alle Frauen, Mitarbeiterinnen und Mitbewohnerinnen, zuhörend, sich einfühlend, mit dem Herzen ein. Natürlich lebte in der "alltäglich" hergestellten "sozial geteilten Wirklichkeit" (Keupp, a.a.O.) bei Prima♀Donna, in den Erzählungen der Frauen und in der therapeutischen Arbeit eine andere Sprache auf als die in der bislang überwiegend von Männern geschriebenen Wissenschaft Psychologie. Sie war "Sprache aus dem Leben" (ebd.), Sprache voller Leben. Frauen hörten Frauen zu; Frauen erzählten Frauen – in einer selbstbestimmten sozialtherapeutischen Frauenwohngemeinschaft. Das Zuhören und Gehörtwerden waren hier wesentlich, aber nicht nur: Ohne Sicheinfühlen, Mitfühlen und Miterleben gelingt es nicht, aufeinanderzuhören. (Vgl. zu sehr schönen Überlegungen über das Hören und insbesondere Aufeinanderhören bei Kindern, Bäuml-Roßnagl, 1990, Bd.I, Kapitel 'Vom Hören-Können und Hören-Wollen', 'Aufeinanderhören und Andere(s) überhören', 43–65)

Wo liegt der Ursprung dieser Fähigkeit des Hörens, die uns das ganze Leben über begleitet? Wann beginnen wir, hörend zu vernehmen? Wo ist das Zuhören und Sicheinfühlen unmittelbar lebensnotwendig? Der Ursprung dieser Fähigkeit beginnt bereits vorgeburtlich. Das Hören der Stimme der Mutter ist dabei von größter Wichtigkeit (vgl. hierzu Kapitel V. dieser Arbeit):
> *"Was das Kind im Mutterleib zuverlässig hört, geht ihm zu Herzen. Das Hören ist dann nicht nur ein Aufnehmen, sondern ein Zusammenklingen, ein Zusammenschwingen. Es gibt dem eigenen Sein seinen Grundschlag, seinen Rhythmus. Das Aufeinander-Hören und Mit-dem-Anderen-Schwingen prägt die ursprüngliche Hörerfahrung eines jeden Menschen."*
> (Bäuml-Roßnagl, 1990, Bd. I, 52, bearbeitet von Sabine Zimmermann)

Hören und Gehörtwerden stellen von Anfang an "eine zentrale Möglichkeit dar, die beidseitige Beziehung zwischen dem Ich und dem Du herzustellen" (ebd., 53). Hören und Gehörtwerden, und zwar in Beziehungen, sind das ganze Leben lang von größter Bedeutsamkeit. Die Frauenforschung spricht auch implizit vom (Zu)Hören und Gehörtwerden, wenn sie aufzeigt, daß die Stimmen von Frauen
> *"von dem fortlaufenden Prozeß der Bindung, der die menschliche Gemeinschaft erschafft und am Leben erhält"*

erzählen (Gilligan, 1988, 191; vgl. auch Chodorow, 1985; Benjamin 1990; siehe speziell zu drogenabhängigen Frauen bei Prima♀Donna Egartner, Holzbauer, 1994).

Als weibliche Professionelle habe ich mich, hörend, auf die Suche begeben – teilweise "außerhalb sozialwissenschaftlicher Denkstrukturen und der Gemeinde (ihrer, D.R.) ExpertInnen (Stark, 1992, 44) – nach Sprechen und Sprache, wo sie voller Leben ist: in der dramatischen Sprechkunst und in der Kunst arabischen Erzählens, sowie im Dialog zwischen Müttern und ihren Babys und Kleinkindern. Hier sind das (Zu-)Hören, Sich Einfühlen und Miterleben entscheidend.

Zu meinen qualitativen Interviews

In meiner therapeutischen Arbeit bei Prima♀Donna fühlte ich mich – zuhörend – in ehemals heroinabhängige Frauen ein. Ich beschreibe dies im Kapitel III: " Prima♀Donna, Condrobs e.V.: Der Sehnsucht nach dem Leben auf der Spur", in dem ich auch die professionelle Arbeitsstruktur des Modellprojekts beschreibe. Teilweise ging es darum, sich einzufühlen in Leid, das in frühester Kindheit erlitten worden war. Immer wieder versuchte ich auch, an der Grenze zum Tod, möglichst behutsam die positiven, sehr geschwächten Lebenskräfte einer Frau zu stärken. Hierfür war es

entscheidend – ja lebensnotwendig – mit dem Herzen zuzuhören und aus dem Herzen, also möglichst stimmig, zu antworten (6).
Bewußt habe ich keine Interviews gemacht mit ehemals heroinabhängigen Frauen, die bei Prima♀Donna waren. Dies war mir mit meiner gleichzeitigen Arbeit als praktisch und therapeutisch tätige Psychologin unvereinbar.

Die Frauen, mit denen ich arbeitete, waren sehr empfindsam und sehr verletzt. Die "positive" Seite hiervon: Sie spürten genau, bis in feinste Nuancen, ob ich wirklich mitgefühlt hatte, wenn sie sprachen, wie weit ich mitgefühlt hatte (aufgrund von Abwehr mitfühlen konnte), wie weit ich sie verstanden hatte – und wie weit ich wagte, das, was ich – in mich horchend, reflektierend – fühlte und spürte, zu sagen. Im Kapitel III. dieser Arbeit reflektiere ich von der professionellen Seite diese Suche nach Sprache, die im Antworten in der therapeutischen Arbeit mit heroinabhängigen Frauen für mich stimmt. An dieser Stelle möchte ich hervorheben: In der Arbeit mit heroinabhängigen Frauen geht es um Heilen und um ein Wieder-Lebendigwerden, anstelle eines negativen "Sogs" in Selbstzerstörung und letztlich in den Tod. Immer wieder ging es entscheidend darum – auch, in Krisen, mit heftigsten Herzklopfen und die Ruhe zu bewahren versuchend – liebevoll zu **antworten**, und zwar so, daß eine Frau wirklich fühlen konnte: Ich werde verstanden, eine Frau fühlt mit, geht mit, hält kaum aushaltbare Gefühle mit mir aus.

Übrigens: In dieser Arbeit schreibe ich aus meiner Perspektive als Therapeutin – als eine Person. In Wirklichkeit war es bei Prima♀Donna das Zusammenfühlen und Miteinander Sprechen und Antworten von füreinander liebevoll empfindender Frauen im therapeutischen Kreis, in Einzelgesprächen, im Alltag: Drei therapeutisch tätige professionelle Frauen, eine Praktikantin und sechs Frauen, die in der sozialtherapeutischen Wohngemeinschaft eine feministische, gemeindepsychologische Therapie machten, d.h. eine alltagsbezogene und auf Förderung und Entfaltung der Eigenpotentiale der Frauen orientierte Therapie. Eine kaum beschreibbare Fülle von Resonanzen von miteinander sprechender, horchender, mitfühlender, manchmal eben mitbangender Frauen war das, in dem sich eine Frau dann – gebe Gott – angenommen, verstanden, geliebt fühlte und auf wundersame Weise Kraft schöpfte, um weiterzuleben.

> Die Essenz? Liebe. Liebe als ein feines Schwingen in einem Schutzraum für Frauen (7). Sehr wesentlich: Das lebendige Bezogensein. Das lebendige Bezogensein, um das es da ging – das wollte ich näher untersuchen. Genauer gesagt: womit Stimmigkeit im therapeutischen Antworten zu tun hat. Dazu schien es mir notwendig zu sein, das W o r t – das ja die Brücke ist zwischen Mensch zu Mensch – näher zu betrachten. Und: Dazu schien es mir außerdem notwendig zu sein, wesentliche Anteile lebendigen Sprechens von Frauen in empfindsamster Zeit zu studieren: In der Zeit, in der Frauen mit ihren Babys und Kleinkindern sprechen – wenn also eine "Person" am empfindsamsten ist.

Da es um l e b e n d i g e s Bezogensein ging, reichte es nicht, das Wort als "logische Sinnvermittlung" und Worte in "ihrer energielosesten Form" (Flatischler, 1984, 98), zu und in der sie in unserer wissenschaftlich-technischen Gesellschaft zu dienen haben, zu betrachten. In "Die Macht der Phantasie. Zur Geschichte abendländischen Denkens" schreibt Ernesto Grassi:

> *"Das intellektuelle, rationalistische, rein "formale" Denken hat im abendländischen Bereich heute durchwegs den Vorrang erhalten. ... Hieraus ergibt sich ... der Vorrang der rationalen Sprache, die als die einzige wissenschaftlich gültige angesehen wird. Jede "menschliche" Sprache, die sich Bilder, Metaphern, Analogien bedient, kann keinen wissenschaftlichen Anspruch erheben. Die metaphorische, analogische Sprache wird dem Gebiet des Rhetorischen, des Literarischen, also des Nichtwissenschaftlichen*

> *zugeschrieben. Der Anspruch auf eine erneute Herstellung der Beziehung von Denken und Erlebnisfähigkeit verlangt die Rückerinnerung an eine vergessene und verdeckte Tradition – die humanistische – und erfordert den Versuch, aus der erstarrten Begriffswelt zu einem bildhaften und mehrdimensionalen Denken zu gelangen."* (Grassi, 1979, XVIf.)

Eigentlich folgt aus Grassis Überlegungen, daß die vorherrschende rationalistische wissenschaftliche Sprache eine un-menschliche ist. Sanne Droege zeigt auf, daß die Descartes'sche Methodik und Erkenntnistheorie durch die normative Ausgrenzung der seit der Antike anerkannten geistigen Kraft des Ingenium, "die aus dem Ursprünglichen schöpfende Tätigkeit" mit dem Vorrang der 'Einsicht' und des 'Bildhaften' (vgl. hierzu eingehend Ernesto Grassi: Macht des Bildes. Ohnmacht der rationalen Sprache, 1979, 174–178) (8) zur Leugnung einer wesentlichen Dimension des "Menschseins" in den Wissenschaften führte:

> *"Die Renaissancetradition erkannte dieselbe geistige Kraft – das 'ingenium' – gleichermaßen in Phantasie, Imagination und Denken wirksam. Sie erkannte, wie dieses Eine sich mit den diversen menschlichen Vermögen zu verbinden vermag, um derart zu seinen sodann verschieden benannten Wirkweisen zu gelangen. Dieses ingenium läßt sich nun freilich nicht auf seine bloß begriffliche Qualität eingrenzen, sondern entzieht sich vielmehr einer eindeutigen Faßbarkeit durch den Menschen. Descartes bricht nun – und dies auch explizit, indem er seine 'Regulae' als 'Regulae ad directionem ingenii' erkannt wissen will – radikal mit diesem Renaissancekonzept: So sucht er unsere Erkenntnisfähigkeit auf geometrisch-arithmetisch gestaltete Zeichen zu stützen, die sodann immer faßbar und erkennbar sein müssen, werden sie nur durch den reflexiven Geist geschaut. Auf diese Weise kann Wissen nun habhaft gemacht und auf formale bzw. formelhafte Grundeinheiten reduziert werden."* (Droege, 1993, 4) (9)

Auch das Werk des Neokantianers Cassirer ist u.a. ein Versuch, das im Abendland entstandene "Gehege der Vernunft", das ein geometrisches Netz über alles Lebendige zieht, zu befreien (Nordhofen, 1989) (10). Die Kunstphilosophin Susanne K. Langer, eine Schülerin Cassirers, hat hierfür, etwa in "Feeling and Form" (Langer, 1953), einer philosophischen Reflexion aller Kunstgattungen, meines Erachtens einen großartigen Beitrag geleistet (vgl. auch Langer, 1953, 1957, 1979). Mehr dazu werde ich im Kapitel IV. dieser Arbeit schreiben.

Für mich galt es in dieser Arbeit, Sprache dort zu besehen, wo sie noch verstanden wird als
> *"eine ungeheure, wunderbare, weltbewegende Kraft, die im gesprochenen Wort ihren Ausdruck erfährt. ... Das Wort ist der Anlaß, der Anstoß, eigene innere Bilder zu entwickeln, plötzlich die ganze brachliegende Phantasie zu aktivieren"* (Quadflieg, 1988, 64)

Gerade dieses Sprach- und Wortverständnis habe ich bei Frau Professor Langen erfahren und gelernt.(11)

Nun zu meinen qualitativen Interviews (12). Um zu ergründen, was Stimmigkeit im Antworten bedeutet, führte ich Interviews durch, die

- Kennzeichen von Sprache thematisieren, die vom Herzen kommt und die im Herzen berührt;
- das Tun von Frauen zum Thema haben, wenn diese ihre Babys, die noch nicht sprechen können, und ihre Kleinkinder, deren Sprechenlernen und Sprechen lustvoll ist (vgl. Kegel, 1974; Richter, 1989), liebhaben, ihnen zuhören und mit ihnen sprechen.

Ich habe insgesamt sieben qualitative Interviews durchgeführt. Die Leitfäden für meine Interviews habe ich auf der Grundlage meiner beruflichen Erfahrungen, meiner theoretischen Recherchen, sowie wesentlich meinen Lernerfahrungen in Stimmbildung bei Frau Professor Langen zusammengestellt.

Gemeinsames Merkmal aller Interviews ist, daß sich deren Sprache jenseits des "Leistungsprinzips" (vgl. Marcuse, 1957; vgl. auch S. 9 dieses Kapitels) entfaltet. Anders ausgedrückt: es handelt sich um Sprache, in der sich das "das Spiel des Lebens" (v. Hofmannsthal) auszudrücken vermag.

Grundlage von vier Interviews ist die Auseinandersetzung mit dramatischer Sprechkunst, poetischer Sprache und der Kunst arabischen Erzählens. Ein Interview habe ich mit einer ehemaligen Regie-Assistentin an den Münchner Kammerspielen geführt. Hier werden zum besseren Verständnis elementare Zusammenhänge des Theaters erläutert. Ein Interview habe ich mit einem deutschen dramatischen Künstler geführt. Dieser herausragende Schauspieler, der als "König der Vorleser" bekannt ist, spricht mit einer ungewöhnlich großen und tiefen Kenntnis über Sprache, Literatur und Dichtung und über deren lebendige Vermittlung an ein Auditorium bzw. Publikum. Ein weiteres Interview mit einem dramatischen Künstler ist mit einem aus Ungarn stammenden, wiederum herausragenden Schauspieler. Er spricht über Muttersprache als Sprache, in der ein Schauspieler die feinsten Nuancen und die Musikalität der betreffenden Sprache am besten auszudrücken vermag, sowie ebenfalls darüber, wie das gesprochene Wort in der Schauspielkunst für Zuhörende aufzuleben vermag. Ungarisch ist meine eigene Muttersprache. Die ungarische Sprache hat eine ausgeprägte lyrische Qualität (Stevenson, 1983, 199), auch bereits im Alltag. Das nächste Interview ist mit einem der meistgelesenen, auf Deutsch schreibenden, ausländischen Erzähler, einem aus Syrien stammenden Künstler. Er spricht über das "bunte Wort" in der arabischen Kultur, das er aufs Heiterste zur Entfaltung bringt, über die arabische Erzählkunst und wie das Erzählen und Hören von Geschichten das Herz ein wenig heilen können.

Zwei Interviews habe ich mit Müttern gemacht. Die beiden Frauen, mit denen ich die qualitativen Interviews geführt habe, sind Frauen mit professioneller therapeutischer Berufserfahrung. Sie konnten deshalb besonders reflektiert Auskunft geben. Eine Mutter war zum Zeitpunkt des Interviews über 10 Jahre lang in der Pro Familia therapeutisch-beratend tätig und hat sich viele Jahre in der Frauenbewegung engagiert, auch in der Frauenakademie München (F.A.M.). Ihre beiden Söhne waren 3 1/2 und 2 Jahre alt. Die andere Mutter ist eine ehemalige Mitarbeiterin von Prima♀Donna. Sie ist auch seit vielen Jahren in der Frauenbewegung aktiv und seit mehreren Jahren eine Vorstandsfrau des Frauenkulturhauses München. Sie hatte, als wir das Interview machten, einen 2 Jahre und 3 Monate alten Sohn, und sie war im 8. Monat schwanger. Diese beiden Interviews haben den Mutter-Kind-Dialog, auch bevor ein Kind sprechen kann, zum Thema. Sie beleuchten außerdem Fähigkeiten, die Frauen im (vorsprachlichen) Kontakt mit ihren Babys und Kleinkindern entwickeln.

Ein Interview hat Vögel in der Natur und deren Bedrohung durch Umweltzerstörung, aber auch – durch das Sprechen über Vogelstimmen – die Schönheit der Schöpfung zum Thema. Die Person, mit der ich dieses Interview geführt habe, möchte anonym bleiben. Wie in einem Musikstück, scheinen Ausschnitte aus diesem Interview als immer wiederkehrendes "Motiv" – in einer anderen Druckschrift gesetzt – in dieser Arbeit auf. Sie vergegenwärtigen Naturzerstörung und äußerst bedrückende gesellschaftliche Wirklichkeit, sowie den zu Herzen gehenden Gesang von Singvögeln. Ich habe dieses Interview b e w u ß t nicht ausgewertet. Mit dessen Montage versuche ich meine Dissertation stimmiger zu der heutigen Zeit zu gestalten (Vgl. hierzu auch Kapitel I: "Liebe Psyche!", S. 7f.).

Die befragten Personen haben mir ihr schriftliches Einverständnis gegeben, sie namentlich zu erwähnen und aus den Interviews Passagen in meiner Dissertation wiederzugeben. Für die Schlußfolgerungen, die ich in den Auswertungen ziehe, zeichne ich allein verantwortlich. Sie geben nicht notwendig die Meinung der von mir befragten Personen wieder. Die Interview-Ausschnitte mit der ungenannt bleibenden Person sind jeweils mit "X.X." gekennzeichnet.

Meine Art der Darstellung der Interview-Ausschnitte in dieser Arbeit wird etwas unüblich erscheinen. Meine H a l t u n g ist dennoch die qualitativer Sozialforschung nach Anselm Strauß (Strauß, 1991). Für Anselm Strauß war die Autonomie seiner Schüler und Schülerinnen sehr wichtig (siehe Hildenbrand in Strauß, 1991, 17). Er befürwortet ausdrücklich – ob man (frau) als qualitativ arbeitender Forscher oder Forscherin "nun nach der Methodologie der Grounded Theory (arbeitet) oder nicht ...", "standardisierten Formen der Darstellung zu widerstehen" und ermuntert mit Nachdruck dazu,
> *"teilweise oder vollständig neue Formen der Präsentation einer komplexen Theorie zu erkunden."* (Strauß, 1991, 332)

Die Affinitäten meiner Vorgehens- und Darstellungsweise zur qualitativen Sozialforschung nach Anselm Strauß sind vielfach. Folgende möchte ich hervorheben:
- Befürwortet der Soziologe Strauß "Sociological Imagination" (vgl. hierzu Hildenbrand in Strauß, 1991, 13), so engagiere ich mich für "Psychological Imagination", um für Frauen relevantes Wissen zu erforschen.
- Anselm Strauß sieht Kontextwissen als einen wesentlichen Datenfundus. Es erhöhe u.a. "die Sensitivität bei der Theoriebildung" (Strauß, 1991, 36). Das Kontextwissen, das meinem qualitativen Interviewmaterial zugrundeliegt, habe ich durch mehr als fünf Jahre praktische therapeutische Arbeit mit Frauen bei PrimaDonna erfahren, sowie durch fünf Jahre Lernerfahrungen bei Frau Professor M. Langen.
- Eine "zentrale Eigenschaft der grounded theory" ist "ein spezifisches Verständnis von Theoriegenerierungsprozeß" ..., "wodurch das Handeln des Wissenschaftlers (und der Wissenschaftlerin, D.R.) in die Nähe künstlerischen Handelns rückt" (Hildenbrand in Strauß, 1991, 12). Hildenbrand schreibt:
> *"Anselm Strauß selbst zieht gern Beispiele aus dem musikalischen Schaffen heran, wenn er Schritte im Datenanalyseprozeß deutlich machen möchte."* (ders., 13)

Ich verstehe dies so, daß Strauß dem Gehör und der Intuition vertraute und ihm an einer lebendigen, ja sogar rhythmischen Präsentation des Forschungsmaterials gelegen war. Denn Rhythmus, so Susanne K. Langer, ist die Grundlage allen Lebendigen (Langer, 1953, 126). Desweiteren meine ich, daß Strauß ein starkes Formempfinden hatte, welches ja für musikalisches Schaffen unerläßlich ist.

Eigentlich sollten sich Form und Inhalt möglichst entsprechen. Auch in diesem Sinne verstehe ich Strauß' Aufforderung zu neuen Formen. Meine Aufgabe lag genau darin, eine Form zu finden, die den Inhalten meiner qualitativen Interviews entsprach.

Ich wollte die hörbare liebevolle Empfindsamkeit und die Schönheit dessen, was mir die befragten Frauen und Männer in den Interviews gesagt haben, für Lesende möglichst miterlebbar machen.

Die Lesenden sollten also nicht nur eine Chance haben, zu vernehmen, was die von mir befragten Personen sagten, sondern auch w i e sie es sagten. Die Form, die mir für die Wiedergabe meines Interviewmaterials zu stimmen schien, war, es zunächst jeweils möglichst dialogisch wiederzugeben. Diese Formwahl hatte auch weitere Gründe.

Die Inhalte, um die es in den Interviews zur dramatischen Sprechkunst und poetischen Sprache geht, werden bislang in der Wissenschaft Psychologie so nicht thematisiert. Nach einer Auseinandersetzung mit Poesie und dramatischer Sprechkunst nach Frau Professor Langen – ihrerseits in der Psychologie wenig diskutierte Themen – sind daher Auszüge eines jeweiligen Interviews im Zusammenhang dargestellt. Am Ende fasse ich diese zunächst inhaltlich zusammen. Erst in einem weiteren Schritt nehme ich eine Auswertung vor. Auf diese Weise ist es möglich, Erkenntnissen aus der darstellenden (erzählenden) Kunst Gehör zu verschaffen.

Die zwei Interviews mit Müttern habe ich in der Form analog präsentiert. So kommen diese Frauen zu Wort, bevor ich mit einer wissenschaftlichen Auswertung, die notwendig immer wieder an die Grenzen der männlichen Denktraditionen in der Psychologie stoßen mußte, das von den Frauen Gesagte reflektiere.

Als eine Art Leitmotiv schließlich beabsichtigen die juxtaposierten Ausschnitte aus dem Interview mit X.X., wie bereits beschrieben, die gegenwärtige Situation der Umwelt, symbolisiert durch Singvögel, sowie die Verkümmerung der Gefühlswelt vieler Menschen in unserer Gesellschaft in Erinnerung zu rufen.

In der von mir gewählten Form sind damit Stimmen, die in der Psychologie selten zu hören sind, lebendig vernehmbar. Natürlich bin ich mir dessen bewußt, daß das "Hören" dessen, was die von mir befragten Frauen und Männer sagten, in einer zu lesenden Arbeit nur bedingt möglich ist. Dennoch hoffe ich, daß in der von mir gestalteten Wiedergabe und Analyse der Interviews die Klänge des Sprechens und Fühlens der befragten Personen möglichst mitschwingen.

Durch die dialogische Präsentation der Interview-Ausschnitte jeweils im Zusammenhang haben Lesende auch mehr Möglichkeit, sich ihrerseits autonom mit den Inhalten auseinanderzusetzen. Das heißt, es besteht ein demokratischeres Verhältnis zwischen Wissenschaftlerin und Rezipientinnen und Rezipienten, als bei der häufig in Dissertationen und anderen wissenschaftlichen Arbeiten anzutreffenden Wiedergabe von Interview-Material, in der doch die Stimme und das Verständnis des Forschers oder der Forscherin dominieren.

Sehr schöne Beispiele für dialogische Interview-Darstellungen sind in den Büchern der Sozialwissenschaftlerin und Psychologin Gunna Wendt zu finden (vgl. etwa Wendt, 1992, 1993). Sie stellen m.E. Beispiele für geistreiches, zeitgemäßes und gesellschaftlich relevantes Interview-Aufbereiten dar, das die häufige Starre und thematische Einengungen vieler Methodologien überwindet. Mehrere Gespräche mit Gunna waren für mich sehr wichtig und haben mich darin bestärkt, mehr meiner Intuition zu vertrauen bei der Suche nach einer für mein Material adäquaten Gestaltung. (13)

Bestärkt in dem Versuch, eine dem Inhalt angemessene Darstellungsform zu entwickeln, wurde ich des weiteren durch kreative neue Methoden, die in den letzten Jahren, wiederum in den U.S.A., in den Sozialwissenschaften vertreten werden. Beispielsweise befürworten Carolyn Ellis und Michael G. Flaherty in "Investigating Subjectivity: Research on Lived Experience" (Ellis, Flaherty, 1992) wissenschaftliches Arbeiten, welches "'entlang (inhaltlicher, D.R.) Anforderungen" gestaltet wird, anstatt entlang "wahrgenommener Vorstellungen desbezüglich, was sie (gemeint sind Forscherinnen und Forscher, D.R.) tun oder nicht tun sollten'" (Geertz zit. in Ellis, Flaherty, 1992, 5). Entsprechend zeichnen sich die Beiträge in "Investigating Subjectivity" durch eine Fülle von kreativen, neuartigen wissenschaftlichen Methoden aus – etwa ein in dialogischer Drehbuch-Form geschriebener Artikel oder ein Gedicht einer Forscherin, welches diese als "Forschungsbericht" zu einem qualitativen Interview verfaßt hat. Auf diese Weise versuchen die Forscherinnen und Forscher, die von ihnen kritisierten, bisherigen Hemmschwellen innerhalb der Soziologie der Emotionen zu überwinden und innerhalb wissenschaftlichen Arbeitens gelebter Erfahrung und Gefühlen Raum zu verschaffen (dies., 2–5). Auch hier haben sich auffallend viele Frauen an kreativen Methoden beteiligt, um ihre Stimmen in die Sozialwissenschaften einzubringen. (14)

Gerade in Forschungsarbeiten von Frauen finde ich Experimentierfreudigkeit bei Inhalt und Form begrüßenswert, gilt es doch als Frau in der Wissenschaft Psychologie
> *"... Schweigen (zu) brechen, unser jeweiliges Selbst (zu) benennen, das Verborgene (aufzu)brechen, uns präsent (zu) machen ... eine Realität zu definieren, die Resonanz hat mit uns, unser Sein bejaht ..."* (vgl. Rich, 1979, 244f., siehe dazu Kapitel I, Seite 3 dieser Arbeit)

Anmerkungen

(1) Aus ganzem Herzen danke ich Marianne Köppelmann, London, die mich während meiner Zweifel hinsichtlich der Realisierung dieser Arbeit liebevoll in einem Brief auf diese fernöstliche Einsicht hingewiesen hat. Die so feinfühlige, ideenreiche und inspirierende Korrespondenz mit Marianne hat mich immer wieder derart ermutigt und bestärkt, meinen eigenen Weg in meinem Dissertationsvorhaben zu gehen zu wagen! Ich danke ihr auch ganz, ganz herzlich für viele interessante und schöne Frauenbücher, deren Ideen mich beeinflußt haben!

(2) Sylvie Gassmann (Bothe) † danke ich aus ganzem Herzen für alles, was ich bei ihr gelernt habe! Sie war eine wunderbare und so kreative Yoga-Lehrerin, und sie war eine sehr liebe Freundin. Ich werde sie immer vermissen.

Wladimir Lindenberg schreibt über Yoga:
> *"Die Yogalehre stellt die älteste und weiseste sowie psychologischste Form der Erziehung des Menschen zur Reifung, zur Selbstverwirklichung und zum Zusammenklingen im All dar. (Lindenberg, 1990, 73)"* ... *"Alle Sinnesorgane, alle inneren Organe und Drüsen, die Blutgefäße, die Atmung, das Knochen- und Muskelsystem, die Seele, das Denken und Nichtdenken, das Konzentrieren und das geistige Betrachten werden angesprochen, entwickelt, reguliert, beruhigt und aktiviert."* (ders., 78)

Den Streit um eine etwaige Spaltung in Leib und Seele, wie sie seit einigen Jahrhunderten in Europa geführt wurde und die zu getrennten Berufswegen für Ärzte und Ärztinnen, sowie Psychologen und Psychologinnen und anderen Berufsgruppen im Gesundheitswesen und in der psychosozialen Praxis geführt hat, kennt das indische Yoga nicht. Im Yoga erfahre ich ganz praktisch, daß ich mich körperlich, seelisch und geistig harmonischer empfinden kann.

Sylvie schenkte mir das selten schöne, so fundierte Buch von Reinhard Bögle: "Yoga. Ein Weg für Dich. Einblick in die Yoga-Lehre." (Zürich: Oesch Verlag, 1991). Ich bin ihr sehr dankbar dafür. Durch sie lernte ich, zuvor, wichtige Bücher von Rocque Lobo kennen (vgl. etwa Lobo, 1978). Vergleiche zu Yoga speziell für Frauen Ohlig, 1993. Siehe für Yoga mit Kindern, das als Weg für entspanntes Lernen empfohlen wird, Rücker-Vogler, 1994. Im Rahmen dieser Arbeit ist es mir leider nicht möglich, auch nur annähernd angemessen dem m.E. so wichtigen Yoga, noch der so wichtigen Literatur dazu gerecht zu werden. Meines Erachtens sollte zumindest der Zugang zu Yoga in der schulischen Grundausbildung integriert werden. Yoga würde die Schule verändern. Viele Probleme, die heute systematisch in den Schulen (re)produziert werden, könnten meiner Ansicht nach durch Yoga zumindest verringert werden. Auch für viele Kinder mit Legasthenie und Dyskalkulie hielte ich Yoga für hilfreich und therapieunterstützend (vgl. auch Kapitel VI.).

(3) Meine Schwester Marcsi Rerrich regte mich an, so lange zu suchen, bis ich die zentrale Fragestellung für meine Arbeit fand. Marcsi stand mir auf einzigartig liebevolle Weise zur Seite während der Entstehung dieser Arbeit! Mit ihrem Computer-Drucker hat sie mir in den letzten Jahren so viele Mal sehr geholfen. Aus ganzem Herzen danke ich ihr sehr für alles!

(4) Maria-Anna Bäuml-Roßnagl plädiert für das "ganzheitliche Spiel" als Aufgabe für eine humane Schule und menschenwürdige Alltagskultur": "Kinder und Erwachsene müssen in unserer Gegenwartskultur wieder spielen lernen – das Spiel ist die Gestalt einer ganzheitlichen Leibes- und Lebenserfahrung." (Bäuml-Roßnagl, 1990, Bd. I., S. 12f.)

(5) Elmar Koenen danke ich ganz herzlich für dieses Buch von Sloterdijk, sowie für einige andere interessante Bücher! Er hat mir zwei so Theorietagebücher geschenkt, die derart schön waren, daß ich darin nur Zitate notierte, die mich im Herzen ansprachen oder aus dem eigenen Herzen kamen. Dies war für den roten Faden dieser Arbeit äußerst nützlich. Für so viele so wichtige Gespräche, die mir während der Entstehung dieser Arbeit sehr geholfen haben, danke ich ihm aus ganzem Herzen!

(6) Das Herz ist ein in der abendländischen, männlichen Wissenschaftstradition systematisch tabuisierter Begriff – und verletztes Organ. Ursprünglich hatte ich geplant, ein eigenes Unterkapitel "Vom Herzen" zu schreiben. Die Überwindung des Verletzens und Verengens der Herzen von Kindern und Erwachsenen (heute noch!) an den Regel-und "Hoch"schulen ist mir ein so wichtiges, m.E. noch so sehr nicht überwundenes Thema, daß ich meine Spurensuche für dieses nichtentstandene Unterkapitel veröffentlichen möchte, auch wenn sie nun eine etwas unförmige "Fußnote" ist. Vielleicht hilft die folgende Zusammenstellung einer Frau oder einem Mann bei ihrer/ seiner eigenen Arbeit:

Heiner Keupp setzt sich in seinem, bereits erwähnten, Aufsatz "Die Psychologie als Kind der Moderne: Die Chancen postmoderner Provokationen für ein Umdenken" mit der Kritik Toulmins an Descartes Philosphie auseinander und zeigt, welches Subjektmodell, etwa in der Psychologie, "im "geistigen Baugerüst" der Moderne erzeugt wurde, das bis heute noch nicht überwunden worden ist:

> *"Es lebt von folgender Dichotomie: "Die Vernunft ist geistig (oder spirituell), die Emotion körperlich (oder fleischlich)" (S. 190). Den eigenen Emotionen ausgeliefert worden zu sein, war für Descartes in seiner "Abhandlung über die Leidenschaften" die bedrohliche Erfahrung, "daß die Rationalität von den kausalen Kräften des Körpers überrollt wird" (ebd.) und das ist gleichbedeutend mit einer Dehumanisierung, denn: "Das Wesentliche am Menschen ist seine Fähigkeit zu rationalem Denken und Handeln (S. 187). Also, und das ist die folgerichtige weitere Weltbild-Annahme: "Die Emotionen behindern oder verfälschen die Vernunft" (S. 190). Toulmin betont die imprägnierende Kraft dieser Ideen in allen relevanten gesellschaftlichen Bereichen: Im kirchlichen Einflußfeld, im Bildungswesen und im gesellschaftlichen Alltag: "Das Lob der Vernunft und die Verachtung des Gefühls füllte nicht nur 200 Jahre lang die Predigten, es war auch die*

> *Grundlage eines ganzen Systems der moralischen Erziehung und der Gesellschaftsordnung (ebd.)"* (Keupp, 1992, 22f.).

Was das Herz anbelangt, überwindet bereits im 17. Jahrhundert der Mathematiker und Physiker Blaise Pascal die Grenzen des für die Neuzeit des Abendlandes dennoch Jahrhunderte lang bestimmende rationalistische, dualistische Denken des Philosophen René Descartes, der ein Zeitgenosse Pascals war. Es ist eine, sein Leben entscheidend verändernde Gotteserfahrung, die sein Herz öffnet. Pascal schreibt:

> *"Wir erkennen die Wahrheit nicht allein mit der Vernunft, sondern auch mit dem Herzen; auf diese zweite Art erkennen wir die ersten Prinzipien, und vergeblich versucht das Vernunftdenken, das an ihnen nicht teilhat, sie zu bekämpfen."* (Pascal, 1980, 58f.)

Gegen die vorherrschende kühle, rationalistische Denktradition plädiert im 19. Jahrhundert der Hegel-Schüler Feuerbach – für das Herz. In seinen "Grundsätzen der Philosophie der Zukunft" hebt er hervor:

> *"Die neue Philosophie stützt sich auf die Wahrheit der Liebe, die Wahrheit der Empfindung. ... Die neue Philosophie ist in Beziehung auf ihre Basis selbst nichts anderes als das zum Bewußtsein erhobene Wesen der Empfindung – sie bejaht nur in und mit der Vernunft, was jeder Mensch – der wirkliche Mensch – im Herzen bekennt. Sie ist das zu Verstand gebrachte Herz. Das Herz will keine abstrakten, keine metaphysischen oder theologischen – es will sinnliche Gegenstände und Wesen.*
> *Wenn die alte Philosophie sagte: was nicht gedacht ist, das ist nicht; so sagt dagegen die neue Philosophie: was nicht geliebt wird, nicht geliebt werden kann, das ist nicht"* (ebd. 49f.)

Meines Erachtens nimmt Feuerbach leider wieder eine Spaltung vor und schüttet das Kind mit dem Bade aus, wenn er sagt, das Herz wolle "keine abstrakten, metaphysischen oder theologischen Gegenstände". Vielleicht wollte er sein Herz erleichtern, angesichts der abstrakten metaphysischen und theologischen Denker, die die Universitäten und Kanzel seiner Zeit dominierten? Ich meine, Pascal ist da klarer, wenn er schreibt:

> *"Ich behaupte, daß das Herz das allumfassende Wesen von Natur aus liebt und von Natur aus sich selbst, je nachdem es sich ihm hingibt; und es verhärtet sich in eigener Entscheidung gegen das eine oder das andere."* (Pascal, 1980, 58)

Es wird nicht zufällig sein, daß Feuerbach, der dem Herzen eine so wesentliche Rolle beimaß, der erste europäische Philosoph war, der unter "Sinnlichkeit" auch das soziale Verhältnis der Menschen verstand:

> *"Nur durch Mitteilung, ... aus der Konversation ... entspringen die Ideen. Nicht allein, nur selbander kommt man zu Begriffen, zur Vernunft überhaupt. Zwei Menschen gehören zur Erzeugung des Menschen, des geistigen so gut wie des physischen: Die Gemeinschaft des Menschen mit dem Menschen ist das erste Prinzip und Kriterium der Wahrheit und Allgemeinheit."* (Feuerbach in Schmidt, 1988, 239).

Martin Buber, der Philosoph des "dialogischen Prinzip", der entscheidend von Feuerbach's Ideen inspiriert wurde, schreibt dazu:

> *"Feuerbach hat jene Du-Entdeckung eingeleitet, die man die 'kopernikanische Tat' des modernen Denkens und ein 'elementares Ereignis' genannt hat, das ... zu einem zweiten Neuanfang des europäischen Denkens führen muß ..."* (Buber, 1952, 62, zit. in Schmidt, 1988, 239).

Meines Erachtens beinhalten die gegenwärtigen Dekonstruktionen innerhalb der (Sozial)-Wissenschaften und die Orientierung auf das Hören Chancen, in bisher nicht gekanntem Maße Herrschaftsverhältnisse zu überwinden. Nicht nur immer mehr Frauen, auch viele Männer in den (Sozial-)Wissenschaften bedauern zutiefst, daß die Denkweisen und Grundbegriffe des abendländischen Denkens seit Jahrhunderten, ja seit Jahrtausenden mit der Herrschaft von Männern über Frauen verquickt ist, wie etwa Sarah Harding hervorhebt (vgl. Harding, 1990). Sogar männliche Theoretiker räumen inzwischen ein, daß die Vernunft, "der oberste Wert europäischer Zivilisation" eine historisch von Ausgrenzungen und Herrschaft gekennzeichnete Konstruktion sei:

> *"Was aber Vernunft ist, bleibt solange undeutlich, als nicht ihr Anderes mitgedacht ist. ... Das Andere der Vernunft, das ist inhaltlich die Natur, der menschliche Leib, die Phantasie, das Begehren, die Gefühle – oder besser: all dieses, insoweit es sich die Vernunft nicht hat aneignen können"* (Böhme & Böhme, 1983, 12f.)

Die Implikationen des Beherrschens und/oder Unterdrückens des mit "weiblich" Assoziiertem hat weitestgehende Auswirkungen in allen gesellschaftlichen Bereichen im globalen Maßstab. Die Wissenschaften thematisieren – wenn überhaupt – entscheidende menschliche Tätigkeiten, die traditionell von Frauen verrichtet werden, in herrschaftlichen, männlichen Denkmustern, so etwa die "Hervorbringung von menschlichen Wesen" oder fürsorgende Arbeit, nach Hilary Rose "die entscheidende menschliche Tätigkeit" (Harding, 1990, 161), sowie jeweils das Wissen, das sich daraus ableitet.

> *"Die Unterjochung der sinnlichen, konkreten und beziehungsorientierten Tätigkeit der Frauen läßt sie solche Aspekte von Natur und Gesellschaft begreifen, die der auf spezifisch männlicher Tätigkeit basierender Forschung unzugänglich sind."* (Harding, 1990, 159).

Sarah Harding resümiert:
> *"Doch hätten wir uns wohl nicht einmal in unseren kühnsten Träumen vorstellen können, daß wir sowohl die Wissenschaft als auch das theoretische Denken würden neu erfinden müssen, um der gesellschaftlichen Erfahrung der Frauen ihren Sinn und ihre Bedeutung abzugewinnen."* (ebd., 274)

Wie könnte künftig "Wissen" – oder vielleicht besser "Verstehen"? – sein, die bisher ausgegrenzten Aspekte: Natur, Leib (von Frau und Mann), Phantasie, Begehren, Gefühle, die Hervorbringung von menschlichen Wesen und fürsorgende ("care"), sinnliche, konkrete, beziehungsorientierte Tätigkeiten "begreift"? Und dies alles in ihrer globalen kulturellen Vielfalt?

Mir scheinen die Spuren interessant, die das Herz in den Mittelpunkt des Erkenntnisinteresses rücken. Das Herz deutet m.E. die Einheit des Lebendigen (vgl. Easwaran, 1986) an. Vielleicht würde eine derartige Spurensuche die Wahrscheinlichkeit für weiteres apathisches "Wissen" minimieren? Ich stelle mir vor, daß bei einem derartigen Erkenntnisinteresse dem Hören und Zuhören ein anderer Stellenwert beigemessen wird.

Voraussetzung für Hören und Zuhören ist, unter anderem, Ruhe und Zeit. Ich stelle mir vor, daß Forschende als "persones cordiales" sich sprachlich anders, mit einer nicht mehr unterdrückten Sensibilität und keiner Angst mehr vor Gefühlen ausdrücken werden. Natürlich würden anderen "Methoden" in derart entstehenden Wissenschaften anerkannt werden. Herz als Symbol in den Mittelpunkt des Erkenntnisinteresses gerückt, eröffnet meines Erachtens die unmittelbare Erfahrung von Transzendenz.

Ich meine, das bekannte Titelbild des Buches "Jazz" des Malers Henri Matisse (Matisse, 1992) zeigt dies deutlich. Auf diesem Bild ist auf tiefblauem Grund mit leuchtend gelben Sternen eine ungewöhnliche schwarzgemalte Menschen Silhouette zu sehen. Der Mittelpunkt des Bildes ist das als roter Punkt gemalte Herz dieser Menschengestalt. Der leuchtend rote Punkt, der geradezu ins Auge springt, ist die "Eigenschaft", die diese Menschengestalt im Kosmos hat.

Abschließend möchte ich an dieser Stelle Dr. Ursula Götter für ihre sanfte und einfühlsame Hilfe, meine Herzensverletzungen zu heilen, sowie für ihre ermutigende Wegbegleitung während der letzten Phase dieser Arbeit aus ganzem Herzen danken.

(7) Beate Hummel und Christine Plahl danke ich sehr für den hilfreichen und schönen Abend, da ich in unserer Arbeitsgruppe, im Schutzraum eines Frauenkreises, von meiner Arbeit erzählte. Beate hat da den schönen Ausdruck "feines Schwingen" eingebracht.

(8) Ernesto Grassi hebt einen entscheidenden Aspekt des Ingeniums hervor. Er zitiert Augustinus, der schreibt, das Ingenium bleibe wertlos, "wenn seine Schärfe nur als Dienerin menschlicher Zwecke benutzt wird; es muß mit seiner Wurzel, mit Gott verbunden bleiben." (Grassi, 1979, 178)

(9) Sanne Droege hat mich auf das Ingenium und dessen Ausgrenzung in der neuzeitlichen europäischen Philosophie hingewiesen, sowie ihre Arbeit über Descartes "Defiguration und Figuration in der Erkenntnistheorie René Descartes" (siehe Bibliographie) und Bücher von Ernesto Grassi geliehen! Ich danke ihr aus ganzem Herzen dafür! Mit Sanne habe ich so viele so anregende philosophische Telefongespräche geführt. Wir haben sehr viel gelacht! Wofür ich ganz besonders danken möchte: Sanne hat das fertige Manuskript der Arbeit ganz gelesen und mir viele wichtige Hinweise und Rückmeldungen gegeben.

(10) Root Leeb danke ich ganz herzlich für den Artikel über Ernst Cassirer! Es würde ein ganzes Kapitel füllen, wofür ich Root über all' die Jahre direkt und indirekt für diese Dissertation aus ganzem Herzen danke !!! Das würde "den wissenschaftlichen Rahmen" in allen Dimensionen sprengen ... Über all' die Zeit hat sie mich so animiert (und inspiriert!), frei, froh – und freundlich-frech meine Doktorarbeit zu schreiben! Auch für's Lesen eines Kapitels der Arbeit, für all' ihre Anregungen und Rückmeldungen, für die Hilfen bei der Suche nach einem Verlag, sowie für die Bücher, die sie mir geschenkt hat, danke ich ihr ganz herzlich.

(11) Will Quadflieg hat, vor vielen Jahren, bei Frau Professor Langen gelernt.

(12) Heinrich Bollinger danke ich aus ganzem Herzen, der den nun folgenden Abschnitt mehrmals gelesen hat und mir durch seine Rückmeldungen und Anregungen sehr geholfen hat, mein empirisches Vorgehen darzustellen!
Dem gemeindepsychologischen Forschungskolloquium und Heiner Keupp danke ich sehr für ihre Unterstützung beim "Endspurt" in der Fertigstellung dieses Kapitels.

(13) Ich danke Gunna ganz herzlich dafür!

(14) An dieser Stelle danke ich PD Dr.Dr. H.-G. Vester, mich auf diese innovativen Forschungsmethoden aufmerksam gemacht und mich angeregt zu haben, für eine Hauptseminar-Arbeit eine analoge Arbeitsweise zu versuchen.

III. Prima♀Donna, Condrobs e.V.: Der Sehnsucht nach dem Leben auf der Spur

"... aber Gott hat das Gedeihen gegeben"
1 Kor 3,6
"It's great to have a voice."
Amelia Schroff

Das Herzstück meiner Arbeit beschreibt einen Ort des Heilens von und für Frauen, dessen Aufbau ich mitgestaltet habe und wo ich fünfeinhalb Jahre mitgearbeitet habe. Es handelt sich um eine sozialtherapeutische Wohngemeinschaft für heroinabhängige Frauen. Prima♀Donna, Condrobs e.V. wurde 1986 als erste alternative Drogentherapie-Einrichtung für Frauen in Bayern eingerichtet: eine psychosoziale Einrichtung, die neue frauenspezifische Wege für die gravierenden Probleme von heroinabhängigen Frauen zu beschreiben wagte (1).

Aufgrund der Erfahrungen mit drogenabhängigen Frauen in der Beratungsstelle von Condrobs, sowie deren Situation in gemischtgeschlechtlichen stationären Einrichtungen, sollte ein spezifischer Arbeitsansatz entwickelt werden, der die besondere Problematik der betroffenen Frauen berücksichtigte (vgl. Merfert-Diete; Soltau (Hginnen), 1984; jährliche Tätigkeitsberichte von Condrobs e.V.). Die Besonderheit des Modells sollte darin liegen, einerseits eine intensive therapeutische Betreuung anzubieten, andererseits das Zusammenleben der Frauen in der Wohngemeinschaft auf der Basis von Selbsthilfe zu gestalten (vgl. Soltau, Kulzer, 1985; vgl. auch Mager 1985). Sechs heroinabhängige Frauen konnten, nach klinischem Entzug, jeweils zu einem Zeitpunkt in der sozialtherapeutischen Wohngemeinschaft Therapie machen. Sie waren in den Anfangsjahren ausschließlich auf freiwilliger Basis, d.h. ohne gerichtlichen Auflagen dort. In den ersten Jahren basierte die Finanzierung von Prima♀Donna bewußt nicht auf Pflegesätzen. Mit einer Pauschalfinanzierung wurden zwei Sozialpädagoginnen mit ganzen Stellen und eine Psychologin mit einer halben Stelle finanziert. Die "Selbstfinanzierung" der Bewohnerinnen beruhte auf Sozialhilfe, Krankengeld oder Ähnlichem. Von einer privaten Stiftung (der auch eine engagierte Frau vorsaß) wurden für zwei Jahre Mittel bereitgestellt, um in der Einrichtung ein frauenspezifisches therapeutisches Arbeitsmodell zu entwickeln (vgl. Lipp, Rerrich, 1988; Rerrich, Lipp 1989; Rerrich 1991 (1987)).

Arbeit mit Heroinabhängigen ist eine Arbeit, in der das Thema "Tod" fast ständig präsent ist. In einer Gesellschaft, die den Tod verdrängt, läßt sich schwer vermitteln, um welche Dimension der Lebensbedrohung es sich in dieser Arbeit handelt. Immer wiederkehrende Themen sind Selbstzerstörung (durch Suchtmittel und/ oder durch Suchtverlagerung, aber auch durch Beziehungslosigkeit oder negative Beziehungsmuster). Auch aggressive, destruktive Tendenzen gegenüber Anderen kommen vor. Meist liegen diesen Verhaltensweisen tiefe Lebensverletzungen und nicht überwundene Abhängigkeiten und/oder negative Gefühle zu den ersten Beziehungspersonen, Mutter und Vater, zugrunde. Die negativen Gefühle sind zu allem Unglück teilweise unbewußt und können verhängnisvoll werden. Die selbstzerstörerischen und/oder destruktiven Tendenzen gegen sich und/oder Andere sind häufig hilflose Versuche der Loslösung. Als Erwachsene kehren diese Muster in Beziehungen mit anderen Erwachsenen wieder.

In den therapeutischen Lebens- und Leidensgeschichten von heroinabhängigen Frauen zeigt sich immer wieder, daß die Betroffenen früheste psychische Verletzungen erlitten haben, von Ungewollt- und Ungeliebtsein angefangen bis zu Gewalterfahrungen, denen sie bereits in den ersten Lebensjahren ausgesetzt waren. Gabriele Fues diskutiert auch Störungen in den primären Beziehungen, in denen die Frauen "das nötige Urvertrauen gar nicht, kaum oder nur zeitweise entwickeln konnten." (Fues, 1994, 225). Sie schreibt weiterhin: "Aber es gibt auch Frauen, die in ihrer Kindheit und Jugend erfahren haben, anscheinend "zu sehr geliebt" zu werden." (Fues, 1994, 226) Sie beschreibt einige Formen, die diese falsche Art des Liebens annehmen kann und führt ein anonymisiertes Beispiel an (ebd., 227f.).

Häufig lebten Mutter- und/oder Vater heroinabhängiger Frauen in benachteiligten gesellschaftlichen Verhältnissen und waren ihrerseits alkohol-, medikamenten- oder drogenabhängig.

Heroinabhängige Frauen haben meist vielfache, oft schwerste Verletzungen in ihrem Frausein erlitten. Frühkindlicher sexueller Mißbrauch und familiäre Gewalt kommen wiederholt vor. Spätere Prostitutionserfahrungen und Gewalt in Beziehungen auf der Scene gehen für heroinabhängige Frauen häufig mit dem Konsum illegaler Drogen einher.

In ihrem Buch "Ich hab's nur noch mit Gift geschafft" werten Eva Egartner und Susanne Holzbauer narrative Interviews mit 4 ehemals drogenabhängigen Frauen bei Prima♀Donna (zwei während, zwei nach ihrer Therapie) "mit einer eigenen Forschungsmethode (aus), die Ansätze aus der qualitativen Sozialforschung, der Kritischen Psychologie und der Feministischen Forschung vereinigt" (Egartner, Holzbauer, 1994, Klappentext). Sie gehen in ihrer liebevollen und umfassend analysierenden, gesellschaftskritischen Arbeit der Frage nach, "inwieweit die Sucht von Frauen nach illegalen Drogen als Widerstand gegen die herrschenden gesellschaftlichen Verhältnisse zu sehen ist bzw. zur vielfachen Abhängigkeit oder Selbstfesselung wird" (ebd., S. 2). Die Wertschätzung und Würdigung des Buches und der darin herausgearbeiteten Thesen würde eine seperate Herausstellung verdienen. An dieser Stelle möchte ich herausheben, daß Eva Egartner und Susanne Holzbauer bei allen befragten Frauen "die Suche nach einer anderen und damit die Flucht aus ihrer bisherigen Lebensweise gefunden" haben (diess., 219):
"Sie wollen Verhaltenszwänge, Gewalt und Ungeborgenheit hinter sich lassen und einen Ort finden, an dem sie geschützt, geliebt und beachtet werden."(ebd.)
Eva Egartner und Susanne Holzbauer stellen eingehend dar, aus welchen frauenverachtenden und häufig gewalttätigsten Lebensweisen die Frauen flüchten. Sie arbeiten die Widerständigkeit der Frauen als weibliche Subjekte gegen - veränderbare - "inhumane und zerstörerische( ) Lebensbedingungen" (diess., 224) heraus. Sie haben mit ihrer hinsichtlich der Lebensgeschichten von ehemals heroinabhängigen Frauen einmalig inhaltsreichen und systematisch herausgearbeiteten Frauenforschung betroffenen, ehemals heroinabhängigen Frauen in der Psychologie Stimme gegeben. (Vgl. auch Gabriele Fues in Neubeck-Fischer, 1994 zur Zusammensetzung und Herkunft der Bewohnerinnen bei Prima♀Donna, sowie zu weiteren anonymisierten Ausschnitten aus Lebensgeschichten von Frauen bei Prima Donna aus der Sicht der feministischen Therapie; siehe auch Kumschließ, 1990; Kreyssig, Kurth, 1983; Merfert-Diete, Soltau 1984; Rühmkorf 1985; Lukasz-Aden 1986; Gersch et al. 1988,; Mebes 1988; Mebes & Jeuck 1989; Merfert-Diete 1988).

Die andere Seite der Sucht ist der Rausch, dem die Betroffenen verfallen sind. Dies läßt sich umschreiben mit "Sehnsucht" und "Siechen": Sehnsucht zu genießen, zu "verschmelzen", sowie Belastungen, dem das Ich nicht gewachsen ist, zu entkommen (vgl. hierzu etwa Schivelbusch, 1985; Radó, 1975; Bilitza, 1993) und physisch-psychisch von einem (mehreren) Suchtmittel(n) abhängig zu sein, mit dem manchmal grausamer illegaler Handel getrieben wird. Für Frauen, die häufig aus unerträglichen Lebensbedingungen auszubrechen suchen, folgen aus Heroinabhängigkeit oft Kriminalisierung, psychische und soziale Verelendung, Prostitution und körperliche Erkrankungen (vgl. Kurth 1991).

Ich habe dieses Kapitel betitelt: "Prima♀Donna: der Sehnsucht nach dem Leben auf der Spur". Denn das war immer wieder die Frage, die sich mir in der Drogenarbeit stellte: Was ist Leben? Was ist letztlich die positive Energie, die überhaupt ermöglicht, lebendig zu sein und die in der Not hilft – statt als Süchtige in der Hoffnungslosigkeit zu versinken, in innerer "Leere", Depressivität, Lebensmüdigkeit und Kontaktlosigkeit zu verweilen oder sich am Ende durch Drogen selbst zu zerstören?

Der folgende Abschnitt a. beschreibt meine ganz persönlichen Einsichten. Ich zeichne für sie alleine verantwortlich. Ich habe diese Erkenntnisse nach meiner Anstellung bei Condrobs e.V. und meiner Mitarbeit bei Prima♀Donna gewonnen. Sie stellen nicht notwendig die Meinung von meinen Kolleginnen von Prima♀Donna dar. Der darauffolgende Abschnitt b. stellt die Arbeitsstruktur von Prima♀Donna in den Jahren 1986–1992 dar. Für die von mir für Abschnitt b. gewählte Überschrift habe ich mich ebenfalls nach meiner Mitarbeit bei Prima♀Donna entschieden. Anschließend skizziere ich meine persönliche Suche nach Sprache, die im therapeutischen Kontakt "stimmt". Diese Ausführungen stellen ebenfalls nicht notwendig die Meinung meiner ehemaligen Kolleginnen dar.

"Tu das, so wirst du leben." (Lk 10, 27–29)

a. "Du sollst den Herrn, deinen Gott, lieben aus deinem ganzem Herzen und deiner ganzer Seele, mit deiner ganzen Kraft und mit deiner ganzen Vernunft ... (ebd.)"(2)

Gott, "Liebe aller Liebe" (Frère Roger, 1990) ist im Verlauf der Säkularisierung in den Wissenschaften und in der entstandenen "wissenschaftlich-technischen Zivilisation" fast zu einem "Tabu" geworden (Berger, 1991). So waren auch mir, trotz christlicher Herkunft und christlicher schulischer Erziehung, als "fortschrittliche, gesellschaftskritische" Psychologin, die sich für die Belange von heroinabhängigen Frauen einsetzte, nach dem Psychologiestudium Zusammenhänge zwischen Heilen und Heil (Tillich) nicht bewußt. Nach Peter L. Berger haben die Wissenschaften in der Moderne das Bewußtsein der Mehrheit kolonialisiert. In "Auf den Spuren der Engel" schreibt er:

"... heute ist Transzendenz als sinnhafte Wirklichkeit, die auch zur Alltagswelt gehört, für die Mehrheit der Gesellschaft nicht mehr vorhanden oder in unerreichbare Fernen entrückt. ... Diejenigen aber, für die sie noch immer sinnhafte Wirklichkeit ist, befinden sich im Status einer Minderheit, genauer gesagt, einer kognitiven Minderheit –, eine Tatsache mit weitreichenden Auswirkungen.

Als kognitive Minderheit bezeichne ich eine Gruppe von Menschen, deren Weltanschauung sich in charakteristischen Zügen von dem unterscheidet, was in ihrer Gesellschaft sonst als Gewißheit gilt. Anders gesagt: eine kognitive Minderheit ist eine Gruppe, die sich um einen vom Üblichen abweichenden "Wissensbestand" gebildet hat bzw. bildet.

... die Plausibilität von Wissen, das die Gesellschaft nicht teilt, das unsere Mitmenschen anfechten, (ist) gefährdet, nicht unbedingt nur im Verkehr mit anderen, sondern viel tiefer, bis in unser innerstes Selbst hinein. Der Status einer kognitiven Minderheit ist demnach ziemlich unbequem, nicht einmal so sehr, weil die Mehrheit die Minderheit unter Druck setzte, sondern einfach, weil sie es ablehnt, die Wirklichkeitsauffassungen der Minderheit als "Wissen" anzuerkennen. Im besten Falle wird die Weltauffassung einer Minderheit in die Defensive gedrängt; im schlechtesten hört sie auf, irgend jemandem noch plausibel zu sein." (vgl. Berger, 1991, 25–27; Herv. im Orig. (3); vgl. auch zu Dasein und Transzendenz Boros, 1971 (4)).

In der manchmal äußerst schweren Arbeit bei Prima♀Donna machten wir einige Male Erfahrungen, die – Wunder waren. Dennoch verankerte ich mein Denken und mein professionelles psychologisches Selbstverständnis in einem verabsolutierten Menschenmaß. Erst nach sieben Jahren praktischer Berufsarbeit mit heroinabhängigen Frauen (vor Prima♀Donna hatte ich als Drogenarbeiterin gearbeitet), begann für mich eine Lebensdimension wieder entscheidend zu werden, die ich jahrelang als Professionelle mißachtet hatte.

Dieser Lebensdimension begann ich mich wesentlich zu öffnen, als ich vor Erschöpfung krank wurde. In deren Folge hörte ich auf, bei Prima♀Donna zu arbeiten. Auf meinem Heilungsweg entdeckte und erfuhr ich auf existentielle Weise – Gott. "Das Herz erfährt Gott", schreibt Pascal (Pascal, 1980, 58). Ich möchte hinzufügen, daß ich erfahre, daß sich in einem Prozeß mein Bewußtsein geändert hat und sich weiterhin ändert (vgl. auch Tournier, 1986; Frère Roger, 1990, 1991 zum Verständnis des Gesagten).

Im Rahmen dieser Arbeit geht es mir darum, an dieser Stelle auf diese persönliche Einsicht hinzuweisen, die ich nach meiner Tätigkeit bei Prima♀Donna gewonnen habe. Meiner Erkenntnis nach hat der Bezug zu Gott für therapeutisches Arbeiten im Suchtbereich entscheidende Konsequenzen (vgl. auch Abschnitt **Als Therapeutin auf der Suche nach profunder Sprache**).

Die wissenschaftliche Nachvollziehbarkeit meiner Gotteserfahrung ist nicht leistbar – ja, wie Küng zeigt, wissenschaftlich nicht vertretbar:

"Glaubensaussagen haben nicht den Charakter mathematischer oder physikalischer Gesetze. Ihr Inhalt kann weder wie in der Mathematik noch wie in der Physik durch direkte Evidenz oder mit dem Experiment ad oculos demonstriert werden. Die Wirklichkeit Gottes aber wäre auch gar nicht Gottes Wirklichkeit, wenn sie so sichtbar, greifbar, empirisch konstatierbar, wenn sie experimentell verifizierbar oder mathematisch-logisch deduzierbar wäre. "Einen Gott, den es gibt, gibt es nicht," sagte der evangelische Theologe und Widerstandskämpfer Dietrich Bonhoeffer einmal zu Recht. Denn: Gott – im Tiefsten und Letzten verstanden – kann nie einfach Objekt, ein Gegenstand sein. Ist er (?, D.R.) das, wäre dies nicht Gott. Gott wäre dann der Götze der Menschen. Gott wäre ein Seiendes unter Seiendem, über das der Mensch verfügen könnte, und sei es auch nur in seiner Erkenntnis.

Gott ist per definitionem das Un-definierbare, Un-begrenzbare: eine buchstäblich unsichtbare, unermeßliche, unbegreifliche, unendliche Wirklichkeit. Ja, er ist nicht irgendeine weitere Dimension unserer vieldimensionalen Wirklichkeit, sondern ist die Dimension Unendlich ...

... diese unsichtbare und unermeßliche Wirklichkeit Gottes läßt sich rational nicht beweisen, so sehr dies Theologen (und Theologinnen?, D.R.) und manchmal auch

> *Naturwissenschaftler (und Naturwissenschaftlerinnen?, D.R.) immer wieder versucht haben – im Gegensatz zur Hebräischen Bibel, im Gegensatz zum Neuen Testament und im Gegensatz zum Koran, wo ja die Existenz Gottes nirgendwo argumentativ demonstriert wird. Philosophisch gesehen hat Immanual Kant recht: So weit reicht unsere reine, theoretische Vernunft nicht. An Raum und Zeit gebunden, kann sie nicht beweisen, was außerhalb des Horizonts unserer raum-zeitlichen Erfahrung ist ...*
>
> *... Auch für Kant ist die Existenz Gottes ein Postulat der praktischen Vernunft. Ich möchte lieber von einem Akt des Menschen insgesamt reden, des Menschen mit Vernunft (Descartes!) und Herz (Pascal!), genauer: ein Akt vernünftigen Vertrauens, das zwar keine strengen Beweise, aber gute Gründe hat."*
> (Küng, 1992, 20ff.). (5)

In "Psychoanalyse und Religion" schreibt Erich Fromm:
> *"Leider hat sich seit den Tagen der Aufklärung (in der westlichen Welt, D.R.) das religiöse Gespräch um die Bejahung oder Verneinung eines Glaubens an Gott gedreht anstatt um die Bejahung oder Ablehnung gewisser menschlicher Haltungen. ... Die Verlagerung des religiösen Gesprächs auf die Annahme oder Leugnung ... (Gottes, D.R.) verhindert das Verständnis dafür, daß das religiöse Problem ein menschliches Problem ist und verhindert die Entwicklung einer solchen menschlichen Einstellung, die im humanistischen Sinne religiös genannt werden darf."* (Fromm, 1986, 100)

Die Haltung, die es nach Fromm zu überwinden gilt, ist die autoritäre. "Das wesentliche Element autoritärer Religion und autoritärer religiöser Erfahrung ist die Unterwerfung unter eine Macht jenseits des Menschen. Die Haupttugend bei diesem Typ von Religion ist Gehorsam, die Kardinalsünde Ungehorsam. In dem Maße, als die Gottheit als allmächtig oder allwissend dargestellt wird, ist im Gegensatz dazu der Mensch macht- und bedeutungslos. Nur insofern er durch völlige Unterwerfung die Gnade oder Hilfe der Gottheit erwirbt, vermag er Stärke zu empfinden." (Fromm, 1986, 38) Fromm plädiert stattdessen für humanistische Religion, in der Gott wegen seiner (sowie ihrer, D.R.) Liebe und Gerechtigkeit – mit Freude – verehrt und angebetet wird: *"Die vorwiegende Stimmung (in humanistischer Religion, D.R.) ist Freude, während sie in autoritären Religionen in Leid und Schuld besteht."* (Fromm, 1986, 40) *Er schreibt: "Wenn religiöse Lehren zum seelischen Wachstum, zur Stärke, Freiheit und Glücksfähigkeit ihrer Gläubigen beitragen, erkennen wir die Früchte der Liebe"* (ders., 60).

Wie können wir angesichts der Realität von Frauen angemessen über Gott sprechen, fragt Elizabeth Johnson. In ihrem sehr interessanten Buch plädiert sie für ein Sprechen über Gott, "das der befreienden Praxis der Frauen und Männer zugunsten der ganzen Schöpfung, sowohl der Menschen als auch der Erde dient." Denn:

> *"Der Ruhm Gottes ist homo, der Mensch – das ganze Menschengeschlecht, jede einzelne Person – völlig lebendig. Da Gott Schöpfer, Erlöser, Liebhaber der Welt ist, steht Gottes eigene Ehre bei der Frage menschlicher Glückseligkeit auf dem Spiel.*
>
> *... Überall, wo Frauen mißhandelt oder herabgesetzt werden oder wo ihre Kraft ausgelaugt wird, wird die Ehre Gottes verdunkelt und geschichtlich gefährdet; also ist Sexismus religiös betrachtet gewissenlos. Umgekehrt lassen bruchstückhafte Erfahrungen der Entfaltung von Frauen jenen neuen Himmel und jene neue Erde vorausahnen, wo der Ruhm Gottes unermeßlich gerechtfertigt sein wird. Eine Gemeinschaft der Gerechtigkeit*

und des Friedens, einschließlich der vollen Entfaltung von Frauen, und Gottes Ruhm wachsen in direktem und nicht umgekehrtem Verhältnis." (Johnson, 1994, 32f.).

Eine persönliche Stellungnahme: Wie würde ich heute bei Prima♀Donna arbeiten? Ohne Rückbesinnung auf Gott und aktivem Glauben würde ich persönlich Drogenarbeit nicht mehr machen. Meines Erachtens steht die theoretische (!, D.R.) Formulierung der sozialtherapeutischen Wohngemeinschaft Prima♀Donna derart, daß die Mitarbeiterinnen, aber auch die betroffenen Frauen wirklich geschützt sind, noch aus.

Ich frage mich, was es bedeutet, " ... Gott, ... aus ... ganze(m) Herzen und ... ganze(r) Seele, mit ... ganze(r) Kraft und mit ... ganze(r) Vernunft" zu lieben " und (seinen) Nächsten wie sich selbst" (Lk 10, 27) zu lieben. Ich frage mich, was das für professionelle Theoriebildung und für professionelles Handeln bedeutet.

Wenn ich noch bei Prima♀Donna arbeiten würde, wäre es mir ein Anliegen, gemeinsam mit den Kolleginnen und Frauen, die bei Prima♀Donna Therapie machen, zum Schutz aller ein emanzipatorisches christliches Konzept für Frauen zu erarbeiten. Ich plädiere an dieser Stelle für die Reformulierung des Konzepts von Prima♀Donna. Dazu wünschte ich, aufgrund meiner Erfahrungen in einer christlichen Betgruppe, die theoretischen Erkenntnisse Alain Kardecs und fortschrittliche christliche Strömungen unserer Zeit zu diskutieren und zum Wohl von Frauen zu integrieren (vgl. **b. Das Ziel: " ... und deinen Nächsten wie dich selbst." (ebd.)**, Abschnitt **Als Therapeutin auf der Suche nach profunder Sprache**, sowie Fußnote 8).

b. Das Ziel: " ... und deinen Nächsten wie dich selbst." (ebd.)

Prima♀Donna möchte ein Frauenschutzraum sein. Prima♀Donna ist ein Frauenraum, den alle Frauen dort herstellen und gestalten. Prima♀Donna ist ein Ort, wo Frauen ihre Heilungskräfte liebevoll füreinander einsetzen. Ein Ort, an dem Frauen, die dort arbeiten und Frauen, die dort Therapie machen, einander mit dem Herzen zuhören.(6)

Herz hört frau in den Stimmen der Frauen, die füreinander da sind, sich füreinander einsetzen, sich ermuntern, sich aufbauen, sich wechselseitig anregen und loben, sich gern haben und überschwenglich miteinander lachen. Stimmen, die einander, sich bedroht fühlend, zutiefst aufgebracht aufmerksam machen auf suchtgefährdetes oder (selbst)zerstörerisches Verhalten. Stimmen, die einander Grenzen deutlich machen. Stimmen, die in Krisen Todesangst füreinander ausdrücken. Stimmen, die lernen, von sich, vom eigenen Empfinden und Wahrnehmen, sowie vom Empfinden in Resonanz auf das Spüren der Anderen zu sprechen und die sich jeweils dadurch im Kontakt spüren. Stimmen, die lernen, Konflikte konstruktiv auszutragen. Stimmen, die wochenlang mitfühlen, wenn eine Frau durch eine lebensbedrohliche Krise hindurchgeht. Lange verstummte Stimmen, die beginnen, sich im Frauenschutzkreis ihre Lebensverletzungen anzuvertrauen. Stimmen, die mitleiden und einander helfen. Stimmen, die einander im Kreis `Stimme geben` – weil sie einander wirklich zuhören.

Herz, das ist Liebe, das ist pochendes Leben, das ist strahlende Wärme. Es ist "care", doch "caritas" im ursprünglichen Sinn des Wortes. Prima♀Donna lag (und liegt) allen beteiligten Frauen sehr am Herzen. Herz ist, sich überschwenglich zu freuen, wenn wir miterlebten, wie zuvor – buchstäblich und im übertragenen Sinn – niedergeschlagene, kranke, hoffnungslose Frauen aufblühten und ihre positiven, unentdeckten Kräfte lebten. Wie viel wir dann gemeinsam vor Freude lachten!

Herz ist auch Herzklopfen, Kummer und Sorgen und manchmal entsetzliche Furcht: eine der Frauen könnte die Therapie abbrechen und in einen Teufelskreis von Selbst- und Fremdzerstörung zurückkehren, der zum Tode führen kann.

Die Arbeitsstruktur von Prima♀Donna

Die Arbeitsstruktur von Prima♀Donna ermöglicht, daß die Frauen, die bei Prima♀Donna Therapie machen, lernen können, ihrem Fühlen und ihrem Empfinden, ihrer Intuition und ihrem Verstand zu vertrauen und für die eigene positive Lebensgestaltung einzusetzen. Sie möchte gewährleisten, daß die Stimme jeder Frau geachtet wird. Bei Prima♀Donna ist Zeit und Raum, daß jede Bewohnerin lernt, sich wahr- und ernstzunehmen und entsprechend, drogenfrei, zu leben.

Meine Kollegin Angela Lipp und ich entwickelten das Arbeitsmodell von Prima♀Donna (vgl. Schema). In dieses Arbeitsmodell sind die Stimmen der betroffenen Frauen eingegangen, die Reflexionen und Diskussionen der Mitarbeiterinnen im Team und in der Supervision, sowie theoretische Überlegungen. Ich hatte die Aufgabe, nach zwei Jahren Erprobungsphase, die neue feministische Arbeitsweise des Modellprojekts in einer Dokumentation für die geldgebende Stiftung zu beschreiben (Rerrich, 1987; veröffentl. 1991; Rerrich & Lipp, 1989 (unveröffentl.)).

In dem Schema der Arbeitsstruktur von Prima♀Donna setzten wir die inhaltlichen Ziele der Arbeit, die dadurch bedingten Anforderungen an das Mitarbeiterinnen-Team und die (aus unserer Sicht) notwendige Art der Zusammenarbeit im Team zueinander in Verhältnis.

Erläuterung des Schemas

Ich erläutere im folgenden das Schema der Arbeitsstruktur von Prima♀Donna. Die Erläuterungen beziehen sich auf die quer über die Rubriken Inhaltliche Ziele, Anforderungen an das Mitarbeiterinnen-Team und Zusammenarbeit im Team zu lesenden Felder im Schema. In dem Schema der Arbeitsstruktur sind vier Ebenen analytisch getrennt, die in Wirklichkeit eng miteinander verknüpft sind.

1. Eigenverantwortung

• Ziel ist es, die Frauen zu begleiten, um ihre Eigenpotentiale und ihre Eigenverantwortung zu wecken und zu entfalten helfen, damit die Frauen ein unabhängiges, selbständiges und eigenständiges Leben führen.

• In Einzelgesprächen, in der feministischen Therapiegruppe und in Krisengruppen, in Gesprächen im Alltag, sowie auf vorwiegend praktisch-organisatorischer Ebene in der Hausversammlung gehen die Mitarbeiterinnen mit den cleanen Bewohnerinnen auf deren physisch-psychische Abhängigkeiten von Drogen und von Suchtverlagerungen ein.

• Bei Stellvertreterbeziehungen – solche Beziehungsmuster kommen nicht nur zu Männern vor, sondern auch zwischen Frauen bei Prima♀Donna – stärken die Mitarbeiterinnen die Ich-Kräfte der jeweils Betroffenen und begleiten die Frauen, um jeweils individuelle Entwicklungsprozesse zu ermöglichen und destruktive Tendenzen zu stoppen.

• Bei auffallendem Konsumverhalten, oft ein Ersatz für andere, verdrängte Bedürfnisse, helfen die Mitarbeiterinnen den Frauen nachzuspüren, welche Gefühle und Wünsche sie wirklich haben und wie sie damit konstruktiv umgehen können.

INHALTLICHE ZIELE

1 Unabhaengiges
Selbststaendiges
Eigenstaendiges LEBEN

~~Drogen~~
~~Stellvertreterbeziehungen~~
~~Konsum~~

⇨ *EIGENVERANTWORTUNG*

2 Geborgenheit
Solidaritaet SCHUTZ-RAHMEN

~~Misstrauen~~
~~zersplittertes Selbstvertrauen~~

⇨ *GRUPPENUNTERSTUETZUNG*

3 Was will ich als Frau?
Was brauche ich dazu?
Was brauche ich an Unterstuetzung?
Was bin ich bereit, dafuer zu tun?
⇨ FRAU SEIN

SICH ENTDECKEN

4 Gefuehle
Wuensche
Faehigkeiten
Grenzen SPUEREN ⟶ Realitaeten wahrnehmen

SICH ENTWICKELN

ANFORDERUNGEN AN DAS TEAM

- Auf diese Abhaengigkeiten **eingehen**
- Keine **neuen Abhaengigkeiten** und Unselbststaendigkeiten durch starre Regeln und Strukturen herstellen
- **Flexible Regeln** in der Gruppenausseinandersetzung *gemeinsam* entwickeln
- Einen grossen Raum fuer **eigene Strukturfindung** freihalten

---

- Die Teamfrauen treten als Begleiterinnen und als **Auseinandersetzungs-Partnerinnen** auf, nicht als distanzierte Therapeutinnen

---

- Als Frauen mitbetroffen, **Neugierde** fuer die Entwicklungsprozesse der WG-Frauen mitbringen
- Unsere gelebte Auseinandersetzung mit unserem Frausein einbringen, und zwar als
  - Re-Aktion
  - Anstoesse

- **Flexibilitaet**, um den jeweils individuellen Lebensweg der Frauen sich entwickeln zu lassen und unterstuetzend zu begleiten
- **Selbstreflexivitaet**
- **Offenheit und innere Freiraeume**, um die Entdeckungsprozesse der Frauen zulassen zu koennen

ZUSAMMENARBEIT IM TEAM

- **Grundhaltung:**
  entsprechendes Hinterfragen der jeweils eigenen Anteile (eigene Abhaengigkeiten, Aengste etc)
- Offenes Austragen von **Kontroversen**
- Integrative Nutzung unserer jeweiligen **Individualitaet**

- Auch wir Team-Frauen muessen uns einen Schutzraum schaffen wo wir ebenfalls **Geborgenheit, Solidaritaet** geniessen

---

- Uns offen und kritisch - **lustvoll !!!** - mit unserem Frausein auseinandersetzen

---

SO!   NICHT SO!

• Die Mitarbeiterinnen lassen einen möglichst großen Raum für die Entdeckungsprozesse der Bewohnerinnen, wie sie ein jeweils eigenes, drogenfreies Leben gestalten möchten.

• Die Mitarbeiterinnen sind bestrebt, keine neuen Abhängigkeiten von "professionellen Autoritäten" und Unselbständigkeiten zu erzeugen. Sie stellen keine starre Regeln und Kontrollen auf. Eine festgelegte Durchstrukturierung des Alltags wird vermieden (In stationären Drogentherapie-Einrichtungen ist dies üblich). Flexible Regeln werden gemeinsam mit den Bewohnerinnen in den Gruppen entwickelt (vgl. zu den Regeln weiter unten). Bei Prima♀Donna gibt es keine 24 stündige Betreuung. Die Mitarbeiterinnen begleiten vielmehr die Bewohnerinnen in Beziehungsarbeit tagsüber und 2 mal abends in Gruppen. In den Gesprächen achten sie darauf, daß die Bewohnerinnen einen großen Raum für die eigene Strukturfindung haben. Sie besprechen mit ihnen gute Gestaltungsmöglichkeiten der Wochenenden und eventuell der Abende. Am Wochenende besteht zu einer Mitarbeiterin (in Rotation) Telefonkontakt.

• Die Grundhaltung der Mitarbeiterinnen ist eine selbstreflexive, in der sie ihre jeweils eigenen Anteile im Kontakt mit den Bewohnerinnen (eigenes suchtartiges Verhalten, Abhängigkeiten in Beziehungen, Ängste etc.) hinterfragen. Diese diskutieren sie ebenso wie die Beziehungsarbeit im Team und sie reflektieren beides in der Supervision.

• Kontroversen im Team tragen die Mitarbeiterinnen offen und möglichst konstruktiv aus.

• Die mündige Individualität jeder Mitarbeiterin und ihre Eindeutigkeit im Hinblick auf Drogen, Ersatzstoffen und -verhalten ist in dieser Arbeit wesentlich. So ist es möglich – was für eine Arbeit mit Frauen mit symbiotischen Tendenzen sehr wichtig ist – die Individualität der Mitarbeiterinnen integrativ zu nutzen, um die Lebenskräfte der Frauen zu stärken.

2. Gruppenunterstützung

• Die Mitarbeiterinnen und Stück für Stück die Bewohnerinnen, gestalten einen liebevollen Schutzraum, in dem sich betroffene Frauen geborgen fühlen können und Solidarität erfahren. Allmählich können sie dort ihr Mißtrauen gegenüber anderen Frauen abbauen. In dem Frauenschutzraum können Bewohnerinnen den Mitarbeiterinnen und einander nach und nach ihre Lebensverletzungen anvertrauen und ihr zerstörtes Selbstvertrauen heilen. Sie können erkennen, daß sie mit ihrem verschwiegenen, geschämten, privaten Leid nicht allein sind. Sie erfahren, daß sie über ihre Lebensverletzungen hinauswachsen. Zugleich können sie sich als Frauen mit reichen Potentialen für sich und für andere erleben.

• Die feministische therapeutische Haltung der Mitarbeiterinnen hat zum Ziel, die Selbstheilungskräfte und Selbsthilfepotentiale der Frauen zu stärken. Die Teamfrauen verstehen sich als Begleiterinnen, Auseinandersetzungs-Partnerinnen und Frauen auf den Wegen ihrer eigenen Emanzipation (Vgl. zur Arbeitsweise des Teams auch Lipp, Rerrich 1988; Fues 1994, 220ff.).

• Um Themen wie sexuelle Mißhandlungen, erlittene Gewalt, Sadismen und andere Traumata begleiten zu können, sowie um Woche für Woche die Gefühle, die das Leid und die Erzählungen der Frauen in den Mitarbeiterinnen hervorrufen, aushalten und gut arbeiten zu können, müssen sich die Mitarbeiterinnen im Team durch die Art ihres Umgangs miteinander einen Schutzraum gestalten.

3. Sich entdecken

• Die vielen Fragen, die sich jede Frau im Hinblick auf ihr weiteres Leben stellt, sind mit folgenden "Grundfragen" im Schema zusammengefaßt:

• Was will ich als Frau?
• Was brauche ich dazu?
• Was brauche ich dafür an Unterstützung?
• Was bin ich bereit, dafür zu tun?

• Die Mitarbeiterinnen, die sich von ihren feministischen Positionen her als mitbetroffene Frauen sehen, bringen Neugierde mit für die Entwicklungsprozesse der Frauen in der sozialtherapeutischen Wohngemeinschaft. Die Mitarbeiterinnen versuchen, jede Frau, so wie sie ist, anzunehmen, einen behutsamen therapeutischen Kontakt herzustellen und offene Entwicklungsprozesse der Bewohnerinnen durch Reaktionen und Anstöße zu fördern.

• Die Mitarbeiterinnen setzen sich mit ihrem eigenen Frausein offen, kritisch und lustvoll auseinander.

4. Sich Entwickeln

• Die Mitarbeiterinnen achten darauf, daß die betroffenen Frauen ihre Gefühle, Wünsche Fähigkeiten und Grenzen nicht mehr übergehen, wie sie es gewohnt sind zu tun, da Andere im Kontakt mit ihnen diese mißachtet, verletzt o.Ä. haben. Die Mitarbeiterinnen achten sie in ihrem Frau-Sein und nehmen sie darin ernst. Eigene Grenzen bzw. die Grenzen Anderer anzuerkennen und realistische Schritte für die jeweilige Lebensgestaltung zu planen (vgl. hierzu Fues 1994, 231ff.) sind weitere wichtige Themen.

• Entscheidend ist die Flexibilität der Mitarbeiterinnen, den jeweils individuellen Lebensweg der Frauen sich entwickeln zu lassen und sie dabei authentisch und unterstützend zu begleiten.

• Im letzten Feld des Schemas haben wir ein kleines Bild abgedruckt, um unsere Wünsche an unsere Arbeitsweisen auszudrücken. Ich versuche es zu umschreiben: jede Frau möge bei Prima♀Donna "wachsen und aufblühen" können. Die Mitarbeiterinnen wollen möglichst keine Frau "zurechtstutzen" und reglementieren. Die "ökologische Nische", die Prima♀Donna auf eine bestimmte Weise darstellt, möchten die Mitarbeiterinnen als einen Raum des wechselseitigen Respekts und der Achtung der Würde jeder Frau gestalten.

Die feministische therapeutische Arbeitsweise bei Prima♀Donna hat auch die Selbstbefähigung der betroffenen Frauen zum Ziel. Die vielfältigen Potentiale der Bewohnerinnen füreinander zu beschreiben, die – mit Orientierungshilfe durch die Mitarbeiterinnen – in Selbsthilfe sich zunehmend wechselseitig für ein positives, drogenfreies Leben unterstützen und die mit der Zeit oft gute und beste Freundinnen werden, wäre eine Arbeit für sich (vgl. Rerrich in Nestmann & Schmerl 1991).

Gruppen

Es gibt in der sozialtherapeutischen Wohngemeinschaft zwei feste Gruppentermine:

1. Die Hausversammlung

Mit der Hausversammlung wollten wir eine Art Öffentlichkeitssphäre für die Frauen schaffen, damit sie lernen können, ihre Belange zu gestalten und zu vertreten. Diese waren miteinander abzustimmen bzw. mit Unterstützung anderer Frauen zu entwickeln. In der Hausversammlung geht es vorwiegend um praktische Angelegenheiten und um Organisatorisches. Wie gestaltet jede Frau einen drogenfreien Alltag? Wie gestalten die Frauen das Zusammenleben in der sozialtherapeutischen Wohngemeinschaft? Wie realisieren Frauen konkrete Planungschritte an jedem Tag? Nach einer langjährigen Heroinsucht zu lernen, selbstverantwortlich ein eigenes (Frauen-)Leben aufzubauen, umschließt – außer der Alltagsbewältigung und der Gestaltung des Zusammenlebens – eine Reihe von "Kompetenzen", z.B. Umgang mit Ämtern, Behörden und Experten bzw. Expertinnen (etwa Ärzten und Ärztinnen, die zunächst auch Süchtigen gleich Medikamente verschreiben oder gar Spritzen geben wollen), Regelung sozialstaatlicher Bezüge und Schuldentilgung, Angelegenheiten im Zusammenhang mit dem Gericht oder Strafvollzug, Realisierung konkreter Schritte für Berufsperspektiven einschließlich Umschulungsmaßnahmen.

Gedanken zum Thema Erwerbsarbeit von Angela Lipp

Im folgenden möchte ich einen Auszug aus einem Beitrag von Angela Lipp zur Erwerbsarbeit der Frauen bei Prima Donna wiedergeben:

„Zum selbständigen Leben gehört für uns immer das Einsteigen in die Erwerbsarbeit bzw. in eine Ausbildung, die Spaß macht. Dies ist so leicht gesagt und so schwer umzusetzen.
...
Ich erlebe es als besonders problematisch, daß es in den Betrieben fast eine stillschweigende Regel gibt, über Schwierigkeiten und Probleme nicht zu reden. Der Anspruch an Perfektheit und Leistungsstärke ist sehr hoch.

Hier bei PRIMA DONNA erleben die Frauen, daß es wichtig ist, über Ängste und Schwierigkeiten zu reden, mit Problemen offen umzugehen, sich dadurch gegenseitig zu unterstützen und sich zu konfrontieren. Hier wird auch gelernt, daß Fehler zum Lernen dazugehören. Auch das altbewährte Schlagwort: Kontakt statt Drogen gilt hier im Haus. Es ist wohl nicht schwer vorstellbar, welchen Schock die Frauen zum Teil erleben, wenn sie in die Arbeitswelt eintauchen. Um dies wirklich gut zu schaffen, benötigen sie viel Rückhalt von der Gruppe.

Aber was noch besser wäre und wir uns alle wünschen würden, wären menschlichere Arbeitsbedingungen!" (Lipp, in: con-drobs e.V., Tätigkeitsbericht 1990, 132f.).

2. Die feministische therapeutische Gruppe

In der feministischen therapeutischen Gruppe arbeiteten wir nicht nach einer Schule, obwohl wir Team-Frauen natürlich unsere verschiedenen Ausbildungs-, Berufs- und Selbsterfahrungs-Erfahrungen (etwa Familientherapie, Verhaltenstherapie, psychoanalytischen Gruppen- und Einzeltherapie, feministische Therapie) einbrachten (vgl. für die Notwendigkeit feministischer Therapiearbeit bei suchtmittelabhängigen Frauen Mager 1985; vgl. zur feministischen therapeutischen Gruppe Lipp & Rerrich, 1988; Fues 1994 zu Prinzipien feministischer Therapie, an denen "alle therapeutischen Modelle zu überprüfen sind, da sie auf dem Hintergrund eines patriarchalen, heterozentrierten Kontextes entstanden sind." (Fues, 1994, 221); Eichenbaum, Orbach, 1984; Dürmeier u.a. (Hginnen), 1990, Bilden (Hgin.) 1992.

Bei Krisen werden Krisengruppen mit, aber auch – außerhalb von Dienstzeiten – ohne Mitabeiterinnen einberufen.

Einzelgespräche

Die beiden Sozialarbeiterinnen mit Ganztagsstellen sind Bezugsfrauen für die Bewohnerinnen. Mit den Bezugsfrauen führen die Bewohnerinnen regelmäßige Einzelgespräche (siehe dazu inhaltlich Fues 1994). Die Halbtagspsychologin führte nach Bedarf Einzelgespräche mit Frauen bzw. mit weniger Frauen.(Die Psychologinstelle wurde 1994 zu einer ganzen Stelle aufgestockt (vgl. Egartner, 1994 in Prima♀Donna (Hginnen.), 1996, S. 14f.

Regeln

Die professionellen Frauen achten darauf, daß Grundregeln, die Mitarbeiterinnen gemeinsam mit betroffenen Frauen in der ersten Zeit vereinbart haben, geachtet werden. Allerdings haben die Mitarbeiterinnen diese nicht "verordnet". Immer wieder reflektieren sie gemeinsam mit den Bewohnerinnen ihren Sinn. Die Grundregeln lauten:

. keine Drogen im Haus
. keine Gewalt
. keine Männer im Haus

Auch andere Regeln bilden sich aus der gelebten Erfahrung heraus. Die Frauen gestalten, ausgehend von ihrer Individualität und von ihren individuellen Bedürfnissen, ein drogenfreies Leben. In Entscheidungsfindungsprozessen entwickeln die Mitarbeiterinnen aktuelle Regeln jeweils gemeinsam mit den betroffenen Frauen und in Reflexion im Team. Dabei suchen sie gemeinsam jeweils eine Balance zu finden zwischen dem Raum für die freie Entfaltung jeder Einzelnen und der Rücksichtnahme auf die Belange aller. Vereinbarte Regeln – mit Ausnahme der Grundregeln – revidieren sie, wenn sie ihren Sinn nicht mehr erfüllen. Veränderungen von erprobten Regeln bedürfen allerdings eines Gruppenkonsenses, damit gewährleistet bleibt, daß Regeln nicht "nach Laune" umgeworfen werden.

Supervision

Bei unserer Supervisorin lernten wir entscheidende Kompetenzen für unsere Arbeit. Jede zweite Woche brachten wir aktuelle Probleme und Krisen in der Arbeit mit den Frauen in die Supervision ein (7). Ich versuche im folgenden, aus der Erinnerung wesentliche Themen in der Supervision zu benennen. Diese Auflistung ist stichpunktartig und vermag natürlich keinesfalls fünf Jahre Supervisionsinhalte wiederzugeben ...
Wir lernten,
- in den Interaktionen mit den Bewohnerinnen in authentischen und eindeutigen Sätzen zu sprechen. Dies war für unsere Arbeit entscheidend.
- mit Suchtproblemen praktisch fertigzuwerden;
- fallbezogen verschiedenartigste Krisen zu meistern;
- im Kontakt die Ich-Kräfte der süchtigen Frauen mit Hilfe von Methoden aus der Transaktionsanalyse zu stärken und suchttypische in selbstverantwortliche Beziehungsmuster umzuwandeln helfen;
- mit eigenen Gefühlen gut umzugehen und auf dieser Grundlage zu arbeiten, sowie
- diese Fähigkeiten in den betroffenen Frauen zu wecken und zu entfalten helfen
- klar Grenzen zu setzen;

- in Interaktionen mit den Bewohnerinnen nach eigenen Anteilen bei uns zu fragen, selbst bei heikelsten Themen und mit diesen Problemen praktisch und auf für die Gruppe konstruktive Weise umzugehen;
- für uns als Mitarbeiterinnen und Frauen gut zu sorgen, miteinander im Team gut umzugehen, sowie individuiert und zugleich kooperativ zu arbeiten;
- nicht zuletzt mit den äußeren Widerständen gut umzugehen, mit denen ein Frauenprojekt klarkommen muß.

X.X.: ... Das ist eben die Frage, ob überhaupt etwas, was man sich sehr wünscht, oder was sich sehr viele Menschen wünschen, durch dieses Herbeisehnen Materie bekommen kann. Also, ob es eine Umwandlung von Gedanken in Materie geben könnte ...

D.R.: Das glaube ich, das glaube ich ganz bestimmt. Ich denke, das hängt davon ab, ob der Bogen der Sehnsucht weit genug gespannt ist.

X.X.: Ja, ich denke auch, daß eine Sehnsucht im Herzen Vieler auch sich erfüllen könnte. Es muß nur die Sehnsucht stark genug sein und es muß in möglichst vielen Herzen diese Sehnsucht sein.

Zusammenfassung

Bei Prima♀Donna können Bewohnerinnen ihre Suchtmittelabhängigkeit im engeren Sinn, sowie ihre Lebensverletzungen als Frau heilen bzw. anfangen zu heilen. Sie lernen in dem drogenfreien Schutzraum ohne Drogen und Alkohol zu leben. Auch vielfach auftretende Suchtverlagerungen lernen sie zu überwinden. Hier können sie wieder körperlich gesund werden (z.B. etwa Zahnverfall, Unterleibserkrankungen etc. heilen) und einen liebevollen Umgang mit sich und ihrem Körper als Frau lernen. Sie lernen einen selbstständigen drogenfreien Alltag aufzubauen und sie proben Schritte zu einem drogen- und suchtmittelfreien Leben in der Gesellschaft.
In dem feministischen Öffentlichkeitsraum für erwachsene Frauen bei Prima♀Donna leben die Frauen eine Kultur des wechselseitigen Zuhörens, Erzählens, Sich-Wertschätzens und Sich-Unterstützens. Sie setzen ihre Selbsthilfekräfte und eigenen Heilungspotentiale füreinander ein. In einem wechselseitigen Prozeß lernen die Bewohnerinnen (aber auch die Mitarbeiterinnen, etwa hinsichtlich professioneller Praxis und Theoriebildung als Frauen) Mündigkeit und Selbstverantwortung, sowie nicht-abhängige Möglichkeiten der Sorge für Andere zu leben und in Anderen zu stärken.
Zugleich geht es bei Prima♀Donna um eine sehr behutsame therapeutische Arbeit, in der nach und nach Lebensverletzungen, die bis in die früheste Kindheit zurückreichen, aufgearbeitet werden.

(Nachtrag: Seit 1992 haben sich wichtige inhaltliche Veränderungen bei Prima♀Donna ergeben. Einige Fakten möchte ich wiedergeben. Natürlich ist dies sehr stark verkürzt. (Vgl. auch die Jahresberichte von Condrobs e.V. 1992–1997). Das Projekt hat sich insgesamt erweitert. 1994 zog Prima♀Donna in ein neues Haus nach München. Hier können nun acht Frauen wohnen und feministische Sozialtherapie machen (vgl. Egartner, 1994 in Prima♀Donna (Hginnen): Prima♀Donna. 10 Jahre Festschrift, 1996, S. 14f.). Eine sehr wichtige Erweiterung des Modells, die bereits vor 1992 begonnen, mit den Bewohnerinnen und "Ehemaligen" gemeinsam entwickelt und 1995 mit einem Nachsorgekonzept neu ausgearbeitet wurde, bestand in einer "beweglichen", kontinuierlichen Nachsorge für ausziehende Frauen. Vergleiche zu einer Darstellung des ungewöhnlichen Nachsorgekonzepts, Susanne Lehmann, 1995 in Prima♀Donna (Hginnen), 1996, S. 22–24.- 1997 konnte eine vierte ganze Stelle bei Prima♀Donna eingerichtet werden. So kann inzwischen die gleichbleibende Bezugsfrau eine ausziehende Bewohnerin in der Nachsorge begleiten. Die jetzigen

Mitarbeiterinnen von Prima♀Donna planen, das erweiterte Modell darzustellen (Alle Angaben nach mündlicher Rücksprache mit Eva Egartner, sowie der Lektüre der Festschrift Prima♀Donna (Hginnen), 1996.)

Im folgenden möchte ich Aspekte der therapeutischen Arbeit bei Prima♀Donna aus meiner Sicht vertiefen.

Als Therapeutin auf der Suche nach profunder Sprache

Ich gehe aus von meinen damaligen Erfahrungen als Therapeutin. So nahe dem Tod arbeitend, war es entscheidend, in der therapeutischen Beziehungsarbeit ein immer differenzierteres Gespür im Kontakt für lebensstärkende Energien zu entwickeln und die Lebenskräfte der Betroffenen zu stärken. Dies war zugleich die sicherste Gewähr, Energien, die dem Leben entgegenstehen, zu schwächen.

Im klassischen Modell der Freud'schen Psychoanalyse wird hier vom Lebenstrieb Eros, der das Leben erhält, gesprochen. Dem Lebenstrieb Eros entgegenstehend nahm Freud, recht spät in seinem Werk (1920), einen Todestrieb Thanatos an, der die Zerstörung des Lebens bewirkt. Letzteres stelle ich durch meine persönlichen Erfahrungen in einer christlichen Betgruppe heute entschieden in Frage.

> Die christliche brasilianische Betgruppe (8) in München heilt auf der Grundlage der Erkenntnisse Allan Kardecs. Der Christ Allan Kardec war ein hervorragender Schüler Pestalozzis, Pädagoge und Wissenschaftler. Die sehr bedeutenden Bücher Kardecs sind in Deutschland unter dem Naziregime verboten und verbrannt worden, so daß das Wissen, daß er erforschte, hierzulande – im Unterschied zu vielen anderen Ländern – kaum bekannt ist (9). Lediglich zwei seiner Bücher sind bis heute auf Deutsch erschienen (Kardec 1991, 1994). Ein sehr wichtiges Buch Kardecs ist bisher nicht auf Deutsch erschienen; die englische Übersetzung lautet: The Gospel According To Spiritism, London 1987, siehe Bibliographie.
>
> Die Frauen und Männer in dieser Betgruppe sind sehr herzliche brasilianische Christen; auch Deutsche nehmen an der Gruppe teil. Sie beten gemeinsam. Zusammen lesen sie dann im Evangelium und aus dem portugiesischen "O Evangelho segundo o Espiritismo" (1993) (ich übersetzte aus der englischen Ausgabe) und sprechen über die Inhalte. Um zu helfen, beten sie um Gottes Hilfe. Dann übertragen sie heilende Energie. Diese ist wirklich spürbar und sehr wohltuend. Während eines Treffens fühlte ich mich jeweils von belebender Energie durchflutet.
>
> In dieser Gruppe erfahre ich ein theoretisches Verständnis und praktische Heilweisen, die (u.a.) bei Sucht in den Dimensionen helfen und heilen können, um die es bei diesem Problemkomplex geht.
>
> Die Frauen und Männer in der Betgruppe helfen und heilen auf die warmherzigste Weise. In der so schwierigen Zeit, in der wir stehen, verwirklichen sie – voller Lebensfreude – ein "basisdemokratisches" Christsein.

Ich finde es wichtig, Freuds Konzept eines Todestriebes, aber auch dessen Gesamtwerk, von dem Werk Allan Kardecs her neu zu überdenken. Dies ist im Rahmen dieser Arbeit nicht zu leisten.

Überlegungen aus den Jahren meiner Mitarbeit bei Prima♀Donna

Es geht in den therapeutischen Beziehungen mit den heroinabhängigen Frauen, d.h. in der feministischen therapeutischen Gruppe, in der Einzelarbeit und im Alltag der sozialtherapeutischen Wohngemeinschaft darum, liebevolle, klare und beständige Beziehungen aufzubauen. Weil es um die Aufarbeitung schwerster Lebensverletzungen geht, muß ich als Therapeutin im Kontakt sehr behutsam sein. Ich muß nicht nur gut zuhören, das Anvertraute möglichst ohne Abwehr aushalten und auf die Bewohnerinnen mit dem Herzen eingehen. Hinzu kommt, daß Übertragungen und Gegenübertragungen in der therapeutischen Beziehung in einer sozialtherapeutischen Wohngemeinschaft ja nicht in einem "einzeltherapeutischen Setting" aufkommen. Auch außerhalb der therapeutischen Gruppe und den Einzelgesprächen muß ich, so gut ich kann, fortwährend in der Arbeit Gefühle im Kontakt mit Bewohnerinnen wahr- und ernstnehmen und sie von den eigenen differenzieren, um professionell hilfreich zu arbeiten.

In der therapeutischen Beziehungsarbeit in der feministischen Therapiegruppe und in den Einzelgesprächen halfen mir meine eigenen Erfahrungen in psychoanalytischer Therapie (10), sowie in Yoga und in Atem- und Stimmbildung. In meiner Therapie durchfühlte und durcharbeitete ich selbst verdrängte Gefühle in einer therapeutischen Beziehung. Die psychoanalytische Therapie war für mich, zusammen mit der Stimmbildung, auch eine Schulung des Gehörs und meiner Sprache. (Merkwürdigerweise wird selten von der Bedeutung des Hörens in der psychoanalytischen Therapie, bei dem ja das Sehen des/der Therapeuten/-in fast ganz ausgeschaltet ist, gesprochen. Mir scheint dies eines der wichtigsten Merkmale dieser Therapieform zu sein. Vgl. zu theoretischen Überlegungen zum Hören in der Psychoanalyse: Reik, 1976, Wissenschaftliches Zentrum II, 1991). Mit dem Yoga hatte ich eine ganzheitliche, gesamtkörperliche "Schule der Empfindungen" erfahren. Durch die Atem- und Stimmbildung und durch das Yoga stärkte ich meine Atmung. Dadurch wurde ich mir mehr über Schwingungen im Kontakt bewußt. In der Stimmbildung lernte ich Worte bewußt zu erleben (Vgl. hierzu Kapitel IV.; vgl. zu Yoga Kapitel II.).

Eigene Therapie, Yoga, sowie Atem- und Stimmbildung waren sehr hilfreich, um mich zum einen im therapeutischen Kontakt mit wirklich lebensbedrohten Frauen in möglichst alle Nuancen des Gesprochenen (und des Averbalen) einzufühlen und zum anderen das eigene Empfinden und Fühlen von den gesamtkörperlich wahrnehmbaren Übertragungen der Betroffenen zu differenzieren. Da es in der therapeutischen Arbeit mit heroinabhängigen Frauen immer wieder um frühe Verletzungen in der Beziehung zur Mutter geht (vgl. Fürstenau, 1979; Lührssen 1976; Heigl-Evers, 1980), war diese ganzheitliche Sensibilisierung hilfreich.

Als Therapeutin heroinabhängiger Frauen war es entscheidend, in den therapeutischen Beziehungen auf das Erzählte im Sinne des Wortes "Ant-worten" zu finden. Dazu mußte ich das Gehörte gefühlt und möglichst verstanden haben und mir jeweils der "Übertragungen" und "Gegenübertragungen" in der therapeutischen Beziehung bewußt werden. Die Worte, mit denen ich dann antwortete, mußten möglichst "stimmig" sein.

Es geht darum, die Worte der Anderen mit dem Herzen zu erleben und auf sie lebendig und erlebbar zu antworten. Gerade bei Heroinabhängigen mit ihren vielen Lebensverletzungen und Schutzmechanismen, aber zugleich feinster Sensibilität ist es so wichtig, sie zu erreichen und mit den jeweils spürbaren Nähe- bzw. Distanz-Signalen gut umzugehen.

Franz Heigl, Elke Schultze-Dierbach und Annelise Heigl-Evers sprechen gar von einem "Prinzip Antwort" der psychoanalytisch-interaktionellen Psychotherapie mit Süchtigen. Der (bzw. die) Therapeut (Therapeutin) muß sich nach diesen Autor-und-Autorinnen als Austausch- oder Dialogpartner zur Verfügung stellen und sich u.A. um "äußerste sensorische, emotionale und kognitive Präsenz" bemühen (Heigl, Schultze-Dierbach, Heigl-Evers, 1992, 243). Sie schreiben:

> *"Diese Art von Authentischsein, gepaart mit Verständnis und Empathie bei gleichzeitiger Klarheit der Antwort, haben diese Patienten wegen bei ihnen regelhaft vorkommenden Störungen der frühen Mutter-Kind-Dyade vorher meist nicht oder nicht ausreichend erlebt. Der Therapeut (die Therapeutin, D.R.) als Austausch- oder Dialogpartner setzt damit nachträglich diejenigen Entwicklungsreize, die die Mutter nicht anbieten konnte, und regt eine Nachreifung unzureichend verfügbarer Funktionen und eine Differenzierung der Objektbeziehungen an."* (ebd.)

So nahe am Tode arbeitend, lernt frau als Therapeutin – aus der Not geboren – das lebendige Potential von "Ant-worten" zu schätzen. Ihre belebende Wirkung wirkt auch auf das Wiederbeleben und Fließen von Gefühlen und von Phantasie. Aus meiner Erfahrung heraus erleichtern wirkliche Antworten "das Aufleben" heroinabhängiger Frauen.

Der Dichter und Arzt William Carlos Williams hat beschrieben, auf welche Dimension man und frau sich in heilender Beziehungsarbeit einhört. Williams spricht von Heilungsprozessen durch Sprache. In therapeutischen Beziehungen können sie bei liebendem Zuhören zur Entfaltung kommen und beleben die schöpferischen Potentiale der Personen, um zu heilen. Es sind Aspekte und Potentiale von Sprache und des Sprechens, die ich als für die therapeutische Arbeit mit heroinabhängigen Frauen lebensnotwendig erfahren habe:

> *"Unter den Worten, denen wir ... zuhören, bietet sich eine neue, profundere Sprache an. Es ist das, was man Poesie nennt ... Was die Leute zu sagen versuchen, was sie uns, unablässig und vergeblich, zu verstehen geben wollen, ist das Gedicht, das sie in ihrem Leben zu verwirklichen suchen. Niemand will es glauben. Und es sind die Worte, die wir überall hören, die es enthält. Es ist tatsächlich da, direkt und fast greifbar vor uns, in jedem Augenblick, etwas überaus Rares und Kostbares, und es ist nicht nur in unserer Vorstellungskraft vorhanden, sondern im Leben selbst. Es ist jene Essenz, die verborgen ist unter den Worten, die wir hören, und aus denen wir sie herausholen müssen wie das Eisen aus dem Erz."* (zit. von Halter in Williams, 1980, o.S.) (11)

Ich werde

1. im folgenden Kapitel Möglichkeiten von Sprache vertiefen, die in der Wissenschaft Psychologie bislang wenig beachtet werden:
Was ist Poesie? Wodurch zeichnet sich jene "profundere Sprache" aus, von der Williams spricht?

2. Im darauffolgenden Kapitel thematisiere ich die empfindsame Zeit am Anfang des Lebens: Welche Aspekte von Kommunikation sind wirksam zwischen Mutter und Kind in der Zeit, in der ein Baby noch nicht sprechen kann? Welche Aspekte menschlichen Sprechens und menschlicher Sprache sind hier wesentlich?

Anmerkungen

(1) Mit der Etablierung Prima♀Donna's, Condrobs e.V. gab es, zusammen mit Violetta Clean in Westberlin, für damals schätzungsweise über 30.000 heroinabhängige Frauen in der BRD noch keine 20 (!), ausschließlich für die speziellen Probleme dieser Personengruppe eingerichteten Therapieplätze. 1987 wurde die dritte Wohngemeinschaft für drogenabhängige Frauen "Frauentherapie" des Trägers "Jugend hilft Jugend e.V." in Hamburg eröffnet, die zum Verein Frauenperspektiven e.V. gehört. Seit 1991 hat Condrobs e.V. eine zweite sozialtherapeutische Wohngemeinschaft für Frauen in Neusäß eröffnet.
1996 schreibt Eva Egartner von bundesweit "nur ca. 60 Plätzen in Fraueneinrichtungen." (Egartner in Prima♀Donna (Hginnen), 1996, 20). (Dabei ist die Zahl der heroin- und opiatabhängigen Frauen gestiegen. 1994 waren es nach Gabriele Fues "etwa 40.000" (Fues, 1994, 215).) Erfreulicherweise hat sich das frauenspezifische Angebot nach Eva Egartner in vielen gemischtgeschlechtlichen Einrichtungen verbessert. "Rein Rechnerisch" ist sogar ein "Überangebot von Therapieplätzen für Frauen" entstanden, wenn man die "50% Therapieplätze für Frauen in gemischten Einrichtungen und zusätzliche Plätze in Fraueneinrichtungen" zusammenzählt (Egartner in Prima♀Donna (Hginnen.), 1996, 19). Traurigerweise führt dies aber mitunter dazu, daß inzwischen gerade die bestehenden Frauenprojekte (meist von Männern) in Frage gestellt werden! Eva Egartner schreibt, daß "(in) Zeiten vermehrter Geldnot, steigendem Belegungsdruck und wachsender Umverteilungskämpfe" es "für die oft kleinen Frauenprojekte zudem schwerer geworden (ist), ihr Überleben eigenständig zu sichern." (Egartner in Prima♀Donna (Hginnen), 1996, 19). Warum Frauentherapieplätze in Fraueneinrichtungen so notwendig sind, führt u.a. Gabriele Fues in ihrem wichtigen Artikel: "PRIMA♀DONNA – Bericht aus der Arbeit in einer sozialtherapeutischen Wohngemeinschaft für suchtmittelabhängige Frauen" aus (Fues, in Neubeck-Fischer, 1994).

(2) Aus: Das Neue Testament. Stuttgarter Kepplerbibel. Stuttgart: Kepplerhaus Verlag, 1964.

(3) Elisabeth von der Goltz danke ich sehr herzlich, die mir dieses Buch geschenkt hat.

(4) Frau Professor Maria-Anna Bäuml-Roßnagl danke ich ganz herzlich, die mir in einem wundervollen Postsendung "Der gute Mensch und sein Gott" von Boros, sowie "Zuhören können" von Tournier geschenkt hat!

(5) Carola Burkhardt-Neumann bin ich sehr dankbar, mich auf das Buch Küngs hingewiesen zu haben! Für all' ihre parteiliche Unterstützung dieser Frauenforschung und für ihre so sehr liebevolle und humorvolle Begleitung danke ich ihr aus ganzem Herzen!

(6) Die Frauen, die bei Prima♀Donna 1986–1992 Therapie machten, können in dieser Arbeit natürlich nicht namentlich genannt werden. Ihnen danke ich aus ganzem Herzen! Ich habe mit und von ihnen so viel gelernt, das ich nicht vergesse.

(7) Unserer Supervisorin danke ich ganz herzlich für alles, was ich bei ihr gelernt habe. Sie hat mir so viel Wesentliches für die Arbeit bei Prima♀Donna beigebracht. Ohne ihren ausgezeichneten, zweiwöchentlichen Supervisionen über mehr als fünf Jahre wäre Prima♀Donna nicht das geworden, was es wurde – sowohl im Hinblick auf die gelungene Praxis als auch im Hinblick auf die Entwicklung eines neuen frauenspezifischen Modellprojekts für heroinabhängige Frauen.

(8) Maria Ximenes aus der Betgruppe verdanke ich unbeschreiblich Vieles. Auch Maria Suely Pavani hat mir auf warmherzigste Weise so liebevoll geholfen. Yara Costas gab mir ebenfalls auf humorvollste Art so wichtige Anregungen. Roswitha Langer hat mir viele weise Ratschläge

gegeben. Allen Frauen und Männern in der Betgruppe möchte ich meinen herzlichsten Dank aussprechen.

(9) Kardec hätte eine stärkere Verbreitung seiner Erkenntnisse in Deutschland sehr verdient. Er schreibt, daß das von ihm transkribierte Wissen ein Bündnis zwischen Wissenschaft, Religion und Philosophie ermöglicht:

> *"Wissenschaft und Religion konnten bis zu dieser Zeit (gemeint ist 1864, D.R.) nicht zusammenkommen, da sie die Themen nur entsprechend ihren exklusiven Standpunkten sehen konnten, welche ihrerseits verursachte, daß sie sich wechselseitig abwehrten. Etwas mehr wurde gebraucht, um ihnen zu ermöglichen, die Kluft, die sie trennte, zu schließen., etwas, was sie verbinden konnte. Dieses fehlende Verbindungsglied ist enthalten in dem Wissen der Gesetze, die das spirituelle Universum und seine Beziehung zur Welt der Materie regieren. Diese Gesetze sind so unveränderlich wie jene, die die Bewegung des Planeten und die Existenz aller Wesen regieren."* (Kardec, 1987, 26; Übers. D.R.).

Eine neue Diskussion über Idealismus und Materialismus finde ich wichtig. Vergleiche Kurt Hutten, 1982 zu einer allerdings inhaltlich entstellenden, da nicht praktisch erfahrenen, Rezeption der auf Deutsch übersetzten Bücher Kardecs. (Die in Brasilien erschienenen Bücher Kardecs stellen eine längere Liste dar.) Der von Hutten beschriebene Ausschluß Kardecs im Jahre 1917 durch die katholische Kirche hat meines Erachtens mit der erhöhten Angst und den damit einhergehenden Sicherheitsbedürfnissen während des Ersten Weltkrieges zu tun. Toulmin (1990) beschreibt ähnliche, psychologisch verständliche Angstreaktionen während des Dreißigjährigen Krieges im Rahmen der Philosophie. Vgl. zur Reinkarnation: Head, J.; Cranston, S.L. (Eds.), 1961. Darin ist auch abgedruckt „The Anathemas Against Origen" aus dem Jahr 553 im Rahmen des fünften ökumenischen Konzils und des zweiten Konzils von Konstantinopel.
Ich wünschte mir, daß die Bücher Kardecs, die in der Mitte des 19. Jahrhunderts niedergeschrieben wurden und von dem damaligen Gottes- sowie (männlichen) Menschenbild gekennzeichnet sind, neu und interdisziplinär diskutiert werden. Auch die bisher auf Deutsch nicht erschienenen Werke wären miteinzubeziehen. Besonders wichtig wäre mir die Diskussion der Texte Kardecs, der "die Wahrheit" beansprucht, in Gegenüberstellung zum Denken der Pluralität und der Differenz nach Hanna Arendt (vgl. zum Letzteren etwa Thürmer-Rohr, Gallati, 1997). Ich wäre froh, wenn "hiesige" fortschrittliche christliche Strömungen, etwa die Bücher Frère Rogers und die Arbeiten des Mönchs und Tiefenpsychologen Anselm Grün mitreflektiert würden. Auch "neuere" spirituelle Entwicklungen, etwa das annähernd 70jährige Zwölf-Schritte-Programm der Anonymen Alkoholiker (vgl. umbrüche, 1/97), die Transpersonalen Psychotherapien, sowie "Ein Kurs in Wundern" (1994) würde ich gerne mit Interessierten damit zusammensehen.
Spirituelle Erkenntnisse von Frauen wären m.E. bei der Diskussion des Werkes von Kardecs von großer Bedeutung. Bereits "Mut zur Unabhängigkeit. Wege zum Selbst und inneren Heilung. Das Zwölf-Schritte-Programm" von Melody Beattie (1994) stellt meines Erachtens ein solches, mehr als 100 Jahre später geschriebenes Buch dar: In diesem Buch wird die persönliche Fürsorge und das Hegen und Pflegen von sich selbst - als ein Teilaspekt der 12 Schritte, um Ko-Abhängigkeit zu überwinden - befürwortet. Dadurch entwickele sich ein liebevolles Verhältnis zu sich, somit aber auch (neu) zu Anderen, sowie zu Gott. Leider war es mir nicht mehr möglich, mich in diesem Zusammenhang eingehend mit feministischer Theologie und spirituellen Erkenntnissen historischer Frauen zu befassen.

(10) Dr. A. Houben danke ich aus ganzem Herzen nicht nur für meine Therapie! Ich hatte das große Glück, in ihm einem besonders guten und sehr erfahrenen Therapeuten zu begegnen. Sowohl für viele Aspekte meiner beruflichen Arbeit als auch für die Entwicklung dieser Arbeit verdanke ich ihm so viele, sehr wichtige "Ant-worten".

(11) Winnicott spricht ebenfalls von Poesie:

"Auch wenn die psychoanalytische Behandlung von Patienten(-innen, D.R.), die sich dafür eignen, auf verbalen Äußerungen beruht, so weiß doch jeder Analytiker(-in; Therapeut(in), D.R.) daß neben dem Inhalt der Interpretationen auch die Einstellung wichtig ist, die hinter den Worten steht, und daß diese Einstellung sich in den Nuancen, im zeitlichen Ablauf und in tausend kleinen Dingen widerspiegelt, vergleichbar der unendlichen Vielfalt der Poesie." (Winnicott, 1990, 104)

IV. Von Poesie, dramatischer Sprechkunst und der Kunst arabischen Erzählens

D.R.: Was meinst Du, X.X., warum wird unsere Gefühlswelt immer eintöniger?

X.X.: Die Gefühlswelt wird stimuliert durch das, was wir erleben, was von außen in uns hineinkommt. Und eine Moorlandschaft regt viel mehr die Sinne und das Empfinden und Entdecken an, als eine Kunstlandschaft oder ein flurbereinigtes Feld. Je abwechslungsreicher sich eine Landschaft gestaltet, je mehr Nischen in einem Gebiet vorhanden sind, um so mehr gibt es auch zu entdecken. Und um so mehr muß man auch hören und auch seine Sinne schärfen. Es gibt unheimlich viele Stimmen und um die alle auseinander zu halten, muß man still sein und lauschen. Und wenn nur wenige Arten laut und deutlich sich vernehmen lassen können, verliert man an Sensibilität. Und ich glaube, wir werden aber auch durch die Medien so langsam gleichgeschaltet. Ohne, daß wir's merken, wird uns eine ganz bestimmte Art der Betrachtungsweise immer wieder vorgesetzt. Und dieses Immer-Wieder wirkt wie ein Zauberspruch. Diese Wiederholung hat Wirkung auf uns. Ich denke, auch, selbst wenn wir uns bewußt darüber sind, daß das Ganze Wirkung hat, können wir uns nicht gänzlich entziehen, das ist eine Illusion. Und vielleicht haben die nächsten Generationen eine ganz andere Auffassung von der Umwelt als wir, aber ich beneide diese Generation nicht darum.

Es hat sicherlich mit Sensibilität zu tun und ein sehr abwechlungsreiches Gebiet ist eben auch sensibler. Das eine bedingt das andere, und letztlich ist es eine Art von Synergismus...

D.R.: Mhm. Und wenn Du jetzt einem "Plastikmenschen" so eine fein differenzierte Nische aufzeigen wolltest, ihm seine oder ihre stumpfen Sinne mit einer Federspitze wachkitzeln wolltest, was würdest Du da tun?

X.X.: Ich würde erst einmal einen Versuch machen, was noch da ist. Ich würde vielleicht Schubert auflegen oder ich würde vielleicht Lohengrin auflegen oder irgend so etwas und dann diesen Menschen beobachten, wie er darauf reagiert. Wenn ihn nämlich so etwas anspricht, kann man weiter gehen. Die Kraft dieser Musik ist nämlich letztlich geholt aus dem, was in unserem innersten Inneren schlummert. Das ist nicht etwas Künstliches. Und diese Kräfte, die könnte man dann auch bewußt machen diesem Menschen. Wenn allerdings da keinerlei Reaktion ist, dann müßte man andere Versuche machen. Man müßte eine Blume oder ein Tier diesem Menschen zeigen und auch eben immer abwarten, wie dieser Mensch reagiert, ob er sich freuen kann, ob er eine gänzliche Gleichgültigkeit entwickelt hat. Und ob er zum Beispiel auch nicht mehr den Unterschied macht zwischen Bild und Leben, also, vielleicht wäre das dann ein Mensch, der sagen würde: "Ja, das schaue ich mir ja alles ganz gerne an, aber mir reicht, wenn diese Bilder vom Fernseher in mich hineingehen, ich brauche nicht mehr das unmittelbare Erleben. Also, wie weit sind wir eigentlich noch – wie weit können wir überhaupt noch Realität erleben oder wo erfolgt da eine Vermischung? Und was macht überhaupt Realität aus?

D.R.: X., Deine Aufgabe ist immens. Du hast einen Menschen vor Dir, der tatsächlich überhaupt keine Reaktion zeigt, wenn Du ihm eine Moorlandschaft zeigst, wenn Du in Verzweiflung mit der Blume kommst, wenn Du ihm Schubert zu hören gegeben hast. Aber es ist, als ob Dein Leben daran hängen würde, diesem Menschen den Reichtum, den Du erfahren hast, in irgendeiner Weise zu eröffnen. Was tust Du?

X.X.: Ich meine, man kann ja auch Hilfsmittel dafür hernehmen, man könnte zum Beispiel eine Vogelfeder unter dem Mikroskop zeigen oder man könnte einen Schmetterlingsflügel vergrößert zeigen –

Als ich – vor 30 Jahren – in den USA in die dritte Klasse Volksschule ging, sollten wir eines Tages einen Aufsatz schreiben. Das, was ich schrieb, machte ich ausgesprochen mit Vergnügen. Als die Lehrerin ein paar Tage später die korrigierten Aufsätze zurückgab, lobte sie auf eine gute Weise öffentlich meine Arbeit. So schnell sollte es mir in der Schule nicht wieder passieren, gelobt zu werden dafür, n i c h t gemacht zu haben, was ich tun sollte. Denn ich hatte gar keinen Aufsatz geschrieben. Vermutlich hat dieses überrraschende und erfreuliche Schulerlebnis bewirkt, daß ich heute noch weiß, was ich damals geschrieben habe:

> I'm glad I'm me
> or who else should I be?
> I wouldn't like to be an Indian girl
> and live by the sea.
> Or maybe a Dutch girl
> with an apron all white,
> or maybe eat by candle-light.
> No, I'm glad I'm me.
> And can climb up our apple tree.
> And watch T.V..
> I like to play,
> I like today.

Leider erging es mir kurz darauf ähnlich Saint-Exupéry mit dem Zeichnen der Riesenschlange, denn in der 4. Klasse in der BRD hatten "die großen Leute" kein Verständnis mehr für meine spontanen schriftlichen Äußerungen. Geographie, Geschichte, Rechnen und Grammatik, das habe ich statt dessen, wie so viele andere, in der Schule gelernt. Nur mehr von Dichtern interessierte "die großen Leute" nun Poesie. Und für die Kinder ist es bekanntlich zu anstrengend, ihnen immer und immer wieder erklären zu müssen … (vgl. Saint-Exupéry, 1973, 8).

Ich gehe in diesem Kapitel auf einige Möglichkeiten von Sprache ein, die außerhalb der vorherrschenden europäischangloamerikanischen Wissenschaftstradition liegen (1): Was ist Poesie? Welches Vermögen hat Poesie? Welche Wirkungen, auch gesellschaftlicher Art, hat Poesie potentiell?

Dann zeige ich Aspekte dramatischer Sprechkunst auf, wie ich sie bei Frau Professor Margret Langen † gelernt habe. Durch die dramatische Sprechkunst lebt das Wort und "Poesie in Handlung" – wie die Kunstphilosophin Susanne K. Langer die dramatische Kunst genannt hat (Langer, 1957) – für Zuhörende auf. Diese Zusammenhänge veranschauliche ich anschließend anhand von Interview-Ausschnitten:

Bettina Meier-Kaiser, ehemalige Regieassistentin von Dieter Dorn an den Münchner Kammerspielen, beantwortet elementare Fragen zu Theater und Regie. **Gert Westphal**, Schauspieler und Regisseur, als "König der Vorleser" gerühmt und als einer der besten dramatischen Sprecher im deutschen Sprachraum bekannt, spricht über künstlerisches Vorlesen und deren Wirkungen, sowie über Sprache und Dichtung. **János Gönczöl**, hervorragender ungarischer Schauspieler und dramatischer Sprecher im ungarischen Hörfunk, der seit vielen Jahren in der BRD lebt und künstlerisch arbeitet, spricht über das Schauspielen in der Muttersprache bzw. in einer anderen Sprache und über Musikalität von Sprache. Anschließend beleuchtet **Rafik Schami**, ein aus Syrien stammender, in Deutschland vielfach ausgezeichneter Künstler, Aspekte arabischer Erzähltradition und -kunst und aufklärerischer Poesie, wie er sie schreibt und erzählt.

Von Poesie

Die Farben der Haut
der Klang der Sitten,
die Musik der Sprachen
Das Licht des Himmels
Gert Heidenreich (2)

Das Wort Poesie kommt aus dem Griechischen, πόησις, ποίσις, und bedeutet die Schöpfung, das Gedicht (Oxford, 1973). Im Unterschied zum informativen Gebrauch von Worten drückt Poesie eine Botschaft "durch die Sprache des Herzens, das heißt, durch den evokativen Gebrauch von Worten" aus (Langer, 1957, 143, Übers. jeweils D.R.). Beim evokativen Gebrauch von Worten drückt der Mensch Gefühle aus, "auf die andere Menschen entweder sympathisch oder antipathisch reagieren" (dies., 141). In Poesie leben Worte in ihrem evokativem Vermögen auf, und deren "formulativen" Potentiale finden Ausdruck:

> *"Was der (die, D.R.) Poet(in) aus Worten kreiert, ist ein Hervortreten von Ereignissen, Personen, emotionalen Reaktionen, Erfahrungen, Orten, Lebensbedingungen; diese sind die Elemente von Poesie ..."*(dies., 148)

Poesie ist "das Paradigma der kreativen Sprache" (dies., 151). Was kreiert wird, ist eine "komponierte und gestaltete Erscheinung einer neuen menschlichen Erfahrung" (dies., 148). Sie ist
> *"eine expressive Form, und es gibt eigentlich nichts in ihr, das nicht ihren symbolischen Ausdruck von Vitalität, Emotion und Bewußtheit erhöht. Poesie, wie jede Kunst, ist abstrakt und bedeutungsvoll; sie ist rhythmisch, wie Musik, und bildlich wie Malerei. Sie entspringt dem Vermögen von Sprache, das Auftauchen von Wirklichkeit zu formulieren, ein Vermögen, welches fundamental verschieden ist von der kommunikativen Funktion, wie auch immer es mit letzterem in der Evolution von Sprache war. Das reine Ergebnis des formulativen Gebrauchs von Sprache ist verbale Schöpfung, Komposition, Kunst; nicht Behauptung, sondern poesis"* (dies., 160)

Die strenge Trennung zwischen einer "formulativen" und einer "kommunikativen" Funktion von Sprache, wie sie die Kunstphilosophin Susanne K. Langer vornahm, ist m. E. Folge einer spezifischen, erst vor wenigen Jahrhunderten entstandenen herrschaftlich-wissenschaftlichen Entwicklung im Abendland. Dagegen werden innerhalb unseres Kulturkreises in den letzten Jahrzehnten verschiedene kritische Stimmen laut.

So versucht Julia Kristeva in "Die Revolution der poetischen Sprache" die Sprache als Praxis des Subjekts zu bestimmen (Kristeva, 1978). Sie unterscheidet "symbolische" und "semiotische" Aspekte sprachlicher Äußerungen. Poetische Sprache beinhalte semiotische Anteile: das Unbewußte, körperliche Aspekte der Äußerung, wie Rhythmus, Klang der Stimme, Metapher, Wortspiel und Geste. Wissenschaft versuche gerade diese zu unterdrücken (vgl. hierzu Young, 1986, S. 394).

In seinen Frankfurter Vorlesungen "Zur Welt kommen – Zur Sprache kommen" betont Peter Sloterdijk, daß die Freiheit der Kunst daran hänge, "daß sie nicht herrschaftlich wird" (Sloterdijk, 1988, S.7). Er zitiert zu Beginn der Vorlesungen Paul Celan: "Die Poesie zwingt sich nicht auf, sie setzt sich aus." (ebd.) Diese These führt Sloterdijk in vielen Gedanken- und Sprachspielen in den Vorlesungen aus. Die Poesie sei ein offenes Wagnis.

> *"Sie setzt sich aus gegen das Schonbescheidwissen von oben, gegen die Selbstsicherheit, gegen den Ästhetizismus – gegen die Damen- und Herrenkultur und gegen die Redakteurskultur mit ihren Besitzständen und ihren Maßstäben, die sich aufzwingen, wo sie können." (ders., S. 22) "Es ist ihr eigenes unumgängliches Wagnis, sich immer von Neuem am veristischen Risiko zu regenerieren. Sich regenerieren heißt von vorn beginnen, den Schlüssel immer wieder verlieren, der gestern noch sicher die Schlösser öffnete, es heißt zurückgehen vors schon Gekonnte ..."* (ders., S. 23).

Auf die großen deutschen Klassiker kann ich im Rahmen dieser Arbeit nicht eingehen. Zwei Aspekte von Poesie aus dieser Epoche, die mir sehr bedeutsam erscheinen, möchte ich dennoch erwähnen:
Schiller wird von Nietzsche wie folgt wiedergegeben:

> *"Die Sphäre der Poesie liegt nicht außerhalb der Welt, als eine phantastische Unmöglichkeit des Dichterhirns: sie will das gerade Gegenteil sein, der ungeschminkte Ausdruck der Wahrheit und muß eben deshalb den lügenhaften Aufputz jener vermeinten Wirklichkeit des Kulturmenschen von sich werfen."* (Nietzsche, 1987, 67)

Eckermann hebt in seinen "Beiträge zur Poesie mit besonderer Hinweisung auf Goethe" zentral hervor, daß der Zweck von Poesie "der der ganzen Welt und des menschlichen Daseins" sei (Eckermann, 1911, 175).

> *"Denn was dem Zwecke der Welt und dem unseres Daseins nicht gemäß geschieht oder ihm gar zuwider läuft, ist verkehrt, böse, verderblich."* (ebd.)

Der Zweck unseres Daseins sei aber

> *"Glückseligkeit und sittliche Veredelung.*
> *Und Beides ist unzertrennlich, Beides steht in ewiger Wechselwirkung."* (ebd.)

Welche Relevanz hat das für heute? Das "gesellschaftsstiftende Element" von Poesie hat Ursula Haeusgen in einem Vortrag hervorgehoben (Haeusgen, 1993). Es sei wichtig, für Poesie Öffentlichkeit zu schaffen, weil dadurch Menschen kollektiv an – künstlerisch gestalteten, D.R. – Gefühlen teilhaben können.

Diesem Gedanken möchte ich, mit Susanne K. Langer gesprochen, hinzufügen, daß Poesie, wie alle Kunstformen, im Unterschied zur Wissenschaft, nicht generalisiert und klassifiziert (Langer, 1957, 32, 327). Auch dadurch drängt sie sich nicht auf; sie setzt sich aus ...
Sehr schöne, klare und tiefe Gedanken über das Vermögen von Poesie habe ich in der Nobelpreisrede des griechischen Poeten Odysseus Elytis (Elytis, © The Nobel Foundation 1979) gefunden. Die Zeiten, in denen wir leben, sind dunkel, so Elytis, oder mit Hölderlin gesprochen, "dürftig". Deshalb sei es angebracht, die größtmögliche Vision von den Dingen zu haben. Die Berufung der Poesie sei es, sich nicht zu beschränken "mit dem, was ist, sondern sich zu erstrecken bis hin zu dem, was sein könnte" (Elytis, 1979, S. 211, Übers. D.R.). Auf diese Weise vermag Poesie verändernd auf die Wirklichkeit einzuwirken. Da Poesie mit Metaphern dichtet und letztere die Essenz der Dinge wiederzugeben vermögen, ist sie imstande, eine derartige Klarheit über ihren jeweiligen Gegenstand wiederzugeben, daß dessen metaphysische Bedeutung wie eine Erleuchtung aufscheint.

Der poetischen Schönheit der Sätze wegen zitiere ich Elytis in der auch auf Französisch veröffentlichten Übersetzung des griechischen Originals, das ich anschließend übersetze:

"Assurément, il y a une énigme. Assurément, il y a un mystère. Mais le mystère n'est pas une mise en scène tirant parti des jeux d'ombre et de lumière pour simplement nous impressioner.
C'est ce qui continue à demeurer mystère même en pleine lumière. C'est alors seulement qu'il prend cet éclat qui séduit et que nous appelons Beauté. Beauté qui est voie ouverte – la seule peut-être – vers cette part inconnue de nous-mêmes, vers ce qui nous depasse. Voilà, cela pourrait être une definition de plus de la poésie: l'art de nous rapprocher de ce qui nous dépasse.
D'innombrables signes secrets dont l'univers est constellé et qui constituent autant de syllabes d'une langue inconnue nous sollicitent de composer des mots, et, avec ces mots, des phrases dont le déchiffrage nous met au seuil de la plus profonde vérité.(211f.) ...

Et la poésie qui vient se dresser là où le rationalisme dépose ses armes, prend la relève pour avancer dans la zone interdite, faisant ainsi la preuve que c'est elle qui est encore le moins rongée par l'usure. Elle assure, dans la pureté de leur forme, la sauvegarde des données permanentes par quoi la vie demeure oeuvre viable. Sans elle et sa vigilance, ces données se perdraient dans l'obscurité de la conscience, tout comme les algues deviennent indistinctes dans le fond des mers.(212) ...

Il ne suffit pas de mettre nos rêves en vers. C'est trop peu. Il ne suffit pas de politiser nos propos. C'est trop. Le monde matériel n'est au fond qu'un amas de matériaux. A nous de nous montrer bons au mauvais architectes, d'édifier le Paradis, ou l'Enfer. C'est cela que ne cesse de nous affirmer la poésie – et particulièrement en ces temps dürftiger – cela précisément: que notre destin malgré tout repose entre nos mains." (215) (3)

"Gewiß gibt es ein Rätsel. Gewiß gibt es ein Geheimnis. Aber das Geheimnis ist nicht eine aus Schatten- und Lichtspielen geschöpfte Inszenierung, einfach um uns zu beeindrucken. Es ist das, was ein Geheimnis bleibt selbst im vollen Licht. Es ist genau dies, was uns fasziniert und was wir Schönheit nennen. Schönheit, die ein offener Weg ist – der einzige vielleicht – hin zu jenem unbekannten Teil von uns, hin zu dem, was uns überdauert. Voilà, das könnte eine weitere Definition von Poesie sein: die Kunst, uns dem anzunähern, was uns überdauert.

Unzählige geheime Zeichen, aus denen das Universum zusammengesetzt ist und die so viele Silben einer unbekannten Sprache ausmachen, inspirieren uns, Worte zu komponieren und mit den Worten Sätze, deren Entzifferung uns an die Schwelle zur tiefsten Wahrheit setzt. (S. 211f.) ...

Und die Poesie, die sich dort aufzurichten beginnt, wo der Rationalismus seine Waffen niederlegt, erhebt sich, um in die verbotene Zone vorzurücken und beweist (so), daß sie am wenigsten durch Abnutzung angegriffen ist. Sie versichert in der Reinheit ihrer Form die Wahrung der fortdauernden Gaben (Gottes), durch die das Leben ein lebendiges Werk bleibt. Ohne sie und ihre Wachsamkeit, würden sich die Gaben verlieren in der Verborgenheit des Bewußtseins, ganz wie die Algen undeutlich werden in der Tiefe der Meere. (S. 212)

Es ist nicht hinreichend, unsere Träume in Versform auszudrücken. Das ist zu wenig. Es ist nicht hinreichend, unsere Worte zu politisieren. Das ist zu viel. Die materielle Welt ist im Grunde eine Anhäufung von Material. Es liegt an uns, uns als gute oder schlechte Architekten (Architektinnen, D.R.) zu erweisen, das Paradies zu errichten, oder die Hölle. Es ist dort, daß die Poesie nicht aufhört, uns zu bestätigen und besonders in diesen dürftigen Zeiten – genau dort: daß unser Schicksal trotz allem in unseren Händen liegt." (Übers. D.R.)

Mit dieser letzten Aussage drückt Elytis meines Erachtens die größte Hoffnung, die wir in Poesie setzen können, aus. Denn mit ihrem evokativen Potential und geschöpft aus dem lebendigen Reichtum des allen Menschen sprachlich zugänglich gemachten Unbewußten ("un*con*science"!, D.R.) rührt sie uns in unseren

Tiefen wieder an und beflügelt uns: Es liegt an uns, in dieser Welt das "Paradies" zu errichten oder die "Hölle". Sie gibt uns die Hoffnung wieder: Unser Schicksal liegt, trotz allem, in unseren Händen.

Zusammenfassung

Poesie wird in der Sprache des Herzens geschrieben und im Paradigma des kreativen Potentials von Sprache gestaltet. Poetische Sprache betont semiotische Anteile von Sprache, die in den Wissenschaften einige Jahrhunderte lang keine Geltung hatten. Das sind etwa das Unbewußte und Metaphern, sowie sinnliche Aspekte der Äußerung, wie Rhythmus und Klang der Worte.

Poesie wird nicht herrschaftlich und hat, da sie schöpferisch ist, auf Menschen eine erneuernde Wirkung. Ihr Zweck ist der der ganzen Welt und des menschlichen Daseins: Glückseligkeit und sittliche Veredelung. Sie läßt dem Subjekt und seinen (ihren) Gefühlen maximale Freiheit, da sie – als Kunst – nicht generalisiert und klassifiziert; zugleich hat sie gesellschaftsstiftende Wirkung. Ihre Einwirkung auf die Wirklichkeit ist deshalb zugleich stimmig und radikal, weil Poesie, wie jede Kunst, aus dem tiefsten Innersten des Menschen geschöpft ist, dem Unbewußten.(4)

Nun möchte ich mich der dramatischen Sprechkunst zuwenden. Wie nirgends anders, setzt sich hier Poesie aus. Wie nirgends anders, ist das Wort hier in seinem ganzen poetischen Vermögen sinnlich zu vernehmen.

Die große ungarische Schauspielerin Hilda Gobbi † hat es einmal so ausgedrückt: "Das Theater ist die maximale Poesie, welche des Menschen Genius, Haltung, Bewegung und den lebendigen Reichtum seiner Sprache ausdrückt." (o.A.) Wie der lebendige Reichtum von Sprache aufleben kann, möchte ich im folgenden aufzeigen.

Stimmbildung und Sprachgestaltung nach Margret Langen

Frau Professor Margret Langen (1900–1992) war Westdeutschlands bekannteste Sprachpädagogin. Sie war ursprünglich Sängerin und wandte sich später dem Unterrichten zu. Sie bildete Sänger und Sängerinnen und zunehmend Schauspieler und Schauspielerinnen aus. Will Quadflieg, Angela Salloker, Marika Rökk, Maximilian Schell u.v.a. lernten bei ihr. Sie war Professorin am Max-Reinhardt-Seminar an der Hochschule für Musik und darstellende Kunst in Wien. Später unterrichtete sie, bis zu ihrem Tod mit 92 Jahren, in München.

> *"Im Anfang war das Wort, und das Wort war bei Gott, und das Wort war Gott. Im Anfang war es bei Gott. Alles ist durch das Wort geworden und ohne das Wort wurde nichts, was geworden ist. In ihm war das Leben, und das Leben war das Licht der Menschen. Und das Licht leuchtet in der Finsternis, und die Finsternis hat es nicht erfaßt. ... Niemand hat Gott je gesehen. Der Einzige, der Gott ist und am Herzen des Vaters ruht, er hat Kunde gebracht."*
> Jo, 1, 1–5, 1, 18 (aus: Die Bibel. Altes und Neues Testament. Einheitsübersetzung. Freiburg, Basel, Wien: Herder, 1980)(5)

Von Künden kommt das Wort "Kunst". Das war Frau Professor Langens Einsicht.

In der darstellenden Kunst lebt ein dichterisches Werk im gelungenen Fall für die Zuhörenden wieder auf. Frau Professor Langen hat mit Schauspielern und Schauspielerinnen so gearbeitet, daß dies wirklich gelang.

Voraussetzung für einen Schauspieler oder eine Schauspielerin, dramatische Dichtung wirklich zu erfassen und dann darzustellen, ist, den eigenen Körper, Geist und Seele zu einer Einheit zurückzuführen.

> Nach Margret Langen bilden Körper, Geist und Seele eines Menschen eine Einheit. Keine zwei Menschen haben etwa den gleichen Rhythmus. Die ganze Natur ist Schwingung. Das Uratom schwingt; alles Lebendige hat rhythmische Vorgänge. Allerdings haben die meisten Menschen in der modernen industriell-technischen Welt verlernt, ihren eigenen, unverwechselbaren Rhythmus zu behalten. Viele wissen nicht einmal, daß jeder Mensch einen von Anderen verschiedenen Rhythmus hat. (Ähnlich haben keine zwei Menschen gleiche Fingerabdrücke). Viele wissen auch nicht mehr, daß jedes Wort schwingt.

In der stimm- und sprachbildnerischen Arbeit, wie ich sie bei Frau Professor Langen gelernt habe, geht es zunächst darum, sich einen natürlichen Vorgang, der jedem(r) zu eigen ist, wieder anzueignen. Den eigenen Rhythmus – gemeinsam – zu erspüren, geschieht zunächst durch Atemübungen: "Es" atmen lernen lassen. Die Atmung verstand Frau Prof. Langen als die Grundlage alles Geistigen. Allen Religionen, so sagte sie einmal, sei die Idee des göttlichen Odems gemeinsam. Goethe hat es so ausgedrückt:

> *Im Atemholen sind zweierlei Gnaden:*
> *Die Luft einziehen, sich ihrer entladen,*
> *Jenes bedrängt, dieses erfrischt,*
> *So wunderbar ist das Leben gemischt.*
> *Du danke Gott, wenn er dich preßt,*
> *Und dank ihm, wenn er dich wieder entläßt.*
>   J.W. Goethe

Durch tiefe Atmung eignet man sich mit der Zeit wieder eine vitale Spannung des gesamten Organismus an. Das Zwerchfell, ein elastischer Boden für das Sprechen des Menschen, schwingt sich durch Atem- und Stimmübungen mit der Zeit wieder frei. Für eine(n) Schauspieler(in) ist dies eine der ersten Voraussetzungen, dramatische Rollen darzustellen. Er oder sie vermag sonst nicht emotional eine Rolle wiederzugeben.

Um für die darstellende Kunst zu sprechen, lernt man – *bewußt* zu sprechen. Zuerst übt man Vokale und Konsonanten und formt sie langsam und immer wieder. Man lernt, sie "auf dem Luftstrom" und so, daß das Zwerchfell sich freischwingt, zu tönen. Man lernt, Buchstaben und dann Worte mit dem ganzen Körper sinnlich zu erleben und zu erfassen, und letztere schließlich mit ihrem geistigen Gehalt aus dem ganzen Körper zu sprechen. Um dies an zwei einfachen Beispielen zu verdeutlichen:

- Um das Wort "Sonne" lebendig zu sprechen, läßt man das Wort mit dem Zwerchfell durch den ganzen Körper schwingen. Dazu müssen die Formen der Vokale und jedes Konsonanten mit den Lippen, der Zunge, dem Mund stimmen. Man stellt sich die Sonne vor und man stellt sich so vor, daß man das Wort Sonne in den Körper aufnimmt. Dabei wird man voll und weit, während man auf der Luft aus dem Zentrum, d.h. dem Zwerchfell, schwingend "Sonne" spricht.
- Man spricht das Wort "gefühlvoll" (ge-fühl-voll), man stellt es sich vor, erspürt es in seiner Bedeutung, hörend gestaltet man dessen Bedeutung und spricht es schließlich so, daß es mit seinem Gehalt wieder auflebt.

Diese zwei Beispiele sind nur zwei einzelne Worte, aus jeglichem Zusammenhang herausgenommen. Natürlich geht es darum, alle Worte, die man spricht, in und mit ihrer lebendigen Bedeutung zu sprechen. Entsprechend übertragen sich die Schwingungen der Worte auf Zuhörende.

Um schließlich dramatische Dichtung zu sprechen, spielt man "die Schau". Ich habe "die Schau" verstanden als den inneren Spiegel, in dem man innere Bilder, die die Dichtung in einem weckt, klar sehen kann. Die Voraussetzung eines Künstlers (einer Künstlerin) hierfür ist, im eigenen Rhythmus zu sein, d.h. in einem sehr harmonischen Gesamtzustand zu sein, den man durch Atemübungen erreichen kann. Wenn man im eigenen Rhythmus ist, vermag man den Rhythmus, aus dem ein Dichter geschrieben hat, zu erspüren. Sprechend, probend erweckt und erfühlt man den inneren Rhythmus der Dichtung in sich und arbeitet das Geistige in der Dichtung heraus. Es ist wesentlich, beim übenden Sprechen diesen Rhythmus und durch innere Vergegenwärtigung ("die Schau") das Geistige wiederzugeben. Auf diese Weise lernt man, eine dramatische Rolle plastisch zu gestalten und dann auswendig zu sprechen.

Zusammenfassung

In der Stimmbildung und Sprachgestaltung nach Margret Langen geht es darum, Sprache und insbesondere (dramatische) Dichtung mit allem, was sie beinhaltet, d.h. mit den Gefühlen, die sie weckt, mit ihrem Rhythmus, mit ihren Bildern und ihrer geistigen Aussage, zu sprechen. Voraussetzung dafür ist, durch Atemübungen im eigenen Rhythmus zu sein und ein frei schwingendes Zwerchfell zu haben. Die Atemübungen bedingen auch eine innere Ruhe und größere geistige Klarheit. Dadurch wird es möglich, "die Schau" wahrzunehmen und zu spielen. Dies ist das innere Bild, das das Kunstwerk im Unterbewußtsein hervorruft. So gesprochen oder (auf der Bühne) gespielt, lebt Dichtung bzw. eine dramatische Rolle für Zuhörende (und Zuschauende) wieder auf.

Was ich hier beschrieben habe, möchte ich anhand von Interview-Ausschnitten im folgenden verdeutlichen.

Veranschaulichung des lebendigen Wortes in darstellenden Künsten

"Und innerhalb dieses Rahmens entsteht, ja – Leben"

Bettina Meier-Kaiser, geboren 1954, studierte Theaterwissenschaft, Germanistik, Geschichte und Psychologie und nahm selbst Schauspielunterricht. 1982 promovierte sie in Theaterwissenschaft über Erich Engel (Regisseur, Theatertheoretiker und 1. Intendant der Münchner Kammerspiele nach dem II. Weltkrieg). 1983/84 war sie Regieassistentin von Dieter Dorn an den Münchner Kammerspielen. Anschließend arbeitete sie als Schauspiellehrerin an der Neuen Münchner Schauspielschule. Seit 1988 betätigt sie sich als freie Schriftstellerin.

Worauf kommt es beim Theater wesentlich an? Was ist wesentlich beim Regiemachen? Worauf kommt es an bei den Schauspielern/-innen? Wie kommt der Kontakt zwischen Schauspielern/-innen und Publikum zustande? Welche Funktion hat dabei im Vorfeld eine Regisseurin (ein Regisseur)? Ist Schauspielerin der "für Frauen geeigneste" Beruf? Was ist die Utopie von Theater dieser Regisseurin? Auf diese Fragen gehen die folgenden Interview-Ausschnitte ein.

D.R.: **Was ist wesentlich beim Theater?**

B.MK.: Also, für mich allgemein wesentlich, in der Kunst wesentlich ist, ... eine Botschaft zu übermitteln, aber das ist wirklich sehr allgemein. Auf dem Theater hieße das dann, das in die Form des Theaters zu bringen. ... es geht darum – auf verschiedenen, ja, "Frequenzen" etwas zu übertragen, womit ich mit Frequenzen zum einen die Bilder meine, zum anderen Töne, zum anderen aber auch einfach, was sich atmosphärisch überträgt, wenn man anderen Menschen, ja, beiwohnt, zuschaut, wenn sich zwischen ihnen etwas entwickelt.

D.R.: **Und daß das gelingt, dieser Übersprung? Du sagst, "Botschaft" oder "Frequenz", spielt das eine zentrale Rolle?**

B.MK.: Mhm.

D.R.: **Also, daß das, was da passiert, bei der "Zuschauerschaft" auch ankommt?**

B.MK.: Ja, genau. Das Wichtige ist, daß das, was da auf der Bühne passiert, so aus einer Fülle, den Leuten – etwas, ja etwas geben zu wollen. ... Im Grunde ist die Botschaft immer die Gleiche. Es ist die Liebe.

D.R.: Mhm.

B.MK.: Nur – es differenziert sich je nach Stücktext, natürlich.

D.R.: Mhm.

B.MK.: Es ist die Liebe oder – der Glaube an eine evolutionäre Entwicklung des Menschen ... Ich kann auch Licht sagen statt Liebe. Es ist nur eine Bezeichnung dieser Energieform gewesen. ... Die Ausdrucksform ist natürlich durch den Text bestimmt. Oder der Teil, um den es geht, ist durch den Text bestimmt.

***

D.R.: **Was ist Deiner Meinung nach wesentlich beim Regie-Machen?**

B.MK.: Ein Gespür für die Möglichkeiten der Menschen zu haben, mit denen man arbeitet.

D.R.: **Den Schauspielern, Schauspielerinnen?**

B.MK.: Ja. Und diese Möglichkeiten hervorlocken zu können.

D.R.: **Und zu gestalten dann auch?**

B.MK.: Das gestaltet sich "von allein". … Du hast den Text als Grundlage. Und Du hast die Menschen, die – wenn's optimal geht – Du Dir ausgesucht hast. Das heißt, Du hast, ob bewußt oder nicht, schon etwas gestaltet, im Vorfeld.

D.R.: **Was ist Deiner Meinung nach wesentlich bei den Schauspielern/ Schauspielerinnen, oder: worauf kommt es an?**

B.MK.: Ja, ein weitest mögliches Sich-Einlassen auf die Figur, die erarbeitet wird. Ein weitest mögliches Sich-Öffnen. Ja, und dieses Leben der Figur entstehen lassen. Also, ich meine jetzt 'mal ganz abgesehen von handwerklichen Sachen, in denen ich sehr anspruchsvoll bin, aber das ist etwas, was ich als selbstverständlich voraussetze.

***

D.R.: **Und die Anlage, woraus die Schauspieler und Schauspielerinnen das schaffen, ist das praktisch in jedem Menschen, also, daß das alles im Grunde in jedem "anklingen" kann und die Frage ist, wieweit kann sich der Darsteller oder die Darstellerin für diesen Ausschnitt vom Leben öffnen?**

B.MK.: Das ist überhaupt – das stimmt, das ist eine wichtige Voraussetzung. Ich gehe davon aus, daß alles angelegt ist im Menschen. … Es ist alles vorhanden im Menschen. Die Frage ist nur, wie krieg' ich das ' raus aus mir.

D.R.: Ja.

B.MK.: Und das ist eine Frage dessen, wieweit kann ich mich öffnen … eine Frage der Reife, das ist eine Frage, wieweit habe ich das für mich, was ich bin.

D.R.: **Und Bettina, ist es dann richtig, daß Du als Regisseurin, indem Du die Fähigkeit hast, Dich sehr weit zu öffnen, es den Schauspielern und Schauspielerinnen leichter machst – durch den Kontakt, durch den Austausch – sich einzulassen? Ich sehe da eine Analogie zur Rolle einer "Begleiterin" – im Englischen "facilitator" – in der Gruppentherapie.**

B.MK.: Richtig.

***

D.R.: **Ist es wesentlich, daß ein echter Kontakt zustande kommt beim Theater zwischen den Schauspielern/ den Schauspielerinnen und dem Publikum bei der Aufführung?**

B.MK.: Was heißt "echter Kontakt"? ... der echte Kontakt (ist) die Voraussetzung dafür, daß sich das übermittelt, was ich sagen möchte. ... Sonst bräucht' ich ja kein Theater zu machen. ...Also, ich will das ja nicht für mich machen, sondern ich will das machen, weil ich den Menschen was zu sagen oder zu geben habe.

D.R.: **Was meinst Du, wie kommt dieser Kontakt zustande? Wie übermittelt sich die Botschaft?**

B.MK.: Sie übermittelt sich auf jeden Fall **eher** (betont) auf der emotionalen als auf der Verstandesebene. Sie übermittelt sich nur dann, wenn beide beteiligten Seiten offen dafür sind. Wenn sie das überhaupt wollen. ...

D.R.: Wie?

B.MK.: Ja, wie übermitteln sich Gefühlsregungen? Mit Schwingungen. ... Durch Schwingungen.

***

D.R.: **Bettina, wenn Du Regie führst, und die Schauspieler/ Schauspielerinnen spielen ihre Rollen, woran genau spürst Du oder erkennst Du, ob es stimmt, so wie sie spielen?**

B.MK.: Ich glaube, daß das nichts ist, was man theoretisch fassen kann.

D.R.: **Aber Du bist da ja eine Art "Instrument", denke ich?**

B.MK.: Ja, ja, genau. ... Im Grunde kann ich Dir nur sagen, daß ich das spüre, ob das stimmt oder nicht. Aber woran – das hängt eben mit diesem Gefühl für die Möglichkeiten der anderen Menschen zusammen. Ich hab' eine große Sicherheit darin, zu sehen, zu erkennen, was der Andere vermag. Und natürlich auch – ich habe eine Vorstellung davon, wo ein Stück hingeht, was ich mit dem Stück aussagen möchte.

D.R.: **Also, Du bist Dir klar über "das Gesamte" und mit den Möglichkeiten der Schauspieler und Schauspielerinnen versuchst Du das kongruent zu machen?**

B.MK.: Ich weiß die Richtung, oder ich weiß im Globalen das, was ich mit einem Stück aussagen möchte. Und innerhalb dieses Rahmens entsteht, ja – Leben.

***

D.R.: **Wie spürst oder beurteilst Du, ob das Spielen der Schauspieler/ der Schauspielerinnen beim Publikum in der Aufführung auch "ankommen" wird?**

B.MK.: Ich achte nur darauf, daß etwas stimmt, was auf der Bühne passiert. ... Wenn es stimmt, was auf der Bühne passiert, dann überträgt sich das ... auf die Zuschauer, ganz von allein. ... Je klarer das ist, was auf der Bühne ist, wobei es total wurst ist, wie leise, jetzt nicht nur im direkten, wörtlichen Sinn, das ist, je klarer das ist, desto klarer überträgt sich das auf den Zuschauer.

***

D.R.: **Welche Rolle spielt das uralte Konzept von "Katharsis" als "die Reinigung der Seele von Leidenschaften als Wirkung des antiken Trauerspiels"?**

B.MK.: Ja, Katharsis ist ein Mittel zur Erkenntnis nach dem Aristoteles. Es geht mit Sicherheit um Erkenntnis im Theater. ... Worum soll es sonst gehen. ... Das ist natürlich ein Weg.

D.R.: **"Nach"erleben?**

B.MK.: Nicht nach-, sondern mit -. ... Aber es gibt nicht nur den Weg durch Leiderfahrung zur Erkenntnis zu kommen.

D.R.: **Aber durch Miterleben zur Erkenntnis kommen – das ist vielleicht ein ganz zentraler Ausdruck.**

B.MK.: Ja.

D.R.: **Und das spielt, nach Deiner Meinung, eine Rolle?**

B.MK.: Ja, ja. Eine Botschaft hat nur einen Sinn, wenn sie etwas auslöst. Und was kann sie anderes auslösen als ein Schrittchen in Richtung Erkenntnis? ... Wenn ich mich für etwas öffne, was ich sehe, dann erlebe ich das mit.

***

D.R.: **Peter Handke hat in einem Interview einmal gesagt der Beruf der Schauspielerin sei der für Frauen geeignetste.**

B.MK.: Ja, das ist die Offenheit, die er meint. Das ist natürlich mit Weiblichkeit verbunden in der Vorstellung. Das Aufnehmen, das Sich-Öffnen-Können für anderes Leben zum Beispiel, ja.

D.R.: **Teilst Du diese Auffassung?**

B.MK.: Er hat sein halbes Leben mit einer Schauspielerin verbracht, kann ich dazu nur sagen.

D.R.: (lacht)

B.MK.: (lacht auch)

D.R.: **Und würdest Du sagen, daß Sich-Öffnen-Können was mit Weiblichkeit zu tun hat?**

B.MK.: Nein. ... Ich würde das nicht so trennen. Es gibt in diesem Offensein, das Voraussetzung ist zum Spielen – falls der Handke das überhaupt gemeint hat – einen aktiven und einen passiven Teil. Und wenn er schon in männlich und weiblich trennt, dann wäre ja nur der passive Teil " ... das Weibliche".

D.R.: **Sich-Öffnen-Können siehst Du als einen passiven Vorgang?**

B.MK.: Nein ... Wir haben gesagt, daß der Handke das wahrscheinlich so sieht, weil er an das Sich-Öffnen für anderes Leben denkt und das als eine weibliche Qualität erachtet. Also, passiv und aktiv ... — es ist immer das Eine im Anderen auch enthalten, das ist ganz klar. Insofern hab' ich mit dieser Gegenüberstellung eh' Schwierigkeiten.

***

D.R.: **Was ist Deine Utopie von Theater?**

B.MK.: ... Das, was nicht existiert (lacht) ... Meine Utopie ... Daß die Leute in einer möglichst großen Offenheit miteinander arbeiten, mit dem Ziel, ja, durch ihr Medium, durch das, was sie als ihre Sache erachten, den Menschen, die da im Parkett sitzen, ein Stück weit auf ihren Weg der Erkenntnis zu verhelfen ...wobei Erkenntnis für mich immer heißt Erkenntnis des Absoluten ...

D.R.: **Was wäre anders, was dabei herauskommt als an einem der großen Theater heute?**

B.MK.: Ja, es hätte nicht diese "coolness" und Sterilität, die das Theater hierzulande hat. (Es hätte) Wärme. Also, eine positive Einstellung zum Leben, was ich auch selten sehe, es hätte auf dieser Ebene eine Übereinstimmung von, ja, ganz sinnlichen Bildern und Gehalt.

Zusammenfassung

Beim Theater kommt es darauf an, eine Botschaft zu übermitteln. Die Botschaft differenziert sich je nach Text, ist jedoch im Grunde immer: die Liebe. Die Botschaft übermittelt sich an die Zuschauenden (und Zuhörenden) eher auf der emotionalen als auf der Verstandesebene und sie übermittelt sich dann, wenn Schauspielende und Zuschauende (und Zuhörende) dafür offen sind. Durch Schwingungen werden Gefühlsregungen übermittelt. Bettina Meier-Kaiser verhilft Schauspieler und Schauspielerinnen dazu, das Leben der Figuren des Stückes entstehen zu lassen. Damit dies gelingt, öffnen sich die Schauspielenden möglichst weit für die jeweiligen dichterischen Rollen. Erkenntnis bei den Zuschauenden entsteht im Theater vorwiegend durch Miterleben.

"Wenn man sich als Instrument versteht, und das tue ich wirklich, entsteht eben Kunst"

Gert Westphal, geboren 1920, ist Schauspieler und Regisseur. Er ist bekannt als "König der Vorleser". Er war u.A. Oberspielleiter von Radio Bremen, inszenierte am Thalia-Theater Hamburg, am Württembergschen Staatstheater Stuttgart und am Züricher Schauspielhaus. 1953–59 gehörte er dem Südwestfunk an, zuerst als Leiter der Hörspielabteilung, später als Chefregisseur auch der Fernsehspielabteilung. Von 1959–80 war er Mitglied des Ensembles des Züricher Schauspielhauses. Er hat mehrfach im Deutschen Fernsehen Regie geführt und als Schauspieler gearbeitet. Er führte auch Regie an den Opern in Bern, Mannheim, Düsseldorf, Braunschweig und Nürnberg. Zu seinen bekanntesten Schallplattenaufnahmen zählen: Werke von G. Benn, J.v.Eichendorff, G. Flaubert, Th. Fontane, J.W. v. Goethe, H. Hesse, H. v.Hofmannsthal, M. Kaleko, G.E. Lessing, Th. Mann, A. Schnitzler, M. Ophüls, Th. Storm, R. Walser, sowie "Ringel-Jazz, "Der Walzer vom Weltende", "Winter-Reise", "Der Götter zweite Jugend. Aus dem Briefwechsel Schiller-Goethe" (zusammen mit Will Quadflieg).

Kann der künstlerische Vortrag von Dichtung positiv auf die Gewalttätigkeit unserer Zeit einwirken? Wie entsteht Kunst? Kann man durch das Vorlesen und Vortragen von (dramatischer) Dichtung und durch die so wieder lebendig werdende Sprache der Dichter Zuhörende "hellhörig" machen? Was ist überhaupt Dichtung? Woran liegt das, ob die Kommunikation mit dem Auditorium gelingt oder nicht? Wie entsteht Spannung? Welche Bedeutung kommt dem Atem zu? Wie erreicht ein Künstler durch das Vorlesen von Dichtung die Herzen der Menschen? Wie erfaßt man den jeweils einzigartigen "Rhythmus eines Dichters" (Nietzsche)? Stimmt es, daß keine zwei Dichter aus der gleichen Melodie heraus schreiben? Wie ist das biblische Wort: "Am Anfang war das Wort ..." zu verstehen? Ist Sprache heute sinnlich verarmt oder gar verroht? Spricht Dichtung eine Sprache und kreiert sie Bilder, die die Tiefenschicht der menschlichen Existenz erreichen? Gert Westphal beantwortet diese Fragen.

D.R.: **Ein ganz zentrales Interesse für mich in dieser Arbeit ist die Tatsache, daß wir in unserer modernen Welt zunehmend von "Rhythmen", Lärm und Geräuschen überflutet werden, die im Widerspruch stehen zu natürlichen Rhythmen, z.B. natürlichen Rhythmen des Körpers. So daß der Mensch in einem bestimmten Sinn auch immer mehr stumpf wird für natürliche Rhythmen. Ich habe hier ein Zitat von einem Autor, der das in Vergleich setzt, also z.B. das Vogelgezwitscher, oder die Meeresbrandung, versus dem Maschinenlärm. Diese Überflutung durch unnatürliche Rhythmen führt nach diesem Autor dazu, daß unser Körper ein Empfinden der Verlorenheit entwickelt, daß unsere Empfindungen zuschnüren, daß unsere Emotionen einfrieren, durch die zunehmende Beschäftigung mit Mechanik und Elektronik. (Anmerkung: Vgl. Schellenbaum, 1987). – In den mir zugesandten Unterlagen über Sie schrieb ein Rezensent, daß Sie mit Orpheus zu vergleichen wären, der durch seinen Gesang die wilden Tiere zähmen konnte. Was glauben Sie, kann man durch den künstlerischen Vortrag von Dichtung die Gewalttätigkeit unserer Zeit, also Gewalttätigkeit im Hinblick auf unsere Lebendigkeit im weiteren Sinn, "bannen"?**

G.W.: Das ist vielleicht ein zweites, ob man das bannen kann. Das erste ist ja doch, daß man überhaupt Aufmerksamkeit versammelt, auf das, was ein Dichter – zu vermitteln trachtet. ... Die Aufmerksamkeit versammeln, die ich für das erste halte, das wird immer schwieriger, weil die Menschen das Zuhören verlernen. Vielleicht hat sogar das Ohr eine gewisse Schutzhygiene entwickelt, es hört eben von sich aus nicht mehr. Sie können das im täglichen Leben kontrollieren. Leute, die vor dem Fernseher sitzen und die Nachrichten hören, wissen zwei Minuten später nichts mehr davon, was sie an Information (betont), wie das dann hochtrabend heißt, geschluckt haben. Der Kellner beim Frühstück dreht sich nach vier Schritten um und sagt: "Tee?" – und ich hatte Kaffee bestellt. ... Es kann sein, daß das Ohr, das Sinnesorgan, das ja immer offen ist, im Gegensatz zum Auge, einen Schutz herausgebildet hat. Ich wage das nicht zu behaupten, aber ich könnte es mir vorstellen. Und da ist es natürlich wirklich sehr schwer, Menschen, 200, 300 zu versammeln, die nur einem Dichter zuhören. Nichts Sensationelles geschieht. Der alte Herr, der da vorne steht, sagt das auf, der steht nicht auf dem Kopf, der macht keinen Zirkus, sondern sagt die Texte auf. Das ist das erste, was einmal gelingen muß. Dazu ist nötig eine lebenslange Arbeitsleistung, die diese Suggestion vermittelt: "Den müssen wir uns anhören." Dann kann er sozusagen bringen, was er will. Ich höre ihm zu. Also ist die Verantwortung auf meiner Seite auch sehr groß, w a s ich vorlese. Da tue ich mir natürlich mit Goethe und Thomas Mann selber den größten Gefallen. ...
Es ist aber dazu auch zu sagen, nicht nur die Geräusche sind es heute, oder der Lärm der Umwelt, die die Kommunikation erschwert. Man spricht ja genauso von der Bilderflut, die uns überstürzt. Ich glaube, in letzter Zeit feststellen zu können, daß da die Aufmerksamkeit aufs Zuhören zunimmt. Offenbar weichen die Leute der vielen Bildinformation in erkennbarem Umfang aus und wollen wieder etwas hören.

***

D.R.: **Was sind Ihrer Meinung nach die Voraussetzungen dafür, daß Kunst entstehe, Kunst lebe, wenn man sich, wie Sie das einmal gesagt haben, als eine Art Instrument versteht?**

G.W.: Nun, damit haben Sie's eigentlich schon formuliert. Wenn man sich als Instrument versteht, und das tue ich wirklich, entsteht eben Kunst. Denn sie ist in der Schöpfung angelegt, dadurch, daß der Mensch nach sich fragt. Ja, und Kunst ist eine Liebeserklärung an die Schöpfung, auch mit dem Egoismus, den jeder große Liebhaber hat, das Geschöpf seiner Liebe vervollständigen zu können oder zu sollen oder zu dürfen. Da die ganze Welt Klang ist, muß ich nur die Person sein – personare heißt durchtönen – die sich durchtönen läßt von dem Klang der Welt. Und dann entsteht die Kunst von ganz selber. Man kann ja Kunst nicht machen, man kann nur die Voraussetzungen schaffen, in der sie entsteht.

D.R.: **"Die ganze Welt ist Klang" – also, würden Sie das auch im Hinblick auf die anderen Kunstformen ...**

G.W.: Ja, man kann sich, und das tat Kepler zum Beispiel, der ja nicht nur ein großer Mathematiker und Astronom, sondern auch ein großer Musiker war, die Welt ja als Erscheinung aus Tonwellen vorstellen. Wir wissen heute längst, und wir haben das wissenschaftlich demonstrieren gelernt, daß Goethe mit seinen Versen: "Die Sonne tönt nach alter Weise ..." kein poetisches Geflunker geschrieben hat. Die Sonne macht Musik im Weltall. Und jeder der Planeten hat seine eigene Wellenlänge und sein eigenes Geräusch, wenn wir das übersetzen. Es gibt amerikanische Sternwarten, die das per Elektronik hörbar gemacht haben ...aus dem Empfangen der Wellen. Schon der vorhin zitierte Keppler spricht vom "Motettensatz der Planeten", der ihm bekannten, das waren die fünf. Man weiß, Sie können eine Wiese, ein Kornfeld, in Klänge übersetzen, die sind da. Die Welt ist Klang. "Nada Brahma", nicht?

D.R.: **Das ist die Auffassung von Herrn Behrendt ...?**

G.W.: Ja, nicht die Auffassung, die abgeleitete Summe dessen, was indische Weisheit vor vielen Hundert Jahren dazu schon gesagt hat.

D.R.: **Glauben Sie, daß man durch das Vorlesen und Vortragen von Dichtung und durch die so wieder lebendig werdende Sprache der Dichter die Zuhörenden "hellhörig" machen kann?**

G.W.: Ich bin davon ganz fest überzeugt. Es haben, glaube ich, durch meine Vortragerei, Vorleserei, eine Menge Menschen gelernt, erfahren, daß das stumme Lesen, daß wir alle jeden Tag tun, tun müssen schon, mit Rücksicht auf unsere Nachbarn, ein Surrogat ist. Das reicht für die Zeitung ..., aber für Literatur reicht das nicht. Denn Literatur, Dichtung, ist Sprache. Und die Druckseite ist nichts anderes als die Partitur ...die dafür da ist, wieder aufgeführt zu werden. Es ist auch gar keine Kunst, wie die Leute oft fälschlicherweise glauben, die langen Perioden Thomas Manns oder Prosa von Goethe zu lesen. Beide haben gesprochen. Thomas Mann hat nichts zum Druck herausgegeben, auch nichts aus seinen essayistischen Arbeiten, das er nicht vorher, im Familien- oder Freundeskreise, vorgelesen hat.

D.R.: **Tatsächlich?**

G.W.: ...auf seine Mündlichkeit also überprüft hat. Goethe hat, mit Ausnahme ganz weniger Gedichte als junger Mann, die er halb im Schlaf hinkritzelte, und am morgen höchst verwundert selber war, was er da nachts notiert hatte, doch immer diktiert. Infolgedessen bin ich auch in der Lage, ganze Passagen von ihm, deren Inhalt ich nicht verstehe, sagen wir, zur Farbenlehre oder anderen naturwissenschaftlichen Dingen, um die ich mich ja erst kümmern müßte, wenn ich das verstehen wollte, klar und sachlich vorzulesen. Es ist das, was er gesprochen hat, er hat ja immer seinen Schreibern diktiert. Es war alles erst einmal Sprache, eh' es bei Cotta gedruckt wurde. Und eine Literatur, die nur im Labor gebastelt ist als Niederschrift, ist nach meinem Dafürhalten keine Dichtung, sondern kann ein interessantes Experiment sein, meist dann so hermetisch, daß dann nur der Autor imstande ist, sie vorzutragen.

D.R.: **Was ist Ihrer Auffassung nach Dichtung?**

G.W.: Das ist natürlich sehr schwer zu sagen. Das, was der Mensch über sich erfahren will, was er anders als durch Nachdenken und Staunen nicht erfährt. Unzulängliche Auskunft, natürlich, aber das ist wohl der Beginn. (Pause). Das Nichtlebensnotwendige, das aber das Leben lohnend macht. (lacht)

***

D.R.: **Es kommen jetzt drei Fragen zur Kommunikation mit dem Auditorium. Wie machen Sie das, die Kommunikation mit dem Auditorium herzustellen? Woran hängt das, ob Kommunikation gelingt oder nicht?**

G.W.: Das ist eine sehr richtige und sehr genaue Frage, denn das hat man nicht alleine in der Hand als Vortragender. Zu einem wirklich beglückenden Abend, von dem beide etwas haben wollen und ganz gewiß der Dichter dann etwas davon hat, gehören alle beide, das Auditorium und der Vortragende. Natürlich ist das, was ich tue, eine Liebeserklärung und eine Werbung. Es ist ein eminent erotischer Vorgang. Und wenn der glückt, ist es eben sehr schön, wenn wir da miteinander musizieren. Auch der Musizierende muß mitmusizieren. Wenn Sie sich gestern an Einzelheiten erinnern, es ist ja an manchen Stellen ja geradezu ein gemeinsames Atmen zwischen dem Auditorium und mir in Momenten der Überraschung oder der angestauten Erwartung oder der Entrüstung. Wenn ich den scheinheiligen Fuchs sagen lasse: "Ist Lampe tot? (betont)" Dann geht es "Haaa!" als ein Schrecken durch das Auditorium (lacht), daß jemand so verlogen sein kann, nicht? Das ist ein gemeinsames Musizieren.

Gestern war mir der Raum so fremd und so befremdlich, das ansteigende Auditorium, die Größe auch, daß ich sehr gern diese paar persönlichen biographischen Sätze am Anfang gesagt habe, um überhaupt auszuprobieren, wohin muß ich hier und wo kommt das an. Das ist also eine rein technische, akustische Probe, wenn Sie so wollen. Und dann steigt man ein, nicht, mit: "Pfingsten, das liebliche Fest, war gekommen ..." (Anmerkung: Gert Westphal hatte am Vorabend Goethe's Reinecke Fuchs vorgelesen, D.R.). Also, das ist die erste Voraussetzung, daß man sich des Raumes vergewissert, sich danach auch einrichtet, wie hoch muß ich senden, um bis in diese letzte Reihe da oben, da hinten zu kommen. Das ist natürlich auch eine Berufserfahrung, die man gewonnen hat, denn ich halte nichts davon, daß man nur für die erste Reihe verständlich ist. Man muß sie ja alle erreichen.

D.R.: **Wie erzeugen Sie Spannung, also "Knistern" zwischen sich und dem Auditorium?**

G.W.: Ja, nur mit der genauen Wiedergabe des Textes, die steckt ja drinnen. Schon in den Anfangszeilen. Schauen Sie, oder erinnern Sie sich, vier Mal fällt das Wort **"alle"** (prägnant): "Der König lud sie **alle** ein. Und **alle** kamen. Und **alle** ... Und dennoch fehlte (Pause) der Eine." – und schon ist die Spannung da. Die steht bei Goethe. Man muß nur genau lesen. Wenn ich lese: (unbetont) "Und dennoch fehlte der Eine, Reineke Fuchs ..." – dann ist das im Eimer. Und war nicht. Aber wenn ich wirklich dem zuhöre selber, was der Autor gedichtet hat, dann ist das Ganze einfach, dann ist die Spannung da ... und dann knistert's. Talent haben ist die Fähigkeit, genauer zu lesen, sagt Felsenstein, und das stimmt. Und das geht auch nur laut. Im stummen Lesen überlese ich das alles.

D.R.: **Es heißt, eines Ihrer charakteristischsten Gestaltungsmittel sei "die Aspiration der Anfangskonsonanten", der "pneumatische – pneumatisch im doppelten Sinn – Energiestrom, der Ihre Sätze durchzieht". "Pneuma" heißt doch Atem, Seele ...(2) Von welchen Zusammenhängen ist da die Rede?**

G.W.: Das ist zitiert aus einer Rezension. ... daß Atem Seele ist, ist für mich eine Selbstverständlichkeit. Und daß noch der letzte Konsonant eines Wortes beseelt sein muß, wenn er Sprache, wenn er Dichtung werden will, ist für mich auch ganz selbstverständlich. Es ist deshalb nicht zweierlei, daß ich deutlich spreche, will sagen, artikuliere, und mich künstlerisch ausdrücke. Es ist ein Vorgang. Wenn ich das Wort sage: Es sei in einem Menschen "an-ge-legt" (sehr klar gesprochen), daß er das oder das hat, dann ist in dem "angelegt" die ganze Anlage drinnen. Wenn ich sage, das ist "angelegt" (unklar gesprochen) … – dann ist das weg. Ich brauche nur wirklich der Sprache nachzugehen, dann tut die für mich alles. Das ist dann wieder das Instrument.

D.R.: **Schade, daß so wenige Menschen davon eine Idee haben.**

G.W.: Ja, sie haben sie nicht als Idee, aber sie reagieren ja genau darauf, wenn man es ihnen vorträgt. Sie wissen dann nicht, warum. Das müssen sie auch nicht, das ist ja mein Beruf. Dann reagieren sie ja genau. Sie fühlen sich dann verwöhnt, sie kommen dann wieder. Damit ist alles getan. (lacht)

D.R.: (lacht) **Was verstehen Sie genau unter "Atemklugheit"?**

G.W.: Na, das ist eigentlich der Vorgang, den Atem als Seele zu verstehen und ihm zu vertrauen. Er ist kein physisches Mittel der Hervorbringung. Dann würde mancher Satz nicht zu Ende kommen. … Das Wort ist nicht von mir. Ich kenne es von Thomas Mann, der "atemkluge Tenor" beim Lindenbaumlied. Das heißt nichts anderes, als auf den Atem als Seele vertrauen. Der Atem ist nicht die physische Funktion oder die physikalische gar, daß man diese Sätze zum Publikum transportiert. Das steht ja auf dem Atem. Sie kennen das berühmte Bild, daß Placido Domingo das hohe C schmettert und eine Kerze vor seinem Mund flackert überhaupt nicht. Denn natürlich pustet er nicht das hohe C heraus, sondern er singt auf dem gestauten Atem. …Und so auch gestern; solche Riesenperioden kann man ja nicht heraushauchen oder heratatmen, sondern im Gegenteil, der Atem überwacht das Ganze, er ist der geistige Vorgang.

***

D.R.: **Was glauben Sie, die Herzen der Menschen zu erreichen, durch Ihre Vortragskunst, wie geht das?**

G.W.: Das weiß ich nicht, wie das geht, ich bin nur glücklich in der Erfahrung, daß es geht. … Und wie das geschieht im Einzelnen, ist ein sehr enfaches, für alles gültiges Wort, mit Liebe … Die überträgt sich, erst. Und dann der Text.

***

D.R.: **In einem Interview zitieren Sie Nietzsche, der schreibt: Es "genüge nicht, einen Text verstanden und durchfühlt zu haben, sondern man müsse hinter dem Text den Rhythmus finden, aus dem der Dichter geschrieben hat." Wie erfassen Sie den jeweils "einzigartigen Rhyhmus eines Autors"?**

G.W.: Ja, durch das, was ich vorhin nannte das genaue Lesen. Wenn es mir nicht gelingt, diese Nietzsche'sche Forderung zu erfüllen und **den** Rhythmus und **die** (jeweils betont) Lebensmelodie zu treffen, aus der heraus das Werk entstanden ist, dann werde ich immer unzulänglich interpretieren. Aber, wenn es mir eben glückt, wie bei Thomas Mann, dann bin ich eben mit einem Schlage sein bester Interpret. Denn ich komme aus der gleichen Melodie, aus dem gleichen Grundrhythmus, den er im Blute hat in seinem Text, dann muß er aufgehen. Dann stehen die Leute immer bewundernd davor und sagen: "Daß Sie diese riesigen langen Passagen, diese Perioden, so …!" – Ja, es geht gar nicht anders, die kommen von selber. Es ist dann – keine Kunst mehr! (lacht)

D.R.: (lacht) **Na ja …! Würden Sie so sagen, daß keine zwei Dichter die gleiche Melodie …**

G.W.: Ja, natürlich! Jeder hat seine ..., die ich herausfinde. Die durch das genaue, laute, selbstverständlich, Lesen sich erfahrbar macht. Ganz deutlich bei Fontane, ganz deutlich bei Thomas Mann. Bei Goethe. Auch in den verschiedenen Lebenszeiten, mit wechselndem Rhythmus, natürlich. Aber es ist ein Grundrhythmus, der ... den man trifft, oder verliert.

D.R.: **Kann man sagen, daß Sie dadurch auch ein Gefühl für diesen Menschen bekommen?**

G.W.: Ja, bis zur Identifikation, die einem dann gar nicht zusteht. Das kommt schon, ja. (lacht)

***

D.R.: **Was ist Ihre Meinung, sind die sinnlichen Qualitäten von Sprache heute mehr verkümmert?**

G.W.: Nein. Das sind sie ganz gewiß nicht. Wir nehmen uns zu wenig Zeit dafür vielleicht, aber die Sprache selber weiß es noch immer. Und lange vor dem Sprechenden. Natürlich kann man beklagen, daß der aktive Sprachschatz, zum Beispiel, in den deutschen Schulen so absinkt. Natürlich muß man beklagen, daß eine ganze Nation sich vom Nachrichtendienst des Fernsehens und seiner unsäglichen Primitivität in der Formulierung, oder – noch schlimmer – der BILD-Zeitung, das Sprachbild oktroyieren läßt. Das ist natürlich grausig. Aber, das kränkt die Menschen, nicht die Sprache. Die bleibt da unversehrt. Und jederzeit abrufbar ...

D.R.: **Und würden Sie dann dem Satz nicht zustimmen: "Sprache trocknet immer mehr aus"?**

G.W.: Nein, die Menschen trocknen vielleicht aus ...

D.R.: (lacht) **Die Menschen!**

G.W.: (lacht auch) Nein, die Sprache nicht.

D.R.: **Weil die Sprache älter ist als der Mensch?**

G.W.: Ja. Sie war vor uns und wird nach uns sein.

D.R.: **Wenn ich jetzt so fragen darf: Wie verstehen Sie dieses biblische Wort: "Am Anfang war das Wort"?**

G.W.: Mit dem Wort beginnt die Schöpfung, "Es werde". Erst war die Sprache da. Und deshalb ist die Welt Klang. (Pause)

D.R.: **Gibt es Ihrer Meinung nach eine Verrohung der Sprache in unserer Zeit?**

G.W.: Ja, eine Verrohung der Menschen, dadurch, daß sie die Sprache im Stich lassen und sich ihr nicht anvertrauen. Sondern sich mit dem Surrogat begnügen.

***

D.R.: **Mich interessiert die "Innenwelt". Ein guter Schauspieler oder Schauspielerin ist imstande die Bilder, die Dichtung "innen" hervorruft, die in der Sprache der Dichtung geformt oder gestaltet sind, zu kommunizieren. Würden Sie mit dieser Auffassung übereinstimmen?**

G.W.: Ich sagte schon, ich – besonders bei der Epik, beim Vorlesen eines Romans – lese Bilder ab. Sicherlich werden diese Bilder dann im aufmerksamen Zuhörer sich wieder als Bilder umsetzen. Es werden aber seine sein, die er sich daraus macht. Immer, wenn ich das Glück oder das Pech hatte, wie man das nennen will, etwa zur gleichen Zeit einen Roman vorzulesen im Norddeutschen Rundfunk, der gerade in so und so vielen Fortsetzungen im Fernsehen auch kam, dann stand in den Hörerbriefen fast immer: "Wie schön war es, ihnen zuzuhören und wie enttäuschend, auf dem Bildschirm, die Folgen." Das ist ungerecht gegenüber den Bildern im Fernsehen. Dort muß ja eine Auswahl getroffen werden und nur das eine ist zu sehen. Das ist vielleicht ein sehr Gutes. Aber das, was ich in den Menschen anrege, ist ein Vielfaches. Und sie machen sich ihre eigenen Bilder, wie gesagt, aus den Anstößen. Und das ist dann mehr ...

D.R.: **Würden Sie das so sagen: Daß Dichtung eine Sprache spricht und Bilder kreiert, die die Tiefenschicht der menschlichen Existenz erreichen?**

G.W.: Ja, im guten, im Glücksfalle wirklich, wird der Mensch reicher, das heißt, er erfährt mehr über sich selber als er wußte. Es wird in ihm aufgeweckt, was natürlich vorhanden war. Ich kann niemandem etwas "beibringen" in dem Sinne, aber ich kann es aufwecken und zu seinem Besitz machen. In Glücksmomenten fühlt er dann, daß er mehr sein könnte als er gewöhnlich ist.

Zusammenfassung

Durch Dichtung vermag der Mensch über sich zu erfahren. Es wird in ihm aufgeweckt, was in ihm vorhanden war. Menschen verlernen heute das Zuhören. Wenn man etwa durch Dichtung der Gewalttätigkeit unserer Zeit entgegenwirken möchte, wie das Gert Westphal tut, muß man (frau) zuerst die Aufmerksamkeit der Zuhörenden versammeln. Gert Westphal versteht sich als "ein Instrument". Er läßt sich durchtönen ("per-son-are") vom Klang der Welt. Dadurch entsteht Kunst. Deutlich zu sprechen und sich künstlerisch auszudrücken ist für ihn bspsw. ein Vorgang. Noch der letzte Konsonant eines Wortes muß durch die Atmung des Vorlesenden beseelt werden, wenn er Sprache, Dichtung werden will. Die Druckseite einer Dichtung versteht er als Partitur, die er wieder spricht. Dabei ist es wesentlich, den Rhythmus und die Lebensmelodie zu treffen, aus dem der Dichter geschrieben hat. Beim Vorlesen dichterischer Sprache liest er Bilder ab, die sich in aufmerksamen Zuhörenden wieder als – eigene – Bilder umsetzen. Nach Gert Westphal entsteht selbst die Spannung zwischen Vorlesendem und Zuhörenden durch die genaue Wiedergabe des Textes. Der Künstler hört wirklich zu, was der Autor gedichtet hat.

"Das muß eine 'Nahrung' der Seele sein ..."

János Gönczöl, geboren 1922, ist Schauspieler. Er war Mitglied des Víg Theaters in Budapest, Ungarn und später Mitarbeiter beim ungarischen Hörfunk. Er erhielt mehrfache Preisauszeichnungen wegen künstlerischer Leistungen. 1960 siedelte er mit seiner Frau und seinem Sohn in die BRD um. Er war Sprechspieler beim Hörfunk Sender Freies Europa, München und freier Mitarbeiter im Fernsehen und in Filmen. Er schrieb Drehbücher und Romane. Heute schreibt er v.a. Gedichte und malt in Öl. Seit 1990 werden Sendungen mit seinen Gedichten, von ihm gelesen, im ungarischen Rundfunk ausgestrahlt. 1997 erschien sein Gedichtband "Anya Nyelv" (dt. Muttersprache) in Budapest. Der einführende Aufsatz in "Anya Nyelv" handelt davon, daß die Identität des Menschen durch seine Muttersprache wesentlicher geprägt ist als durch das geographische Land, aus dem er oder sie stammt. Vor vielen Jahren erschien sein unterhaltsames Buch "Meine Braut ist ein Pferd", später erschien es als Paperback; die ungarische Version des Buches erschien 1997 in Budapest. Jánós Gönczöl schreibt seit Jahren literarische Geschichten und Gedichte für die Zeitschrift Americai Magyar Népszava Szabadság (American Hungarian People's Voice).

Was bedeutet "Muttersprache"? Welche Unterschiede stellt ein Schauspieler fest, der nicht in seiner Heimat lebt, zwischen der Schauspielkunst in seiner Muttersprache und dieser Tätigkeit in einer zweiten oder anderen Sprache? Was sind die Voraussetzungen dafür, daß Zuschauer und Zuschauerinnen bzw. Zuhörer und Zuhörerinnen miterleben können, was Schauspieler(-innen) spielen? Welche Unterschiede sieht dieser Schauspieler zwischen Theater, Film und Fernsehen bzw. dem Hörspiel? Welche Rolle spielt der Atem für diesen Schauspieler? Wie kommt der Kontakt mit den Zuschauenden und Zuhörenden beim Schauspielen zustande? Ist "das Gefühl" etwas langsameres als der "technische Rhythmus" unserer Zeit? Auf diese Fragen geht János Gönczöl ein. Warum drücken Dichter und Dichterinnen eher das aus, worum es in der Liebe geht, als etwa Freud?
(Anmerkung: Ich spreche im folgenden Herrn Gönczöl mit der im Ungarischen im vertrauten Umgang üblichen Anrede an: mit seinem Vornamen (Spitznamen) und "-bácsi".

D.R.: **Johnny-bácsi, was bedeutet für Dich Muttersprache?**

J.G.: Muttersprache ... die feinsten kleinen Nuancen der Sprache, die Musikalität der Sprache, (sogar) was ein Buchstabe oder zwei Buchstaben etwa bedeuten, wie man das zum Beispiel in einem Gedicht plaziert, wie man es in einem Stück Prosa ausklingen läßt ... das ist die Muttersprache. ... Und wenn ich ein ungarisches Gedicht lese und wenn ich Ungarisch schreibe, dann geht's darum, diesen Rhythmus der Sätze, diesen Rhythmus der Sprache, diesen Rhythmus der Wörter zum Ausdruck zu bringen ...
Muttersprache bedeutet für jeden Menschen, und vielleicht ist dies für Ungarn wirklich äußerst wichtig, einen Faden des Lebens. Wir (Ungarn) hängen an diesem Muttersprache-Faden, obwohl wir in Alaska oder New York oder in München oder woanders auf der Welt leben. Ich glaube, jeder Mensch hat dasselbe sog. Rettungsseil in seinem Leben, an dem er hängt, zu dem er eventuell immer zurückkehren kann, wovon er eine sogenannte seelische und psychologische Unterstützung erwarten könnte – das ist die Muttersprache. ... Muttersprache ist im literarischen Sinne des Wortes wirklich ein seelischer Inhalt. Und die Leute, die emigriert sind und die durch Sprache etwas erreichen müssen – Schriftsteller oder Schauspieler – die haben unglaubliche Schwierigkeiten, da es z.B. für einen Schauspieler irrsinnig schwierig ist, eine andere Sprache so weit erlernen zu können wie eine Muttersprache. Weil eine Muttersprache eine eigene Musikalität hat und viele fantastische Ausdrucksmöglichkeiten. Die Musik der Sprache ist natürlich im Blut, und es ist, glaube ich, ein seelischer Inhalt, die Muttersprache zu sprechen oder an dieser

Muttersprache zu hängen. Das ist, glaube ich, das ist für jeden Menschen, ob Amerikaner oder Eskimo oder, ich weiß nicht, Zulu, das ist eine ganz wichtige Sache, sich an der Muttersprache zu stützen. Und es kommt natürlich auch darauf an, wo er lebt, wo sie lebt. Das ist, glaube ich, ein ganz wichtiger psychologischer Faktor, daß wir uns an der Muttersprache stützen.

D.R.: **Was ist der Unterschied für Dich zwischen "eine Sprache nachahmen", also "nachäffen", wenn man ein gutes Gehör hat, und "aus der Sprache heraus sprechen" – was Du vorher mit Muttersprache ausgedrückt hast?**

J.G.: Ja, also sagen wir, ein Schauspieler bekommt eine Rolle. Ich spiele zum Beispiel einen Pfarrer, oder ich spiele einen Mörder. Dann muß ich mich in diese Figur einlassen. Ich muß diesen Charakter analysieren: Welcher Art ist dieser Pfarrer, welcher Art ist der Mörder? Warum ist der ein Pfarrer, warum ist der ein Mörder? Was steckt dahinter? Warum konnte er ermorden oder warum hat jemand etwas mit dieser kriminellen Sache zu tun? Eine Figur, eine für mich psychologisch vorgestellte, begründete Figur. Und ... ich versuche ... die Musikalität der Sprache dieser Figur hervorzubringen. Ob es ein intellektueller Mörder ist oder ein Betrunkener, halb Tier oder ein Kindermörder, ein psychologisch so gestörter Mensch ... Die Musikalität der Figur, die ist in jeder Sprache (verschieden), glaube ich. ...
Und natürlich muß man eine Schauspieler-Fantasie haben. Wenn ich Dir jetzt gegenüber sitze und sage: "Ich möchte lieber auf der grünen Wiese sitzen" – dann sehe (betont) ich die grüne Wiese. Dann versuche ich vielleicht mir die Wölbung der Landschaft vorzustellen, wo eventuell Schafe sind oder eine Kuh, wo die Sonne scheint ... Das kann ich mir visuell vorstellen, wo wir durchspazieren und uns setzen und reden.

D.R.: **Mhm, das ist das, worüber wir am Telefon gesprochen haben, was Frau Professor Langen nennt "die Schau": Die Notwendigkeit für den Schauspieler, der Schauspielerin, mit inneren Bildern, mit der Fantasie, zu sehen und daraus `eine Welt' zu kreieren bzw. darzustellen?**

J.G.: Ja, dieses sogenannte "eine Rolle zu durchleben". Daß ich, sagen wir, ich stelle mir vor, daß ich wirklich ein schwacher, kranker, alter Mann bin in einem Stück, ja? Dann muß ich mich an diesem Abend psychologisch (lacht) ... in einen alten schwachen Mann hineinfühlen und das illustrieren. Aber so "illustrieren", daß es **nicht** (betont) eine Illustration, sondern eine Suggestivität darstellt, daß die Zuschauer wirklich denken: Das ist ein alter schwacher Mann ... (Die Suggestivität) beinhaltet natürlich Rhythmus dieser Rolle, Aussprache, Figur und seelische Zugabe und intellektuelle Zugabe, da ist alles drin ...
Und der Schauspieler spürt den Kontakt mit den Zuschauern. Das ist Folgendes: Wenn du in einer Rolle bist und stehst dort auf der Bühne, dann spürst du im zweiten Satz, daß du diese Sache beherrschst. Dann ist dieses sogenannte Lampenfieber weg. Wie verschwunden, ja? Und dann bist du in dieser Rolle, du beherrscht das, wie ein Maler, wie ein Komponist trägst du das vor. Und dann, wenn du sagst, "Ja." oder "Nein." oder "Ich komme morgen" oder "Brauchst Du das? (Pause)", je nach Rolle natürlich, ist der Zuschauerraum mäusestill. (Lacht.) Keiner hustet, keiner niest, keiner macht mit Papier ein Geräusch. Dann **hast** (betont) du diese Leute. Das ist wie ein unsichtbarer roter Faden ...

D.R.: **Wie geht das?**

J.G.: Das ist, das ist ... Begabung (lacht).

D.R.: (lacht)

J.G.: Das beherrschen nicht alle Menschen. Es gibt Schauspieler, die zwar **sehr** (betont) begabt sind, aber sie kommen nicht über die Rampe, weil sie diese gewisse Gabe Gottes, die man im Endeffekt nicht erlernen kann, nicht haben.

D.R.: **Aber die Voraussetzung ist, daß Du als Schaupieler, daß Du in die Welt der Rolle, die Du darstellst, eintauchst, also, diese Figur zum Leben erweckst ...**

J.G.: Das muß sein!

D.R.: **Dann weißt Du, Du hast gute Karten, einen roten Faden zum Publikum ...**

J.G.: Ja, stimmt, aber es gibt, ganz individuell ... **Wie** (betont) taucht man in diese Welt ein, ein Mensch, ein Schauspieler? Welche Fantasie-Skala hat er? Welche komponierende Begabung, welche Beherrschung hat er in Bezug auf diese Rolle, diese Rolle betreffend? Das ist ganz individuell. Und dann haben auch die Zuschauenden unterschiedlich Phantasie. Wenn ich zum Beispiel durch diese Türe komme und erzähle: "Ich war im Urlaub und es war wunderbares Wetter in der Toscana ..." siehst Du geographisch irgendetwas von dieser Toscana, aber Deine Freundin sieht etwas anderes.

D.R.: **Und wenn es Dir auf der Bühne gelingt, das Bild von der Toscana so zum Leben zu erwecken, daß die Zuschauer eine Chance haben, Toscana zu sehen ...**

J.G.: Der Zuschauer sieht durch **mich** (betont) die Toscana. Frau Meyer sieht dennoch unterschiedlich wie Frau Schulze. Und vielleicht gelingt es mir, dieses Erlebnis so herauszuspiegeln, es so suggestiv zu sagen, daß die Zuschauenden mit mir diese Sache fühlen.

***

D.R.: **Noch in diesem Zusammenhang eine letzte Frage: Hat der rote Faden etwas zu tun mit Harmonie in einem gewissen Sinn? Du sagtest schon öfters "Musikalität". Also, wenn Du da stehst und spürst ...**

J.G.: Eine seelische Musikalität.

D.R.: **... eine seelische Musikalität?**

J.G.: Eine seelische Musikalität und eine intellektuelle Musikalität. Also, eine Musikalität der Gedanken, Musikalität der Fantasie – und überhaupt Musikalität. Deshalb habe ich das Wort genannt. Das ist eine Komposition (betont), eine Figur darzustellen. Eine Komposition, der Öffentlichkeit, dem Zuschauer etwas zu sagen. Eine Komposition ...

***

D.R.: **Johnny-bácsi, Du kennst die verschiedenen Medien. Also, die Kunst der Schauspieler(innen) auf der Bühne, im Fernsehen oder im Film, und auch das Hörspiel.**

J.G.: Ja. Als das Fernsehen gegründet wurde, das TV, als das Fernsehen uns "benetzt" hat, ist für viele das Theater gestorben. Das Theater ist nie gestorben ... Das Theater ist eine **lebendige** Sache. **Lebendiger** (jeweils betont) als Fernsehen, weil im Theater man nicht sagen kann: "Bitte, jetzt mach' ich das noch 'mal, es war schlecht." Bei Fernseh-Aufnahmen, bei Film-Aufnahmen ist das eine "Kunst-Factory" – Kunst, das muß betont werden, aber eine Factory ... Eine Fabrik. Im Theater mußt Du – egal, ob du das Stück 70 Mal gespielt hast oder 25 Mal, das ist völlig egal, mußt

Du **jeden** Abend dort **leben**. Dort diese Figur **konstruieren** (jeweils betont). Und darstellen und illustrieren. ... trotz dieser Gewohnheit, trotz dieser Tagtäglichkeit, gibt es immer etwas anderes. Am Mittwoch hast du etwas anders betont, etwas andere Bewegungen und Donnerstag etwas mehr oder weniger. Es ist auch eine Dispositionsfrage, Selbstbeherrschung auch und Selbstkontrolle, eine Darstellungsbegabung – es **lebt** (betont). Das Theater ist jeden Tag geboren und jeden Tag gestorben ...

D.R.: **Was hast Du persönlich am liebsten, von diesen drei Möglichkeiten?**

J.G.: Das ist wahnsinnig schwierig zu sagen, weil natürlich das Theaterspielen eine sehr lebendige und interessante Sache ist. – Wegen des Geldes: Film. Wegen der Seele: Theater (lacht). Und wegen Liebhaberei, sagen wir, Hörspiel. So.

D.R.: **Und wieso: "Wegen der Seele: Theater?"**

J.G.: Weil das eine ganz andere Atmosphäre ist. Unter den Kollegen (zögert) – wie soll ich das sagen? ... Eine tagtägliche Kreativität. Es ist tagtäglich schöpferisch. Tagtäglich mehr schöpferisch als, sagen wir, ein Film ....

D.R.: **Und beim Theater bist Du Teil eines Ensembles?**

J.G.: Ja, so ist es. Du bist Teil des Ensembles ...

D.R.: **Das ist ja dann auch eine ganz andere Gemeinschaft, nicht?**

J.G.: Ja, eine ganz andere Art von Gemeinschaft. Also, diese sog. Kollektivität ist eine ganz andere, als beim Film, weißt Du.

***

D.R.: **Was ist das Besondere am Hörspiel?**

J.G.: ... Natürlich gilt erstens für Hörspiele – das gilt übrigens auch für eine Novelle vortragen, eine Kurzgeschichte, ein Gedicht, wahnsinnig schwierig – das muß rhythmisiert plastisch sein und muß aus der **Seele** (betont) kommen und visuelle Bilder verursachen, dich packen, wie der Ton von einer Geige oder Oboe. Das muß eine "Nahrung" der Seele sein, das ist von Shakespeare. Ein Gedicht ist auch Nahrung für die Seele, ein gut vorgetragenes Gedicht. Je nach Dichter, natürlich. ...

D.R.: **Das geht dann alles über die innere Fantasie?**

J.G.: Über die innere Fantasie. Für die Zuhörer ... Das Hörspiel muß so komponiert werden, daß die Zuhörer mehr sehen können als hören können. Man hört es zwar, aber man sieht es. Das ist eine interessante Sache. Und im Radio etwas zu lesen, das darf man nicht lesen, wie in der Schule, und Komma und Punkt, dadada, sondern sagen. Sagen, je nach Material. Selbst einen einfachen, trockenen politischen Kommentar, einen wirtschaftlichen Kommentar, müßte man eigentlich sagen (jeweils emphatisch betont) und nicht lesen ... ... ins Ohr musizieren, Pause halten, einen anderen Absatz vielleicht anders betonen und rhythmisieren. Winzig kleine musikalische – wieder musikalische – Effekte und Kleinigkeiten in der Sprache ...

***

D.R.: **Johnny-bácsi, als Schauspieler dieser verschiedensten Medien: welche Rolle spielt der Atem in der Schauspielkunst?**

J.G.: Das muß geübt werden, denn von Natur aus beherrschen das sehr wenige Menschen. Wenn man innerhalb einer Rolle einen Monolog darstellen muß, dann muß man natürlich die Atemtechnik beherrschen und durch Proben Ton und Atem, einen langen, langen Text, der "technisch" aufgebaut werden muß, beherrschen. Das muß sein ... Wenn man außer Atem kommt, dann verliert man den Glanz des Textes und es kann vorkommen, sagen wir, daß ein wichtiger Satz irgendwie verlorengeht, weil man außer Atem ist.

D.R.: **Was verstehst Du unter "Glanz" des Textes?**

J.G.: Glanz des Textes? Wie es geschrieben ist, Wort und Inhalt.

D.R.: **Also, mitsamt den "Konnotationen"?**

J.G.: Ja. Was du sagen möchtest mit diesem Text, wie du den Autor interpretieren möchtest. Glanz der Rolle, Glanz des Textes. Den verliert man, wenn man das technisch nicht beherrscht, akustisch, artikular und atemmäßig. Das ist eine wichtige Sache. Und deshalb muß man die Stimme bilden. Dazu gehört natürlich Technik, diese Übungen. Und so, wie ein Sänger atmen können muß, muß man als Schauspieler auch atmen können ... man muß (den Atem) einteilen, weil das eine innere Kraft gibt mit dieser Atemtechnik, mit dieser Zwerchfellarbeit, Kehle und alles dieses. Das ist alles eine Übungssache, Proben, und es ist eine wichtige, eine sehr wichtige Sache.

D.R.: **Und Johnny-bácsi, was hat dies mit dem Kontakt zu tun, dem Kontakt mit dem Zuschauer, also daß "der Funke herüberspringt"?**

J.G.: Das ist natürlich eine ganz individuelle Sache. Es gibt Schauspieler, die Schweiß spritzen und sagen etwas auf der Bühne (macht es melodramatisch nach) und fallen um und wälzen sich und schreien und trotzdem kommen sie nicht durch die Rampe. Und ein anderer, wenn er auf einer gewissen Höhe ist, und mit Suggestivität arbeitet und begabt ist, von Natur aus begabt, also kreativ und begabt – "der Funke springt herüber".

***

D.R.: **Ist Gefühl etwas Langsameres als technischer "Rhythmus"?**

J.G.: Der technische Rhythmus läßt das Gefühlsleben sich nicht richtig entwickeln. Wegen Zeitmangel vielleicht. Die Menschen haben wenig Zeit für sich selbst, meditativ auch, und für die anderen, etwa über ein Konzert, etwa über ein Gedicht, über ein Buch zu sprechen, eine Kunst zu genießen. Und (damit) zu verstehen. ...
Wir leben sowieso so hart und schnell und unser überrhythmisiertes Leben unterdrückt die Gefühle. Wir sind übermechanisiert. Millionen wachen auf und gehen in die Fabrik. Chemische Waffen, Atomwaffen, Max-Planck-Institut. Jeder ist irgendwie überdreht, kämpft um Geld ... Der industrielle "Rhythmus" ist schnell und das Leben ist kurz, obwohl länger als vor 100 Jahren. Weil wir übertechnisiert sind, ist dieses lange Leben, seelisch besehen, verkürzt. Gefühlsmäßig ist das irgendwie gekürzt ... Im gegenwärtigen hetzenden Jahrhundert gibt es tatsächlich keine Zeit dafür, daß wir die seelische Harmonie und die seelische Musik zu einem anderen Menschen durchstrahlen lassen, nur wenige haben Zeit dafür.

D.R.: "Seelische Harmonie und seelische Musik zu einem anderen Menschen durchstrahlen lassen" – da fällt mir die Liebe ein. Johnny-bácsi, warum drücken die Dichter und Dichterinnen eher das aus, worum es in der Liebe geht, als etwa Freud?

J.G.: Weil die Fantasie der Dichter, die Gefühlswelt der Dichter, das Sehvermögen der Dichter diese Ausdrucksweise hervorbringt.

Zusammenfassung

Die Muttersprache bedeutet für jeden Menschen einen Faden des Lebens. Sie ist ein seelischer Inhalt, der Menschen, die außerhalb ihres muttersprachlichen Sprachraumes leben, bewußt wird. In der Muttersprache vermag ein Schauspieler (eine Schauspielerin) die feinsten kleinen Nuancen der Sprache und die Musikalität der Sprache auszudrücken. Weil jede Sprache eine eigene Musikalität hat, muß ein Schauspieler (eine Schauspielerin), der (die) in einer fremden Sprache spielt, auch die Musikalität derjenigen Sprache der Figur wiedergeben. Mit seiner künstlerischen Fantasie vermag sich János Gönczöl in anschauliche Vorstellungen zu versetzen. Eine Rolle durchlebt er, indem er so weit in sie hineinfühlt und diese beim Schauspielen so illustriert, daß sie für die Zuschauenden (und Zuhörenden) "eine Suggestivität" ausstrahlt. Die Suggestivität beinhaltet Rhythmus der Rolle, Aussprache, die Figur darstellen, sowie die seelische und intellektuelle Zugabe des Schauspielers. Ein Schauspieler (eine Schauspielerin) spürt den Kontakt mit den Zuschauenden. Wenn der Kontakt mit den Zuschauenden (und Zuhörenden) gelingt, vergißt die darstellende Person das Lampenfieber und es ist im Zuschauerraum mäusestill. Es ist, als ob ein roter Faden zwischen Schauspieler(in) und Zuschauenden da ist. Die Zuschauenden (und Zuhörenden) fühlen mit. Der rote Faden hat mit seelischer und intellektueller Musikalität, sowie Musikalität der Gedanken und der Fantasie zu tun. Eine Figur darzustellen ist eine Komposition. Tagtäglich ist das Theater kreativ und schöpferisch. Beim Hörspiel wird die Bedeutung selbst winzig kleiner musikalischer Effekte im Sprechen deutlich. Das Gesprochene muß aus der Seele kommen und die Zuhörenden wie der Ton von einer Geige oder Oboe packen. Es muß rhythmisiert plastisch sein und – über die innere Fantasie – visuelle Bilder in den Zuhörenden verursachen. Der Atem, richtig beherrscht, ermöglicht den "Glanz" des Textes, d.h., daß das Wort mit seinem Gehalt für die Zuhörenden (und Zuschauenden) lebt. Der technische "Rhythmus" der heutigen Zeit und unser hartes und schnelles Leben läßt das Gefühlsleben sich nicht richtig entwickeln. Die Menschen nehmen sich wenig Zeit dafür, die seelische Harmonie und die seelische Musik zu einem anderen Menschen durchstrahlen zu lassen.

" ... Geschichten, die wirklich aus dem Herzen kommen ... "

Rafik Schami, 1946 in Damaskus geboren, war 1966–69 Mitautor und Mitherausgeber einer Wandzeitung im alten Viertel von Damaskus. 1971 siedelte er in die BRD um. Er promovierte im Fach Chemie und arbeitete in der Chemieindustrie. Seit 1982 ist er freier Schriftsteller. Er ist Mitbegründer der Literaturgruppe "Südwind" und des Literatur- und Kunstvereins "Poli Kunst". Rafik Schami zählt inzwischen zu den erfolgreichsten Schriftstellern deutscher Sprache. Er wurde mit zahlreichen literarischen Preisen ausgezeichnet. 1994 erhielt Rafik Schami den Hermann Hesse Preis. Seine Bücher sind in über 20 Sprachen übersetzt worden (am bekanntesten: Der Fliegenmelker (1985; 1993 illustriert von Root Leeb), Eine Hand voller Sterne (1987), Malula (1987; 1992 illustriert von Root Leeb), Erzähler der Nacht (1989; 1994 illustriert von Root Leeb), Der fliegende Baum (1991, illustriert von Root Leeb), Vom Zauber der Zunge (1991), Der ehrliche Lügner (1992), Erzähler der Nacht (1996 illustriert von Root Leeb), Reise zwischen Nacht und Morgen (1995, illustriert von Root Leeb), Milad (1997, illustriert von Root Leeb), Damals dort und heute hier, 1998. Vgl. auch. Bibl.). Befragt, was die "chemische Formel" seiner Geschichten sind, antwortete er:

> "daß die kleinsten Teile entscheidend werden, wenn sie sich zusammentun. Die kleinen Leute, mit ihrer List, können einen ganz gewaltigen Herrscher oder eine übermächtige Situation besiegen.

Das ist mein Thema: die List der Kleinen, ob das Frauen sind oder Männer, ganz gleich. Und die zweite Formel ist, daß das einzelne Element oder das einzelne Atom allein nichts machen kann, sondern die Verbindung zwischen zwei oder mehreren Elementen. Und so ist mein Hauptthema immer die Freundschaft zwischen Fremden. Z.B. zwischen einem Außenseiter und einem integrierten Mitglied der Gesellschaft. Ich werde nie über einen einzelnen Helden schreiben. Davon halte ich gar nichts, sondern über einen Kleinen, wie Salim, der Kutscher, der nur im Zusammenhang mit seinen Freunden zur Geltung kommt. Allein gilt er nicht. Er wird erwähnt am Anfang und Ende des Romans, aber den entscheidenden Teil bestreiten die Freunde, nicht er."

Was ist "eine Besonderheit" von Syrien? Was sind Besonderheiten des arabischen Geschichtenerzählens? Was versteht der Autor unter Poesie bzw. unter aufklärerischer Poesie? Wie erzählen syrische Erzähler in Kaffeehäusern? Wie erzeugt ein Erzähler Spannung? Welche Rolle spielt die Stimme beim Erzählen? Welche Rolle hat Witz und List in Geschichten? Was bedeutet es, sich "verschmitzt" zur Wehr zu setzen? Warum heilen Geschichten das Herz? Was bedeutet Zuhören für den Autor und Erzähler Rafik Schami?

D.R.: **Leider war ich noch nie in Syrien. Könnten Sie ein klein wenig von der Besonderheit Ihrer Heimat erzählen?**

R.S.: Zwei Besonderheiten. Zwei sehr wichtige. Einmal, das Land ist im Schnittpunkt aller Reisewege gewesen, ob die für Gewürzhändler oder Kreuzzügler, Kaufleute, Propheten oder Krieger waren. Durch diese zentrale Lage ist Syrien multikulturell geprägt. Ich selbst bin Angehöriger der aramäischen christlichen Minderheit. In Syrien leben aber noch viele andere Minderheiten: Tscherkesen, Kurden und Schwarzafrikaner zum Beispiel. Diese Erfahrung mit der multikulturellen Gesellschaft ist mehrere tausend Jahre tief verwurzelt. Sie hat uns beeinflußt und verhalf uns, zu mehr nicht "Toleranz", sondern Verständnis und Akzeptanz des Andersseins. Ich kann das Wort Toleranz überhaupt nicht leiden, weil das immer vom Starken zum Schwachen ist. Das ist das eine. Zweitens, Damaskus, wo ich aufgewachsen bin, ist eine Stadt mit einer langen Geschichte. Es ist die älteste, immer bewohnt gebliebene Stadt der Welt. Zwei Merkmale fallen einem sensiblen Besucher auf: zum einen das multikulturelle Leben und zum anderen die Eigenheiten dieser uralten Stadt. Wie alle uralten Städte ist Damaskus liebenswürdig, charmant und sehr gaunerisch. Alle Gaunereien der Welt und der Zeit haben ihre Spuren in Damaskus gelassen, deshalb hat die Hauptstadt auch unter den Syrern einen sehr schlechten Ruf.

***

D.R.: **Sie haben erzählt, der Friseur in Damaskus sei ein Umschlagplatz für Geschichten. Ich stelle mir vor, daß Geschichten in Ihrer Heimat, also nicht nur Märchen, sondern auch Geschichten, eine noch viel größere Rolle spielen im Alltag, also im Leben der Menschen überhaupt. Könnten Sie mir bitte ein bißchen von der Besonderheit des Geschichtenerzählens bei Ihnen zuhause erzählen?**

R.S.: Also, einmal, hat das Wort in der arabischen Kultur ein viel größeres Gewicht als in der europäischen Kultur.

D.R.: **Das Wort?**

R.S.: Das Wort. Unsere Kultur ist eine verbale Kultur. Man sagt viele Beispiele darüber. Daß unsere Sprache z.B. sechs- oder siebenfach mehr Wortschatz hat als die deutsche Sprache. Das Wort ist zentraler bei uns in seiner Wichtigkeit. Wir haben kaum etwas im Bereich der visuellen Kunst zu bieten. Die Malerei ist kaum mit der wunderbaren europäischen oder japanischen Malerei zu vergleichen. Das hat mit dem Islam zu tun. Der Islam hat die Abbildung des Menschen verboten.

Aber das kam als Reaktion auf etwas Vorhandenes. Die Menschen haben auch vor dem Islam kaum eine Malerei oder Bildhauerei, wie etwa bei den Griechen, produziert.

D.R.: **In der Wüste ist das auch unpraktisch.**

R.S.: Ja, weil die Wüste keine gute Voraussetzung für die visuelle Kunst bietet. Hier im Norden ist die Abwechslung so stark zwischen Schnee, Sonne und Nebel. Zwischen gewaltigen Bergen, Täler, Wälder und Seen. Das haben wir nicht. Wir haben eine ziemlich sanfte Landschaft. Dafür, wie gesagt, das bunte Wort. Deshalb ist vieles, was hier nicht gewachsen ist, zusammen mit dem Wort nicht gewachsen ist, bei uns schon sehr gereift, nämlich, Geschichten und Geschehen werden durch das Wort viel lebendiger erzählt und aufgenommen als hier. ... Wo sollten Milch und Honigflüsse fließen als in der Phantasie der verhungerten Wüstenbewohner? Hier im Norden z.B. braucht man nur zu Aldi zu gehen, um einen Honig zu bekommen. Der Überfluß und die Überreizung der Sinne durch die Umgebung tötet das Wort im Hirn und auf der Zunge. Das Beispiel des Friseurs erzählte ich Ihnen auch. Also, im Friseurladen werden Informationen durch Geschichten ausgetauscht. Man kenne jemand und so weiter, obwohl er genau Namen, Straße und Hausnummer kennt, erzählt er das als quasi fiktive Geschichte, und die anderen hören das genau verbindlich, weil sie wissen, er kennt den Typ. Und wissen, daß er jetzt nachwürzt und so weiter, damit das nicht deutlich wird. Aber diese Ebene von Geschichten sind nicht Märchen, im Gegenteil. In solchen gesellschaftlichen Orten wie Läden oder Straßen werden eher kurze Geschichten oder Anekdoten und keine ausgedehnte Märchen erzählt. Weil die Zeit nicht reicht. Durch diese Erzählungen passiert ein Lernprozeß für den Einzelnen, passiert das, daß er wie eine Orientierung bekommt. Wenn man auf dem Laufenden bleiben muß, oder will, muß man zum Friseur gehen.

D.R.: (lacht) **Um die neuesten Nachrichten zu hören ...**

R.S.: Um die neuesten Nachrichten zu hören. Doch die Repressionen der Regierungen im Orient haben das freie Wort blutig bekämpft, so daß die Menschen ob beim Friseur oder im Hof eines Hauses aus Angst verstummen. Das ist ja das Thema der Geschichte "Erzähler der Nacht" (Anmerkung: Schami, 1989). Seit Anfang der 60er Jahre kam eine gravierende Zerstörung bei uns wie bei Ihnen durch die visuellen Mittel dazu.

D.R.: **Durch Fernsehen?**

R.S.: Ja, schauen Sie, wenn eine Kultur von Anfang an wortkarg ist, und es kommt etwas, was die Augen noch mehr beschäftigt, dann ist die Zerstörung zwar da, aber nicht so gewaltig wie wenn eine Kultur ihre ganze Stärke im Wort hat, und jetzt kommt ein Medium, was die Menschen noch stummer macht.

***

D.R.: **Was ist Ihrer Meinung nach Poesie?**

R.S.: In wenigen Sätzen: Poesie ist eine Kunst, Geschehen, die im Alltag normal passieren, so konzentriert und so schön darzustellen, daß sie, wenn sie ins Leben zurückkommen in Form von einer Erzählung, eines Gedichtes oder einer Zeichnung viel spannender als das sind, was ja ihr Ursprung war.

D.R.: **Es heißt, Sie erzählen und schreiben "aufklärerische Poesie". Was verstehen Sie unter aufklärerischer Poesie?**

R.S.: Ich meine, Poesie ist immer noch neutral. Man könnte auch Sachen spannender machen und so weiter, deren Inhalt dann gegen die Menschlichkeit ist. Das gibt's auch. Also spannende Reden der Rassisten gibt's schon und spannende Filme des Dritten Reiches gab's schon. Aber das sind keine aufklärerischen, sondern repressive, rassistische oder was weiß ich. Aufklärerisch, das heißt, im Sinne der Aufklärung, zu der Menschlichkeit hin, daß sie doch in sich ein Kern trägt, zu einer besseren, menschlicheren Welt. Daß die Geschichte dann am Ende zeigt, daß Salim besser aufgehoben ist mit seinen Freunden, die ihm geholfen haben (Gemeint ist Salim aus "Erzähler der Nacht", D.R.). Das ist ein Bild von einer Welt, die heute nicht so existiert. Die aber anstrebbar ist, ja? Keine Romantik. Sondern wo der Mensch zu Mensch steht. Daß die Verstummung eines Freundes mich auch angeht. Ich fühle dann eine Trauer, bis er spricht. Das geht mich an. Das nimmt mir ein Stück meiner Menschlichkeit weg und ich kämpfe um seine Stimme. Daß er redet. Daß sie poetisch ist dann und nicht langweilt, das ist eine Sache, die ein Künstler immer beachten muß, denn er kann aufklären mit Langweile und schlechten Stil, d.h. indem er die Poesie zerstört.

***

D.R.: **Sie haben erzählt, daß in Ihrer Heimat Erzähler in Kaffeehäusern sitzen, die während des normalen Kaffeehausbetriebs erzählen. Diese Erzähler müssen die Kunst beherrschen, so zu erzählen, daß die Menschen trotz der Gespräche, des Lärms um sie herum, zuhören. Der Erzähler muß also die Aufmerksamkeit der Zuhörer/Zuhörerinnen gewinnen, und er muß imstande sein, die Aufmerksamkeit zu halten. Könnten Sie ein wenig von dieser Kunst erzählen?**

R.S.: Erst 'mal muß ich etwas relativieren, es gab es, es gibt's leider immer weniger. Also, diese Erzähler hatten zwei Voraussetzungen. Sie sind meistens Analphabeten. Sie können nicht lesen. Das müssen Sie wissen. Sie haben ein Gedächtnis wie ein Kamel. Also, das ist wirklich das A und O der Erzählkunst. Das gute Gedächtnis hilft dem Erzähler, auch wenn er Probleme hat, daß er immer den roten Faden findet. Nicht nur persönliche Probleme, sondern Probleme, die im Saal durch irgend jemand verursacht werden. Z.B. fällt jemand bei einer Lesung in Ohnmacht oder ein anderer steht und geht krachend vor Unmut aus dem Saal, oder ein anderer unterbricht die Erzählung mit Kommentaren oder eigenen Geschichten. Das kann einem Erzähler passieren.

D.R.: **Und können Sie das nochmal sagen: Wie schafft der Erzähler, den Faden zu halten?**

R.S.: Also, die waren, wie gesagt, in der Regel Analphabeten, hatten aber ein Reservoir von Geschichten in sich. Meinetwegen hundert.

D.R.: **Lieblingsgeschichten?**

R.S.: Ja, aber nicht nur. Es gab, wie mir ein Freund erzählt hat, eine Art Spezialisierungen. Es hört sich übertrieben an, aber ich kann mir vorstellen, daß das praktisch war. Ein Erzähler hat also immer dieselben Geschichten über Jahrzehnte erzählt. Nicht dieselbe Geschichte, sondern **Geschichten** (betont). Ein anderer Erzähler, in einem anderen Viertel, hat diese Geschichten nie berührt. Das sind so Gebiete, wie die Bettler eine Stadt in Reviere aufteilen, so haben die Erzähler die Stadt auch aufgeteilt. Wie hält ein Erzähler den Faden? Ich glaube, je weniger ein Erzähler auswendig lernt, umso mehr behält er den Faden. Nämlich: Je mehr er die Geschichten in seinem Herzen trägt und weiß z.B.: Salim verliert die Sprache am Anfang, seine Freunde versuchen, ihn auf mehrere Weisen zu heilen, dann kommt einer auf die Idee zu erzählen und dann werden Geschichten erzählt, aber die werden nicht gelöst, bis die Frau kommt. Die Frau befreit ihn. Nur die Handlung, dieser rote Faden. Das kann wirklich jeder Zurechnungsfähige behalten. Und da üben, mit diesem kleinen Wissen an Information auszuschmücken. Rhythmus herbeizuführen, daß dann die Geschichte, sobald sie anfängt, sich selber meldet. So nenne ich das. Die Geschichte meldet sich selber.

D.R.: **Der Fluß?**

R.S.: Der Rhythmus, der Fluß, meldet sich, daß es jetzt spannend wird und sie werden, schnell, Schlag auf Schlag, ihn einladen zum Essen. Und die werden scheitern und er wird immer lächeln beim Abschied. Immer lächeln. So daß der Leser oder der Zuhörer ... irgendwie merkt, die sind nicht ganz koscher. Also, der Salim spielt wahrscheinlich. Und so hat jeder Erzähler nie die Geschichte behalten, auswendig behalten (Anm. D.R.: Rafik Schami bezieht sich hier auf seinen Roman "Erzähler der Nacht". Vgl. Bibliographie)

***

D.R.: **Wie erzeugt der Erzähler Spannung?**

R.S.: Auf zwei Weisen. Einmal, im Text selbst. Wissen Sie, die Geschichten sind so aufgebaut, daß sie immer, wie eine Sinuswelle, Spannung und dann Entspannung erzeugen. Das muß der Text erzeugen. Jetzt kommt ein Zusatzfaktor. Auch in der entspannenden Phase kann man das etwas spannender machen, damit es nicht zu langweilig wird, nicht zu tief sinkt, daß die Leute einschlafen, durch Änderung des Rhythmus und der Stimme. Ja? Wenn ich schnell erzähle, dann bekämpfe ich etwas die Müdigkeit. Die Leute sind etwas gespannt: Was passiert jetzt? Und dann lasse ich meine Stimme weich werden, dann genieße ich das. Und dann kommt der Text mir zu Hilfe, daß er selbst jetzt eine Spannung enthält, da muß der Erzähler einen langsameren Gang einlegen, bis die Luft im Raum knistert. Auch da muß der Erzähler kleine Pausen machen. Niemals darf er es dort tun, wo der Text ohnehin ruhig verläuft. Will er eine große Pause machen, so muß er die spannendste Stelle suchen, damit die Zuhörer nach der Pause zurückkommen. Macht er die Pause dort, wo der Text keine Spannung hat, so kann er sicher sein, daß die Hälfte der Zuhörer nicht zurückkommen. Auch die Mimik und Gestik spielen, wenn sie sparsam eingesetzt werden, eine positive Rolle auf die Spannung und Entspannung. Nur dumme Verhaltenstrainer lehren die Politiker und Manager, mit einem toten Gesicht zu reden und die Hände nicht zu bewegen ...

D.R.: **Die lernen alle seelenlos zu reden ...**

R.S.: Ja, genau. Seelenlos zu reden. Man sieht einen Politiker, der sagt: Ja, wir haben eine verheerende Niederlage, aber trotzdem haben wir gesiegt. Daß wir nicht so total weg vom Fenster sind. Also, total gefühllos. Das langweilt nach einer Weile. Also, ich langweile mich bei Erzählern, deren Körper tot ist. Und diese Hände. Wenn Sie so in der ersten Reihe sitzen und Sie sehen einen, der mit seinen Händen plastische Dinge in der Luft malt, das beschäftigt ihre Augen auch mit, daß sie sich nicht langweilen. Also: Gestik, Mimik, Stimme, und die Erzählung selbst. Das sind die Elemente der Spannung.

D.R.: **Welche Rolle spielt Ihrer Meinung nach Musik, also im weitesten Sinn, beim Erzählen? Klang, Rhythmus, Stimme ...**

R.S.: Also, ich glaube, daß ein Erzähler eine gesegnete Stimme haben muß. Ich kenne wirklich wunderbare Erzähler, die nicht durchkommen, weil sie krächzende Stimme haben, weil sie zu hohe Stimme haben, die wirklich mit der Zeit eine gewisse Nervosität hervorruft. Also, ein Erzähler muß eine warme Stimme haben, muß auch eine, ich nenne das, nicht variable, sondern eine variierbare

Stimme haben. Wenn er in einem monotonen Rhythmus erzählt, ich kenne einen Erzähler, der ist gut, aber der erzählt so gleich, ob über Mord, Liebe oder Hunger. Das ist für mich undifferenzierbar, wo ist das wirklich ein Mord und Totschlag, wo eine Schönheit der Natur, die wirklich entsprechend auch weich ist. Die Variierbarkeit der Stimme hilft dem Zuhörer die Atmosphäre des Geschehens zu fühlen. Wenn ein Erzähler noch dazu mit einer guten Gesangsstimme gesegnet ist, dann ist das höchst erfreulich. Das ist aber selten.

D.R.: **Welche Rolle hat Ihrer Meinung nach Satire, Witz, Frechheit, List, in Geschichten?**

R.S.: In meinen oder allgemein?

D.R.: In Ihren, also, für Sie ...

R.S.: Ich finde an erster Stelle, Witz im tiefsten Sinne, nicht blödeln, sondern "witzig sein" und "List" wichtig, weil das den Zuhörer fesselt. Und ihn nicht mehr fliehen läßt. Wenn eine Geschichte listig ist, dann ist das eine Herausforderung an den Zuhörer, an seinen Geist, an seine Klugheit. Ich halte das für dumm, daß Erzähler oft, mündlich vortragend oder schreibend den Leser für einen Deppen halten, dem man alles vorkaut, daß er nur noch: "Ja, ja ..." sagt. Nein. Ich halte meine ZuhörerInnen für listig ...
Bei Satire finde ich eine Portion davon gut, aber wenn das zuviel wird, weiß ich nicht, ob das für eine Erzählung gut ist. Für ein Kabarett ist das was anderes. Wir reden jetzt über mündlich erzählte Geschichten. Ich schreibe selbst Satiren. Ich habe gemerkt, wenn die Geschichte von A bis Z auf Satire angelegt ist, entsteht eine Distanz zwischen mir und den Zuhörern. Denn sie möchten sich freisprechen von den Dummköpfen, die im Text angegriffen werden. D.h. die ZuhörerInnen gehen nicht mit in die Gassen und erleben das durch ihr Ohr, sondern sie verwandeln sich in distanzierte Beobachter. Das ist ein Verlust. Sie lachen manchmal aus Verlegenheit, um sich zu distanzieren, um zu zeigen: Ja ja, wir sind derselben Meinung wie Sie. – Frechheit ist auch wie eine Würze zu gebrauchen. Zuviel Frechheit oder beleidigende Ausdrücke könnten ZuhörerInnen, die Geschichten mögen, erschrecken und auch anekeln.

D.R.: **Was bedeutet das für Sie, "sich "verschmitzt" zur Wehr zu setzen", wie Sie das einmal nannten?**

R.S.: Verschmitzt heißt: mit einem Lächeln versuchen Widerstand zu leisten.

D.R.: **Mit einem Lächeln?**

R.S.: Ja, mit einem Lächeln der weisen aber brennenden Geduld. Die Gesellschaft verändert sich im positiven Sinne nur langsam. Durch die Ungeduld verlieren wir viele sensible Menschen, deren Widerstand notwendig für diese Veränderung ist. Sie sind enttäuscht, daß sich die Gesellschaft kurz nach Erscheinen Ihres Romans oder Gedichts nicht revolutioniert hat. Und verschmitzt, weil ich entdeckt habe, daß über Lachen der Mensch bereit ist, auch gröbere Kritik zu verstehen als über todernste, direkte Angriffe.

D.R.: **Das ist aber sicherlich Ihre Lebenserfahrung aus einer multikulturellen Gesellschaft wie in Syrien kommend?**

R.S.: Ja, weil meine Erfahrungen als Angehöriger einer Minderheit in Syrien mich belehrten, diese brennende Geduld zu haben, wenn ich die Mehrheit zu meinem berechtigten Kampf um die Rechte einer ethnischen Minderheit gewinnen will. Ohne die Mehrheit, die ja so bequem lebt, kann aber keine Veränderung herbeigeführt werden.

***

D.R: **Sie sagten bzw. erzählten einmal, daß Geschichten "das Herz heilen". Wer so ein heiles Herz bekäme, hätte eine lockere Zunge. Können Sie das bitte näher erläutern. Warum heilen Geschichten das Herz?**

R.S.: Nicht im physiologischen-therapeutischen Sinne. Das ist wellenmäßig in Europa immer 'mal in, 'mal out gewesen. Ich meine das nicht. Ich meine ganz konkret noch viel mehr als das. Daß durch die Geschichten, die wirklich aus dem Herzen kommen, von einem, der mit Geist und Herz arbeitet – diese Brücke muß man behalten – Vernunft allein ist sehr kalt und Herz allein ist sehr verworren, sehr sprunghaft. Wenn man beide zu einer Geschichte macht und das erzählt, findet wie bei den ... im Nervensystem gibt's so Rezeptoren, die packen nur etwas an, was ihnen paßt. Und so in den Zuhörern oder Zuhörerinnen ist etwas an Rezeptoren da, die sich aus der Geschichte das nimmt, was sie sehr tief berührt. Vielleicht findet er oder sie durch diese ein Beispiel zu seiner Befreiung von Schmerz oder von Kummer. Und insofern wirkt eine Erzählung heilend, sie zeigt aber gleichzeitig, in jedem Abschnitt, daß der Kummer nicht verschwindet, sondern kleiner wird.

D.R.: **Wie?**

R.S.: Also, das habe ich erzählt, die Nachbarn kamen zu Salim, wenn sie Kummer hatten. Ihr Kummer verschwand nicht, aber er wurde etwas kleiner. Also, die Illusion habe ich nicht, daß ich bei einer Erzählung meinen ganzen Kummer vergesse. Aber er wird etwas kleiner. Und dieser allein etwas kleiner werdende Kummer gibt mir etwas Kraft. Etwas mehr Kraft ist aber ein Stück Heilung. Wenn ich z.B. durch eine Geschichte auch selbst lerne, wie wertvoll das ist, zu erzählen. In dem Augenblick, indem ich meine Probleme verbal formuliere, habe ich schon einen kleinen Schritt gemacht. Wenn man das alles schluckt und nichts erzählt, dann bedrückt das das Herz und kränkt es, ja? Und deshalb: einmal, die Inhalte der Geschichte könnten Rezeptoren finden bei den ZuhörerInnen und einmal, auch das Erzählen an sich. Zeigt auch, daß man erzählend seine Probleme besser überblicken und lösen könnte.

D.R.: **Was ist das für eine "lockere Zunge", die der oder die bekommt, deren Herz, so wie Sie's jetzt beschrieben haben, ein Stück geheilt wird?**

R.S.: Also, nehmen wir an, das höchste Maß an Verkrampfung der Zunge ist die Stummheit. Nicht die physiologische Stummheit, sondern die durch gesellschaftliche oder persönliche Entwicklungen zustande kommt. Gesellschaftlich meine ich das sehr ernst z.B. den Geheimdienstterror. Oder persönliche. Man hat Kummer, man hat einen Schmerz, man hat eine Katastrophe erlebt, da wird die Zunge gebunden. Und locker d.h. befreit ist der extreme Gegenpol. Und zwischen dieser gebundenen und lockerer Zunge liegt ein Weg. Befreite Zunge haben, heißt, imstande sein, seine Gefühle und seine Gedanken lebendig – und nicht "verständig", also nicht jetzt logisch, sachlich usw., darauf lege ich keinen Wert, sondern lebendig darzustellen, wie man sie empfindet. Dann ist die Zunge locker. Ich kann mit meiner Zunge meiner seelischen Lage entsprechen. Entspricht das, dann ist sie befreit. Hinkt sie meinen Gefühlen und Gedanken nach, dann ist sie verknotet. Das sind die Stufen zwischen total gebundener Zunge, wo das wesentliche Merkmal des Menschen, nämlich die Sprache, tot ist und der lockeren, befreiten Zunge, wo der Mensch in Einheit zwischen Sprache, Verstand und Herz lebt.

D.R.: **Und wahrscheinlich in der Tonlage heiter.**

R.S.: Ganz genau.

***

D.R.: **Was bedeutet für Sie zuhören?**

R.S.: Zuhören bedeutet für mich als Erzähler den komplementären Teil meiner Kunst. Hier wird das nicht gewürdigt. Zuhören ist auch eine Kunst ... die Zuhörkunst ist die komplementäre Kunst des Erzählens. Erzähler ohne Zuhörer ist eine Null. Er erzählt die Wand an. Daher hat das Zuhörenkönnen für mich eine große Bedeutung. Weil ich weiß, daß ich erst durch sie zum Erzähler werde. Zuhören ist eine Kunst, die nicht durch das Wollen, sondern durch das Können bestimmt wird. Zuhören wird nicht gewürdigt. Also, ich würde nicht für einen neuen Literaturpreis plädieren, sondern für einen Zuhörenpreis, meinetwegen ein Goldenes Ohr oder ein Platines Ohr für die beste Zuhörerin oder den besten Zuhörer. Aber dieser Traum wird kaum erfüllt. Schriftsteller und Sänger werden mit Preisen überflutet, aber es gibt nicht einmal ein hölzernes Ohr als Preis für die beste Zuhörerin oder den besten Zuhörer.

D.R.: (lacht)

R.S.: Und Zuhören ist wirklich eine Kunst. Einen ganzen Abend einen Text allein mit den Ohren und allen Störungen trotzend zu folgen ist wirklich eine Kunst. Einer kurzen und spannenden Geschichte, einem Witz oder einer Anekdote können viele zuhören, aber einen schwierigen Text, ob Prosa oder Lyrik über längere Zeit präzise aufnehmen zu können muß geübt sein, muß gekonnt werden und ist eine Kunst. Wenn die Mehrheit der Professoren an den Universitäten begreift, was für Zuhörkünstler ihre StudentInnen sind, dann werden sie aus Dankbarkeit in den Boden sinken. 90% der Professoren können überhaupt nicht gut sprechen geschweige denn erzählen, und die armen StudentInnen quälen sich durch das Wirrwar des gemurmelten, genuschelten, um drei Ecken falsch gebauten Vortrags ...
Ich glaube, es ist eine kultivierbare Kunst. Schauen Sie, wir können das feststellen an der rasanten Entwicklung der Zerstörung unserer Zuhör-Fähigkeit. Bei uns gibt's ein Sprichwort: das Auge ist eine Schaufel der Sprache also, das heißt: Sie hören, und wenn Sie die Mimik und Gestik des Erzählers sehen, dann schaufeln Sie noch mehr Sprache. Ich behaupte, unsere Tage sind so geworden, daß das Auge ein Hammer für das Ohr geworden ist. Sie sehen, sehen, sehen – und hören vor lauter visuellen Betäubung nicht mehr zu. Man kann das Zuhören schulen. Aktivieren. Reaktivieren auch. Indem man sich Mühe gibt, diesen Genuß des Zuhörens zu kultivieren. Zuhören, was der andere genau meint. Ohne, daß er jetzt viele Sensationen macht. Und ich glaube, daß hier für uns alle, die mit der Sprache arbeiten, noch viel zu tun ist. Nicht auf die Naturbegabung hoffen, sondern wir müssen dafür Sorge haben, daß der moderne Mensch immer weniger zuhört, sich sperrt und damit auch eine Möglichkeit des Zugangs zum anderen Menschen stoppt. Oder kaputt macht. Und es ist mein Glaube, daß das wieder lernbar ist ... Sicher ist aber, daß Frauen besser als Männer zuhören.

D.R.: **Ja?**

R.S.: Das ist ganz klar. Das ist kein Lob, sondern eine nüchterne Feststellung. Die Frau hört sensibler zu, weil sie durch die historische Entwicklung der von Männer beherrschten Gesellschaft dazu fähig wurde.

Zusammenfassung:

Die arabische Kultur ist wesentlich durch das bunte Wort und das Erzählen von Geschichten geprägt. Doch durch politische Repressionen, etwa in der syrischen Gesellschaft, verstummen die Menschen aus Angst. Arabische Erzähler behalten den roten Faden ihrer Geschichten, indem sie nur die wesentlichen Strukturelemente der Handlung in ihrem Herzen tragen, die sie dann beim Erzählen ausschmücken. Ihre Geschichten haben ihren (ihre) jeweilige(n) Rhythmus (Rhythmen). Spannung und Entspannung wechseln sich darin immerfort ab, sowohl inhaltlich als auch in der Darstellungsweise. Bei letzterer spielen Gestik, Mimik und wesentlich die Stimme eine Rolle, um die Atmosphäre des Geschehens fühlbar zu vermitteln. Geschichten, mit Geist und Herz erzählt, heilen das Herz, weil sie zum einen Zuhörer und Zuhörerinnen tief berühren können, zum anderen, weil man beim Erzählen Probleme bereits einen Schritt überwindet. Stummheit kann sowohl gesellschaftlich produziert sein als auch durch persönlichen Schmerz zustande kommen. Eine befreite Zunge bekommt, wer seine (ihre) Gefühle und Gedanken so spricht, wie er oder sie sie empfindet – das heißt, wer in Einheit zwischen Herz, Verstand und Sprache zu leben vermag. Erst durch das Zuhören eines(r)/mehrerer Anderen(r) wird jemand zum Erzähler (zu einer Erzählerin). Obwohl der moderne Mensch immer weniger zuhören kann, läßt sich das Zuhören wieder kultivieren. Frauen hören, so Rafik Schami, historisch bedingt im allgemeinen sensibler zu als Männer.

Auswertung

Ich habe in diesem Kapitel Möglichkeiten von Sprache vertieft, die in der Wissenschaft Psychologie bislang wenig beachtet werden (3). Zunächst bin ich auf Poesie eingegangen. Ich resumiere: Poesie ist schöpferische Sprache aus dem Herzen. Sie vermag allen Gefühlen Raum zu geben. Entsprechend vermag sie zu berühren. Aus dem Unbewußten geschöpft, ist sie kreative Sprache und wirkt kreativ auf Menschen und deren Unbewußtes zurück. Als bildliche Sprache regt sie die Vorstellungskraft an. Sie regt das sinnliche Anschauungsvermögen an und wirkt potentiell auf alle Sinne. Sie vermag das Leben in seiner sinnlichen Vielfalt erfahrbar machen. Sie vermag die Fantasie zu beflügeln und befreiend zu wirken. Sie will nach Schiller ein radikaler Ausdruck der Wahrheit sein. Ihr Zweck, "Glückseligkeit und sittliche Veredelung", ist "der der ganzen Welt und des menschlichen Daseins" (Eckermann 1911, 175).

Dann habe ich Frau Professor Margret Langens Verständnis von Stimmbildung und Sprachgestaltung zusammengefaßt. Hiervon ausgehend, habe ich – anhand von vier Interviews – das Potential des lebendigen Wortes in darstellenden Künsten veranschaulicht und die wesentlichen Gesichtspunkte anschließend jeweils zusammengefaßt. Zwei der Interviews sind mit aus anderen Ländern, Ungarn und Syrien, stammenden Künstlern. Damit habe ich versucht, eine interkulturelle Perspektive anzudeuten. Deren Potentiale sind unerschöpflich – es gibt angeblich mehr als 6000 Sprachen auf der Erde.

Nun werde ich die vier Interviews aus stimmbildnerischer und sprachgestalterischer Sicht, wie ich dies bei Frau Professor Langen gelernt habe, zusammenführend auswerten.

"Im Anfang war das Wort, und das Wort war bei Gott, und Gott war das Wort."

Wesentlich beim Theater sei, so Bettina Meier-Kaiser, "eine Botschaft zu übermitteln". Von dieser Botschaft sagt sie: "Im Grunde ist die Botschaft immer die Gleiche. Es ist die Liebe." An anderer Stelle drückt sie es so aus: "Es ist die Liebe oder – der Glaube an eine evolutionäre Entwicklung des Menschen … Die Ausdrucksform ist natürlich durch den Text bestimmt. Oder der Teil, um den es geht, ist durch den Text bestimmt." Durch das Mitfühlen und Miterleben – dessen Wirkungen bereits Aristoteles mit dem Begriff Katharsis beschrieb (vgl. Aristoteles, 1982) – erkennen die Zuhörenden und Zuschauen-den die Botschaft des dramatischen Werkes. Zu Bettina Meier-Kaisers Utopie von Theater zählt es, "den Menschen, die da im Parkett sitzen ein Stück weit auf ihrem Weg der Erkenntnis zu verhelfen … wobei Erkenntnis für mich immer heißt Erkenntnis des Absoluten …"

"Man kann ja Kunst nicht machen, man kann nur die Voraussetzungen schaffen, in der sie entsteht", sagt Gert Westphal. Er versteht sich als Instrument – so "entsteht eben Kunst". Er müsse "nur die Person sein – personare heißt durchtönen – die sich durchtönen läßt von dem Klang der Welt". Dann entstehe Kunst ganz von selber. Er sagt auch, Kunst sei "eine Liebeserklärung an die Schöpfung". Zu den biblischen Worten: "Im Anfang war das Wort ..." sagt Gert Westphal: "Mit dem Wort beginnt die Schöpfung, "Es werde". Erst war die Sprache da. Und deshalb ist die Welt Klang."

"Der Einzige, der Gott ist und am Herzen des Vaters ruht, er hat Kunde gebracht."
Wenn Bettina Meier-Kaiser sagt, daß die Botschaft des Theaters "im Grunde" immer "die Gleiche", "die Liebe" sei, so bezeugt sie, daß Kunst von Künden kommt.

Gert Westphal macht dies sehr deutlich, wenn er davon spricht, zu einem Instrument zu werden, um sich "durchtönen" zu lassen "vom Klang der Welt". Er sagt an anderer Stelle: "Natürlich ist das, was ich tue, eine Liebeserklärung und eine Werbung." Auf die Frage, wie er durch seine Vortragskunst die Herzen der Menschen erreiche, sagt er: "Und wie das geschieht im Einzelnen, ist ein sehr einfaches, für alles gültige Wort, mit Liebe ... Die überträgt sich, erst. Und dann der Text."

Mit welcher Liebe ein Schauspieler zu arbeiten vermag, verdeutlicht auch János Gönczöl. Bezogen auf Hörspiele sagt er: "Natürlich gilt erstens für Hörspiele – das gilt übrigens auch für eine Novelle vortragen, eine Kurzgeschichte, ein Gedicht, wahnsinnig schwierig – das muß rhythmisiert plastisch sein und muß aus der Seele (betont) kommen und visuelle Bilder verursachen, dich packen, wie der Ton von einer Geige oder Oboe. Das muß eine "Nahrung" der Seele sein, das ist von Shakespeare. Ein Gedicht ist auch Nahrung für die Seele, ein gut vorgetragenes Gedicht. Je nach Dichter, natürlich."

Rafik Schami erzählt und schreibt "aufklärerische Poesie". Aufklärerisch heißt für ihn "im Sinne der Aufklärung, zu der Menschlichkeit hin, daß sie doch in sich ein Kern trägt, zu einer besseren, menschlicheren Welt." Das heißt zum Beispiel, " ... wo der Mensch zu Mensch steht. Daß die Verstummung eines Freundes mich auch angeht. Ich fühle dann eine Trauer, bis er spricht. Das geht mich an. Das nimmt mir ein Stück meiner Menschlichkeit weg und ich kämpfe um seine Stimme. Daß er redet. Daß sie (die Geschichte, D.R.) poetisch ist dann und nicht langweilt, das ist eine Sache, die ein Künstler immer beachten muß ..."

"Geschichten, die wirklich aus dem Herzen kommen" vermögen ein Stück weit "das Herz heilen". Denn der Zuhörer oder die Zuhörerin nähme sich "aus der Geschichte ..., was sie sehr tief berührt. Vielleicht findet er oder sie durch diese ein Beispiel zu seiner Befreiung von Schmerz oder von Kummer. Und insofern wirkt eine Erzählung heilend, sie zeigt aber gleichzeitig, in jedem Abschnitt, daß der Kummer nicht verschwindet, sondern kleiner wird ... Und dieser allein etwas kleiner werdende Kummer gibt ... etwas Kraft. Etwas mehr Kraft ist aber ein Stück Heilung. Wenn ich z.B. durch eine Geschichte auch selbst lerne, wie wertvoll das ist, zu erzählen. In dem Augenblick, in dem ich meine Probleme verbal formuliere, habe ich schon einen kleinen Schritt gemacht. Wenn man das alles schluckt und nichts erzählt, dann bedrückt das das Herz und kränkt es, ja?"

Ein geheiltes Herz bewirke eine befreite Zunge. Stummheit aus Angst, "das höchste Maß an Verkrampfung der Zunge", könne durch gesellschaftliche oder persönliche Entwicklungen – etwa "politische Repressionen" bis hin zu "Geheimdienstterror", aber auch durch "technische visuelle Mittel", die die Menschen "stummer" machen oder durch "private Katastrophen" – zustande kommen. Eine befreite Zunge zu haben heißt, "imstande sein, seine Gefühle und seine Gedanken lebendig ... darzustellen, wie man sie empfindet. Dann ist die Zunge locker. Ich kann mit meiner Zunge meiner seelischen Lage entsprechen. Entspricht das, dann ist sie befreit. Hinkt sie meinen Gefühlen und Gedanken nach, dann ist sie verknotet. Das sind die Stufen zwischen total gebundener Zunge, wo das wesentliche Mittel des Menschen, nämlich die Sprache, tot ist und der lockeren, befreiten Zunge, wo der Mensch in Einheit zwischen Sprache, Verstand und Herz lebt."

Von Dichtung

Gert Westphal meint, Dichtung sei auch "was der Mensch über sich erfahren will, was er anders als durch Nachdenken und Staunen nicht erfährt". Durch Dichtung würde der Mensch "reicher, das heißt er erfährt mehr über sich selber als er wußte. Es wird in ihm aufgeweckt, was natürlich vorhanden war." Durch den künstlerischen Vortrag von Dichtung könne er es in ihm "aufwecken und zu seinem Besitz machen". "In Glücksmomenten" fühle der Mensch dann, "daß er mehr sein könnte als er gewöhnlich ist."

Es sei "die Fantasie der Dichter, die Gefühlswelt der Dichter, das Sehvermögen der Dichter", sagt János Gönczöl, weshalb diese – anders als etwa Freud, ein Wissenschaftler der letzten Jahrzehnte des 19. und der ersten Jahrzehnte des 20. Jahrhunderts in Europa – auszudrücken und zu schreiben vermögen, worum es in der Liebe geht.

"Es" atmen lassen

Hier gilt es zwei Aspekte zu unterscheiden: der oder die darstellende Künstler bzw. Künstlerin muß im eigenen Rhythmus und in einem sehr harmonischen Gesamtzustand sein, um "Instrument" sein zu können, und er oder sie muß den unverwechselbaren Rhythmus erspüren, aus dem heraus ein Dichter oder eine Dichterin geschrieben hat und daraus das dichterische Werk bzw. die dichterische Rolle sprechen.

a. In der eigenen Schwingung ruhen

Den eigenen Rhythmus erreicht ein darstellender Künstler oder eine darstellende Künstlerin durch Atemübungen. Die Implikationen von Übungen, durch die sich das Zwerchfell freischwingt und wodurch Schaupielende emotional eine Rolle wiederzugeben vermögen, benennt Bettina Meier-Kaiser. Es sei wesentlich bei den Schauspielern und Schauspielerinnen, sich möglichst "auf die Figur" einzulassen, ein "weitest mögliches Sich-Öffnen" sei notwendig.

Das Atmen muß mit dem Sprechen eins werden. Gert Westphal veranschaulicht: "Und daß noch der letzte Konsonant eines Wortes beseelt sein muß, wenn er Sprache, wenn er Dichtung werden will, ist für mich auch ganz selbstverständlich. Es ist deshalb nicht zweierlei, daß ich deutlich spreche, will sagen, artikuliere, und mich künstlerisch ausdrücke. Es ist ein Vorgang. Wenn ich das Wort sage: Es sei in einem Menschen "an-ge-legt" (sehr klar gesprochen), daß er das oder das hat, dann ist in dem "angelegt" die ganze Anlage drinnen. Wenn ich sage, das ist "angelegt" (unklar gesprochen) … – dann ist das weg. Ich brauche nur wirklich der Sprache nachzugehen, dann tut die für mich alles. Das ist dann wieder das Instrument."

János Gönczöl sieht Atemarbeit als Voraussetzung dafür, den "Glanz des Textes" aufleben und für Zuhörende erfahrbar werden zu lassen. "Das muß geübt werden, denn von Natur aus beherrschen das sehr wenige Menschen. Wenn man innerhalb einer Rolle einen Monolog darstellen muß, dann muß man natürlich die Atemtechnik beherrschen und durch Proben Ton und Atem, einen langen, langen Text, der "technisch" aufgebaut werden muß, beherrschen. Das muß sein … Wenn man außer Atem kommt, dann verliert man den Glanz des Textes und es kann vorkommen, sagen wir, daß ein wichtiger Satz irgendwie verlorengeht, weil man außer Atem ist." Unter "Glanz des Textes" versteht János Gönczöl "Wort und Inhalt" des Textes. Den Glanz des Textes verliere "man, wenn man das technisch nicht beherrscht, akustisch, artikular und atemmäßig. Das ist eine wichtige Sache. Und deshalb muß man die Stimme bilden. Dazu gehört natürlich Technik, diese Übungen. Und so, wie ein Sänger atmen können muß, muß man als Schauspieler auch atmen können … man muß (den Atem) einteilen, weil das eine innere Kraft gibt mit dieser Atemtechnik, mit dieser Zwerchfellarbeit, Kehle und alles dieses. Das ist eine Übungssache, Proben, und es ist eine wichtige, eine sehr wichtige Sache."

b. Vom individuell unverwechselbaren Rhythmus einer Dichtung

Gert Westphal beschreibt, wie er den Rhythmus erfaßt, aus dem ein Dichter oder eine Dichterin geschrieben hat: " ... durch das, was ich vorhin nannte das genaue Lesen. Wenn es mir nicht gelingt, diese Nietzsche'sche Forderung zu erfüllen und den Rhythmus und die (jeweils betont) Lebensmelodie zu treffen, aus der heraus das Werk entstanden ist, dann werde ich immer unzulänglich interpretieren. Aber, wenn es mir eben glückt, wie bei Thomas Mann, dann bin ich eben mit einem Schlage sein bester Interpret. Denn ich komme aus der gleichen Melodie, aus dem gleichen Grundrhythmus, den er im Blute hat in seinem Text, dann muß er aufgehen." Jeder Dichter (jede Dichterin) schreibe bzw. spreche mit einem unverwechselbaren eigenen Rhythmus oder "Melodie": "Jeder hat seine ..., die ich herausfinde. Die durch das genaue, laute, selbstverständlich, Lesen sich erfahrbar macht. Ganz deutlich bei Fontane, ganz deutlich bei Thomas Mann. Bei Goethe. Auch in den verschiedenen Lebenszeiten, mit wechselndem Rhythmus, natürlich. Aber es ist ein Grundrhythmus, der ... den man trifft, oder verliert."

János Gönczöl, der wiederholt die Musik von Sprache und die Bedeutung von Musikalität in der Schauspielkunst hervorhebt, sagt, es gelte den "Rhythmus der Rolle" mit Suggestivität zu illustrieren: "(Die Suggestivität) beinhaltet Rhythmus dieser Rolle, Aussprache, Figur und seelische Zugabe und intellektuelle Zugabe, da ist alles drin ..."

Rafik Schami erläutert, wie arabische Erzähler, die meist sogar Analphabeten waren (!) Geschichten mit komplexester Handlung erzählten. Zum einen hatten sie ein "Gedächtnis wie ein Kamel". Sie trugen "die Geschichten (in ihren) Herzen", aber sie behielten lediglich den roten Faden der Handlung. Diesen schmückten sie dann beim Erzählen lebendig aus. Entscheidend war und ist dabei der Rhythmus der Geschichte: "Rhythmus herbeizuführen, daß dann die Geschichte, sobald sie anfängt, sich selber meldet. So nenne ich das. Die Geschichte meldet sich selber. ... Der Rhythmus, der Fluß, meldet sich, daß es jetzt spannend wird und sie werden, schnell, Schlag auf Schlag, ihn einladen zum Essen. Und die werden scheitern und er wird immer lächeln beim Abschied. Immer lächeln. ... Und so hat jeder Erzähler nie die Geschichte behalten, auswendig behalten."

Dichtung mit allem, was sie beinhaltet, sprechen

Für Bettina Meier-Kaiser ist es beim Theater – wie in der Kunst überhaupt – wesentlich, "eine Botschaft zu übermitteln". Die Botschaft gelte es "in die Form des Theaters zu bringen": " ...es geht darum – auf verschiedenen, ja, "Frequenzen" etwas zu übertragen, womit ich mit Frequenzen zum einen die Bilder meine, zum anderen Töne, zum anderen aber auch einfach, was sich atmosphärisch überträgt, wenn man anderen Menschen, ja, beiwohnt, zuschaut, wenn sich zwischen ihnen etwas entwickelt." Zur Frage, wie sich eine Botschaft im Theater übermittle, antwortet sie: "Sie übermittelt sich auf jeden Fall eher (betont) auf der emotionalen als auf der Verstandesebene. ... Ja, wie übermitteln sich Gefühlsregungen? Mit Schwingungen. ...Durch Schwingungen."

Gert Westphal veranschaulicht, wie er "die Schau", d.h. die inneren Bilder, die Dichtung wie in einem Spiegel zu wecken vermag, liest: "Ich sagte schon, ich – besonders bei der Epik, beim Vorlesen eines Romans – lese Bilder ab. Sicherlich werden diese Bilder dann im aufmerksamen Zuhörer sich wieder als Bilder umsetzen. Es werden aber seine sein, die er sich daraus macht." Im Unterschied zu Fernseh-Inszenierungen von dichterischen Werken bewirke das Zuhören seines künstlerischen Vortrags mehr: " ...was ich in den Menschen anrege, ist ein Vielfaches. Und sie machen sich ihre eigenen Bilder, wie gesagt, aus den Anstößen. Und das ist dann mehr."

János Gönczöl sagt, Phantasie sei eine Voraussetzung für Schauspielende. Letztere visualisierten die inneren Bilder, die Dichtung hervorruft: "Und natürlich muß man eine Schauspieler-Fantasie haben. Wenn ich Dir jetzt gegenüber sitze und sage: "Ich möchte lieber auf der grünen Wiese sitzen" – dann sehe (betont) ich die grüne Wiese. Dann versuche ich vielleicht mir die Wölbung der Landschaft vorzustellen, wo eventuell Schafe sind oder eine Kuh, wo die Sonne scheint ... Das kann ich mir visuell vorstellen, wo wir durchspazieren und uns setzen und reden." Er sieht die Phantasie als eine der Voraussetzungen an, um sich auf eine (dichterische) Figur einzulassen und schließlich die Rolle mit allem, was sie beinhaltet zu sprechen. Er spricht davon, "eine Rolle zu durchleben": "Daß ich, sagen wir, ich stelle mir vor, daß ich wirklich ein schwacher, kranker, alter Mann bin in einem Stück, ja? Dann muß ich mich an diesem Abend psychologisch (lacht) ... in einen alten schwachen Mann hineinfühlen und das illustrieren. Aber so "illustrieren", daß es nicht (betont) eine Illustration, sondern eine Suggestivität darstellt, daß die Zuschauer wirklich denken: Das ist ein alter, schwacher Mann ... ."

János Gönczöl deutet an, was für ihn das Wort "sagen" beinhaltet: "Und im Radio etwas zu lesen, das darf man nicht lesen, wie in der Schule, und Komma und Punkt, dadada, sondern **sagen. Sagen** (jeweils betont), je nach Material. ... ins Ohr musizieren, Pause halten, einen anderen Absatz vielleicht anders betonen und rhythmisieren. Winzig kleine musikalische – wieder musikalische – Effekte und Kleinigkeiten in der Sprache ..."

Rafik Schami weist darauf hin, daß "das Wort" in der arabischen Kultur "ein viel größeres Gewicht als in der europäischen Kultur" habe. "Unsere Kultur ist eine verbale Kultur. ... Daß unsere Sprache z.B. 6 oder 7fach mehr Wortschatz hat als die deutsche Sprache. Das Wort ist zentraler bei uns in seiner Wichtigkeit. Wir haben kaum etwas im Bereich der visuellen Kunst zu bieten. ... Dafür, wie gesagt, das bunte Wort. Deshalb ist vieles, was hier nicht gewachsen ist, zusammen mit dem Wort nicht gewachsen ist, bei uns schon sehr gereift, nämlich, Geschichten und Geschehen werden durch das Wort viel lebendiger erzählt und aufgenommen als hier. ... Wo sollten Milch- und Honigflüsse fließen als in der Phantasie der verhungerten Wüstenbewohner? Hier im Norden z.B. braucht man nur zu Aldi zu gehen, um einen Honig zu bekommen. Der Überfluß und die Überreizung der Sinne durch die Umgebung tötet das Wort im Hirn und auf der Zunge."

Mit großer Feinheit handhabt Rafik Schami Witz, List und Frechheit, wesentliche Aspekte seiner Geschichten: "Ich finde an erster Stelle, Witz im tiefsten Sinne ... und List wichtig, weil das den Zuhörer fesselt. ... Wenn eine Geschichte listig ist, dann ist das eine Herausforderung der Zuhörer, an seinen Geist, an seine Klugheit. Ich halte das für dumm, daß Erzähler oft, mündlich vortragend oder schreibend den Leser für einen Deppen halten, dem man alles vorkaut, daß er nur noch: "Ja, ja ..." sagt. Nein. Ich halte meine ZuhörerInnen für listig. ... Frechheit ist auch wie eine Würze zu gebrauchen. Zuviel Frechheit oder beleidigende Ausdrücke könnten ZuhörerInnen, die Geschichten mögen, erschrecken und auch anekeln." In seinen Geschichten setzen sich Personen "verschmitzt zur Wehr", "weil ich entdeckt habe, daß über Lachen der Mensch bereit ist, auch gröbere Kritik zu verstehen als über todernste, direkte Angriffe.". "Verschmitzt" heißt, "mit einem Lächeln versuchen Widerstand zu leisten", "mit einem Lächeln der weisen aber brennenden Geduld. Die Gesellschaft verändert sich im positiven Sinne nur langsam. Durch die Ungeduld verlieren wir viele sensible Menschen, deren Widerstand notwendig für diese Veränderung ist."

Vom Aufleben eines dichterischen Werkes für Zuhörende und Zuschauende
Bettina Meier-Kaiser gibt mit dem einfachen Wort "stimmen" wieder, wie sie als Regisseurin bei den Schaupielenden unterstützt, daß diese den Rhythmus eines dichterischen Werkes in ihren jeweiligen Rollen spielen und daß er sich auf Zuhörende und Zuschauende überträgt: Als Regisseurin verstehe sie sich als ein Instrument und sie habe "ein Gespür für die Möglichkeiten der Menschen", mit denen sie arbeitet. "Ich hab' eine große Sicherheit darin, zu sehen, zu erkennen, was der Andere vermag. Und natürlich auch – ich habe eine Vorstellung davon, wo ein Stück hingeht, was ich mit dem Stück aussagen möchte. ... Und innerhalb dieses Rahmens entsteht, ja – Leben. ... Ich achte nur darauf, daß etwas stimmt, was auf der Bühne passiert. ... Wenn es stimmt, was auf der Bühne passiert, dann überträgt sich das ... auf die Zuschauer, ganz von allein. ... Je klarer das ist, was auf der Bühne ist, wobei es total wurst

ist, wie leise, jetzt nicht nur im direkten, wörtlichen Sinn, das ist, je klarer das ist, desto klarer überträgt sich das auf den Zuschauer."

Gert Westphal sagt, zunächst müsse man die "Aufmerksamkeit" versammeln, "auf das, was ein Dichter – zu vermitteln trachtet. Dazu, daß ein dichterisches Werk wieder auflebt, "gehören alle beide, das Auditorium und der Vortragende". Wenn dies glückt, sei es "ein eminent erotischer Vorgang". Es sei "eben sehr schön, wenn wir da miteinander musizieren." Er veranschaulicht, daß es bisweilen "geradezu ein gemeinsames Atmen zwischen dem Auditorium" und ihm sei "in Momenten der Überraschung oder der angestauten Erwartung oder der Entrüstung".

Gert Westphal liest als Schauspieler so vor, daß das, was er spricht, wirklich bei allen Zuhörenden ankommt. "Man muß sie ja alle erreichen." Eine Voraussetzung seiner Vorlesekunst ist die Art seines Lesens: " …Literatur, Dichtung, ist Sprache. Und die Druckseite ist nichts anderes als die Partitur … die dafür da ist, wieder aufgeführt zu werden." Gert Westphal veranschaulicht, wie wesentlich die wirkliche Wiedergabe des dichterischen Werkes ist. Nur dadurch entstünde beispielsweise Spannung zwischen Vorlesenden bzw. Schauspielenden und Zuhörenden: "Man muß nur genau lesen. … wenn ich wirklich dem zuhöre selber, was der Autor gedichtet hat, dann ist das Ganze einfach, dann ist die Spannung da … und dann knistert's. Talent haben ist die Fähigkeit, genauer zu lesen, sagt Felsenstein, und das stimmt. Und das geht auch nur laut. Im stummen Lesen überlese ich das alles."

Sich psychologisch in eine dichterische Rolle hineinzufühlen und diese, wie bereits angeführt, als eine Suggestivität zu illustrieren, nennt János Gönczöl "eine Rolle zu durchleben". Damit eine dichterische Rolle für Zuschauende und Zuhörende auflebt, komme zur Suggestivität mit "Rhythmus dieser Rolle, Aussprache, Figur … seelische Zugabe und intellektuelle Zugabe" der Kontakt mit den Zuschauern und Zuschauerinnen hinzu, den "der Schauspieler spürt": "Das ist Folgendes: Wenn du in einer Rolle bist und stehst dort auf der Bühne, dann spürst du im zweiten Satz, daß du diese Sache beherrschst. Dann ist dieses sogenannte Lampenfieber weg. Wie verschwunden, ja? Und dann bist du in dieser Rolle, du beherrschst das, wie ein Maler, wie ein Komponist trägst du das vor. Und dann, wenn du sagst, " …", je nach Rolle natürlich, ist der Zuschauerraum mäusestill. – (Lacht) Keiner hustet, keiner niest, keiner macht mit Papier ein Geräusch. Dann hast du (betont) diese Leute. Das ist wie ein unsichtbarer roter Faden … "

Er führt aus: "**Wie** (betont) taucht man in diese Welt ein, ein Mensch, ein Schauspieler? Welche Fantasie-Skala hat er? Welche komponierende Begabung, welche Beherrschung hat er in Bezug auf diese Rolle, diese Rolle betreffend? Das ist ganz individuell."

Der "rote Faden" zu den Zuschauenden und Zuhörenden habe zu tun mit "eine(r) seelische(n) Musikalität": "Eine seelische Musikalität und eine intellektuelle Musikalität. Also, eine Musikalität der Gedanken, Musikalität der Fantasie – und überhaupt Musikalität. …das ist eine **Komposition** (betont), eine Figur darzustellen. Eine **Komposition**, der Öffentlichkeit, dem Zuschauer etwas zu sagen. Eine Komposition …"

Das dichterische Werk kann dennoch beim Publikum unterschiedlich aufleben: "Und dann haben auch die Zuschauenden unterschiedlich Phantasie. Wenn ich zum Beispiel durch diese Türe komme und erzähle: "Ich war im Urlaub und es war wunderbares Wetter in der Toscana …" siehst du geographisch irgendetwas von dieser Toscana, aber deine Freundin sieht etwas anderes. … Der Zuschauer sieht durch **mich** (betont) die Toscana. Frau Meier sieht dennoch unterschiedlich wie Frau Schulze. Und vielleicht gelingt es mir, dieses Erlebnis so herauszuspiegeln, daß die Zuschauenden mit mir diese Sache fühlen."

Rafik Schami sagt, ähnlich wie Gert Westphal, daß die Spannung im Text selbst enthalten sei. Zum Zusammenhang zwischen Sprechen aus dem Rhythmus einer Geschichte und der Spannung, die bei den Zuhörenden entsteht, erläutert er zu arabischen Geschichten: "Wissen Sie, die Geschichten sind so aufgebaut, daß sie immer, wie eine Sinuswelle, Spannung und dann Entspannung erzeugen. Das muß der Text erzeugen. Jetzt kommt ein Zusatzfaktor. Auch in der entspannenden Phase kann man das etwas spannender machen, damit es nicht zu langweilig wird, nicht zu tief sinkt, daß die Leute einschlafen, durch Änderung des Rhythmus und der Stimme. Ja? Wenn ich schnell erzähle, dann bekämpfe ich etwas die Müdigkeit. Die Leute sind etwas gespannt: Was passiert jetzt? ... Und dann kommt der Text mir zu Hilfe, daß er selbst jetzt eine Spannung enthält, da muß der Erzähler einen langsameren Gang einlegen, bis die Luft im Raum knistert."

Eine interkulturelle und multikulturelle Perspektive betreffend

János Gönczöl macht aufmerksam auf die feine Kenntnis, die ein darstellender Künstler (eine darstellende Künstlerin) für seine Muttersprache hat, sowie auf die seelische Bedeutung der Muttersprache überhaupt, die einem (einer), in einem anderssprachigen Land lebend, bewußt werden kann: "Muttersprache ... die feinsten kleinen Nuancen der Sprache, die Musikalität der Sprache (sogar) was ein Buchstabe oder zwei Buchstaben etwa bedeuten, wie man das zum Beispiel in einem Gedicht plaziert, wie man es in einem Stück Prosa ausklingen läßt ... das ist die Muttersprache. ... Und wenn ich ein ungarisches Gedicht lese und wenn ich Ungarisch schreibe, dann geht's darum, diesen Rhythmus der Sätze, diesen Rhythmus der Sprache, diesen Rhythmus der Wörter zum Ausdruck zu bringen ...
Muttersprache bedeutet für jeden Menschen, und vielleicht ist das für Ungarn wirklich äußerst wichtig, einen Faden des Lebens. Wir (Ungarn) hängen an diesem Muttersprache-Faden, obwohl wir in Alaska oder New York oder in München oder woanders auf der Welt leben. Ich glaube, jeder Mensch hat dasselbe sog. Rettungsseil in seinem Leben, an dem er hängt, zu dem er eventuell immer zurückkehren kann, wovon er eine sogenannte seelische und psychologische Unterstützung erwarten könnte – das ist die Muttersprache. ...
Muttersprache ist im literarischen Sinne des Wortes wirklich ein seelischer Inhalt. Und die Leute, die emigriert sind und die durch Sprache etwas erreichen müssen – Schriftsteller oder Schauspieler – die haben unglaubliche Schwierigkeiten, da es z.B. für einen Schauspieler irrsinnig schwierig ist, eine andere Sprache so weit erlernen zu können wie eine Muttersprache. Da eine Muttersprache eine eigene Musikalität hat und viele fantastische Ausdrucksmöglichkeiten. Die Musik der Sprache ist natürlich im Blut, und es ist, glaube ich, ein seelischer Inhalt, die Muttersprache zu sprechen oder an dieser Muttersprache zu hängen. Das ist, glaube ich, das ist für jeden Menschen, ob Amerikaner oder Eskimo oder, ich weiß nicht, Zulu, das ist eine ganz wichtige Sache, sich an der Muttersprache zu stützen. Und es kommt natürlich auch darauf an, wo er lebt, wo sie lebt. Das ist, glaube ich, ein ganz wichtiger psychologischer Faktor, daß wir uns an der Muttersprache stützen."

Künstler und Künstlerinnen aus anderen Ländern bringen Erfahrungen und kulturelle Kenntnisse mit, die das Land, in dem sie später leben, bereichern können. Rafik Schami erzählt von Syrien: " ... das Land ist im Schnittpunkt aller Reisewege gewesen, ob die für Gewürzhändler oder Kreuzzügler, Kaufleute, Propheten oder Krieger waren. Durch diese zentrale Lage ist Syrien multikulturell geprägt. Ich selbst bin Anhänger der aramäischen christlichen Minderheit. In Syrien leben aber noch viele andere Minderheiten: Tscherkesen, Kurden, Schwarzafrikaner zum Beispiel. Diese Erfahrung mit der multikulturellen Gesellschaft ist mehrere tausend Jahre tief verwurzelt. Sie hat uns beeinflußt und verhalf uns, zu nicht mehr "Toleranz", sondern Verständnis und Akzeptanz des Andersseins. Ich kann das Wort Toleranz überhaupt nicht leiden, weil das immer vom Starken zum Schwachen ist." Damaskus, wo Rafik Schami aufgewachsen ist, ist "die älteste, immer bewohnt gebliebene Stadt der Welt". Es ist geprägt durch sein "multikulturelle(s) Leben" und "sehr gaunerisch. Alle Gaunereien der Welt und der Zeit haben ihre Spuren in Damaskus gelassen ..." Seine multikulturellen Erfahrungen als Aramäer prägen seine Haltung zu gesellschaftlicher Veränderung: " ... meine Erfahrungen als Angehöriger einer Minderheit in Syrien ... belehrten (mich), diese brennende Geduld zu haben, wenn ich die Mehrheit zu meinem berechtigten Kampf um die Rechte einer ethnischen Minderheit gewinnen will. Ohne die Mehrheit, die ja so bequem lebt, kann aber keine Veränderung herbeigeführt werden."

Von der verkannten Kunst des Zuhörens

Das Aufleben eines dichterischen Werkes für Zuhörende ist heute nicht leicht. Gert Westphal führt aus: "Das erste ist ja doch, daß man überhaupt Aufmerksamkeit versammelt, auf das, was ein Dichter – zu vermitteln trachtet. ... Die Aufmerksamkeit versammeln, die ich für das erste halte, das wird immer schwieriger, weil die Menschen das Zuhören verlernen. ... Und da ist es natürlich wirklich sehr schwer, Menschen, 200, 300 zu versammeln, die nur einem Dichter zuhören." Er meint dazu: "(N)icht nur die Geräusche sind es heute, oder der Lärm der Umwelt, die die Kommunikation erschwert. Man spricht ja genauso von der Bilderflut, die uns überstürzt." Gert Westphal ist dennoch optimistisch: "Ich glaube, in letzter Zeit feststellen zu können, daß da die Aufmerksamkeit aufs Zuhören zunimmt. Offenbar weichen die Leute der vielen Bildinformation in erkennbarem Umfang aus und wollen wieder was hören."

Auch Rafik Schami merkt die Auswirkungen der Bilderflut kritisch an: "Seit Anfang der 60er Jahre kam eine gravierende Zerstörung (des Wortes, D.R.) bei uns wie bei Ihnen durch die visuellen Mittel dazu." Diese Zerstörung wirke in der arabischen Kultur sehr stark, weil letztere "ihre ganze Stärke im Wort hat, und jetzt kommt ein Medium, was die Menschen noch stummer macht."

Für das Aufleben eines dichterischen Werkes hebt Rafik Schami die Bedeutung des Zuhörens hervor, das er als "eine Kunst" bezeichnet. Er betrachtet die "Zuhörkunst", wie er sie nennt, als "die komplementäre Kunst des Erzählens. Erzähler ohne Zuhörer ist eine Null. Er erzählt die Wand an. Daher hat das Zuhörenkönnen für mich eine große Bedeutung. Weil ich weiß, daß ich erst durch sie zum Erzähler werde. Zuhören ist eine Kunst, die nicht durch das Wollen, sondern durch das Können bestimmt wird." Er hebt hervor, daß sie gerade in der heutigen Zeit wiederbelebt werden sollte: "Ich glaube, es ist eine kultivierbare Kunst. Schauen Sie, wir können das feststellen an der rasanten Entwicklung der Zerstörung unserer Zuhör-Fähigkeit. Bei uns gibt's ein Sprichwort: das Auge ist eine Schaufel der Sprache, also, das heißt: Sie hören, und wenn Sie die Mimik und Gestik des Erzählers sehen, dann schaufeln Sie noch mehr Sprache. Ich behaupte, unsere Tage sind so geworden, daß das Auge ein Hammer für das Ohr geworden ist. Sie sehen, sehen, sehen – und hören vor lauter visueller Betäubung nicht mehr zu. Man kann das Zuhören schulen. Aktivieren. Reaktivieren auch. Indem man sich Mühe gibt, diesen Genuß des Zuhörens zu kultivieren. Zuhören, was der andere genau meint. Ohne, daß er jetzt viele Sensationen macht. Und ich glaube, daß hier für uns alle, die mit der Sprache arbeiten, noch viel zu tun ist. Nicht auf die Naturbegabung hoffen, sondern wir müssen dafür Sorge haben, daß der moderne Mensch immer weniger zuhört, sich sperrt und damit auch eine Möglichkeit des Zugangs zum anderen Menschen stoppt. Oder kaputt macht. Und es ist mein Glaube, daß das wieder lernbar ist ... Sicher ist aber, daß Frauen besser als Männer zuhören. ... Das ist ganz klar. Das ist kein Lob, sondern eine nüchterne Feststellung. Die Frau hört sensibler zu, weil sie durch die historische Entwicklung der von Männern beherrschten Gesellschaft dazu fähig wurde."

Im folgenden Kapitel wende ich mich Beziehungen zu, in denen das sensible Zuhören äußerst notwendig ist.

Anmerkungen

(1) Für das Lesen dieses Kapitels, für all' die Korrekturen, für die so hilfreichen Anregungen und für so liebevolle Unterstützungen und Ermutigungen zu diesem Kapitel danke ich von ganzem Herzen Polyxene Mathéy, János Gönczöl, meiner Mutter Maria M. Rerrich, Inge Langen und Angelika Holtermann.

Inge Langen danke ich an dieser Stelle auch ganz herzlich für ihre Anregungen und Korrekturen, sowie für ihre so liebevolle Ermutigung!

(2) Abdruck mit freundlicher Genehmigung des Dichters. Gelesen und abgeschrieben von einem Plakat in der Münchener U-Bahn, Aktion von Kunst für Begegnungen e.V. München, "Fremden begegnen – sich begegnen", Winter '93/'94.

(3) Die Nobel Foundation veröffentlicht Reden der Literatur-Preisträger und -trägerinnen in der Originalsprache sowie in mindestens einem der sog. Weltsprachen. Ich hatte mir vor Jahren eine Kopie der französischen Übersetzung der Rede von O. Elytis gemacht (Elytis, © The Nobel Foundation 1979; vgl. Bibliographie).

(4) 1985 gaben Hilarion Petzold und Ilse Orth ein Buch heraus mit dem Titel: "Poesie und Therapie. Über die Heilkraft der Sprache. Poesietherapie, Bibliotherapie, Literarische Werkstätten" (siehe Bibliographie). Dieses anregende Buch behandelt Möglichkeiten von Poesie- und Bibliotherapie. Meine Absicht in dieser Arbeit hingegen ist es, überhaupt Möglichkeiten von Sprache aufzuzeigen, die vom Leistungsprinzip (Marcuse) befreit ist.

(5) Polyxene Mathéy hat mich in einem Brief auf folgendes aufmerksam gemacht:
"Es ist ein klassischer Übersetzungsfehler Luthers, wenn er "logos" mit "Wort" übersetzt. "Wort" müßte griechisch "lexis" heißen. ... Dieser Übersetzungsfehler "Wort" hat sich in der westlichen Welt (französisch heißt es auch "au commencement était la parole") so festgesetzt, daß an ihm nicht gerüttelt wird. Johannes meint im Griechischen, vielleicht gnostisch beeinflußt, mit "logos" den Gottesbegriff schlechthin."

Im "Münchener Neues Testament. Studienübersetzung" ist übersetzt worden:
"Im Anfang war der Logos, und der Logos war bei Gott, und Gott war der Logos. Dieser war im Anfang bei Gott. Alles wurde durch ihn und ohne ihn wurde auch nicht eines, was geworden ist. In ihm war Leben, und das Leben war das Licht der Menschen; und das Licht scheint in der Finsternis, aber die Finsternis hat es nicht ergriffen. ... Gott hat keiner gesehen jemals; (der) einziggeborene Gott, der ist im Schoß des Vaters, jener legte (ihn) aus." (Jo 1, 1–5, 1, 18. Münchener Neues Testament. Studienübersetzung. Patmos Verlag Düsseldorf. 3. Auflage, 1991).

In "Die gute Nachricht. Das Neue Testament in heutigem Deutsch" steht:
"Am Anfang, bevor die Welt geschaffen wurde,
war schon der, der "Das Wort" heißt.
Er war bei Gott und in allem Gott gleich.
Von Anfang an war er bei Gott.
Durch ihn wurde alles geschaffen;
nichts entstand ohne ihn.
Allen Geschöpfen gab er das Leben,
und für die Menschen war er das Licht.
Das Licht strahlt im Finstern,
und die Finsternis hat es nicht auslöschen können.
...
Kein Mensch hat Gott jemals gesehen. Nur der einzige Sohn, der ganz eng mit dem Vater verbunden ist, hat uns gezeigt, wer Gott ist."
(Jo 1, 1–5, 1, 18. Die gute Nachricht. Das Neue Testament in heutigem Deutsch. Herausgegeben von den Bibelgesellschaften und Bibelwerken im deutschsprachigen Raum. Stuttgart: Würtembergische Bibelanstalt, 1967 und 1971) (6)

In "Das lebendige Buch" ist zu lesen:
> *"Am Anfang war das ewige Wort Gottes: Christus. Immer war er bei Gott und ihm in allem gleich.*
> *Durch ihn wurde alles geschaffen. Nichts ist ohne ihn geworden. Von ihm kommt alles Leben, und sein Leben ist das Licht für alle Menschen. Er ist das Licht, das die Finsternis durchbricht, und die Finsternis konnte dieses Licht nicht auslöschen.*
> *...*
> *Kein Mensch hat jemals Gott gesehen. Doch sein einziger Sohn, der den Vater genau kennt, hat uns gezeigt, wer Gott ist."* (Das lebendige Buch, © Living Bibles International, Sweden: 1983, Jo 1–5, 1, 18).

Der ungarische Jesuitenpriester Peter Mustó wies mich darauf hin, daß die ungarische Übersetzung des Beginns des Johannes Evangeliums den z w e i Bedeutungen des Wortes "Wort" Rechnung trägt: "szó" – "ige". "Szó" bedeutet Wort. Das ungarische Wort "ige" bedeutet Zeitwort ("Tunwort"), Verb. Im ungarischen Neuen Testament heißt es nämlich:
> *"Kezdetben vala az ige, és az ige vala az Istennél, és Isten vala az Ige. Ez kezdetben az Istennél vala. Minden ö általa lett és nála nélkül semmi sem lett, a mi lett. Ö benne vala az élet, és az élet vala az emberek világossága; és a világosság a sötétségben fénylik, de a sötétség nem fogadta be azt. ... Az Istent soha senki nem látta; az egyszülött Fiú, a ki az Atya kebelében van, az jelentette ki Öt."* (János Evangyélioma 1, 1–18. In: Uj Testamentom. (Magyar nyelvre fordította Károli Gáspár) Budapest, Brit és külföldi Biblia-Társulat, 1917.
> *"Im Anfang war das (Tun)Wort, und das (Tun)Wort war bei Gott. Dies war im Anfang bei Gott. Alles ist durch es geworden und ohne es ist nichts geworden, was geworden ist. In ihm war das Leben, und das Leben war das Licht der Menschen; und das Licht leuchtet in der Finsternis, aber die Finsternis hat das nicht hereingelassen. Gott hat nie jemand gesehen; der eingeborene Sohn, der im Schoße des Vaters ist, der hat Ihn (auch Sie; im Ungarischen nicht nach Geschlecht differenziert! D.R.) verkündet."* (Übersetzungsversuch D.R.)

Vor Kurzem sagte mir ein Priester, daß "logos" am Beginn des Johannes-Evangeliums auch als Welten-Sinn ausgelegt werden kann: der "Text", der in die Welt eingeschrieben ist. Die Philosophin Sanne Droege sagte mir, daß dies philosophisch als Bedeutungssinn, der in die Welt eingeschrieben ist, verstanden werden kann: Im Göttlichen ist alles eingefaltet, das Menschen zu entdecken und durch Benennen zu begreifen versuchen.

Goethe läßt Faust sich mit dem Problem auseinandersetzen, "was" "alles wirkt und schafft":
> "Geschrieben steht: "Im Anfang war das **Wort**!"
> Hier stock ich schon! Wer hilft mir weiter fort?
> Ich kann das Wort so hoch unmöglich schätzen,
> Ich muß es anders übersetzen,
> Wenn ich vom Geist recht erleuchtet bin.
> Geschrieben steht: Im Anfang war der Sinn.
> Bedenke wohl die erste Zeile,
> Daß deine Feder sich nicht übereile!
> Ist es der Sinn, der alles wirkt und schafft?
> Es sollte stehn: Im Anfang war die **Kraft**!
> Doch auch indem ich dieses niederschreibe,
> Schon warnt mich was, daß ich dabei nicht bleibe,
> Mir hilft der Geist! auf einmal seh ich Rat
> Und schreibe getrost: Im Anfang war die **Tat**!"
> (Goethe, 1969, 37f.)

Wolfgang Faber meinte im Gespräch, daß am Anfang der Schöpfergott (männlich und weiblich) war. Jener sandte den Heiligen Geist (weiblich und männlich) als Schwingung und Strahlung. Daraus erwuchs die Sprache. Sie unterteilt sich in die Sprache ohne Worte, sowie in die Wortsprachen. Beispiele für die tiefe Inniglichkeit der Sprache ohne Worte sind u.a. Gefühle, Empfindungen, Musik, Gesang, Malerei und Tanz. Innigliche Beispiele für die Wortsprache sind Poesie und Philosophie in den verschiedensten Sprachen.

(6) Waltraud Knaier-Thullner danke ich an dieser Stelle sehr herzlich dafür, mich auf "Die gute Nachricht"-Ausgabe des Neuen Testamentes hingewiesen und es mir geliehen zu haben. Auch bin ich sehr dankbar, daß ich nach der Taufe von Sarah mit Peter Mustó über den Beginn des Johannes Evangeliums und dessen ungarischer Übersetzung sprechen konnte. Ich danke ihr sehr für's Lesen des Interviews mit X.X. und für wichtige Anregungen dazu. Oft lachend, hat sie mich – wie schon im Studium und in verschiedenen beruflichen Etappen seither – angeregt, "Pfade der Freiheit" einzuschlagen. Für all' ihre Ideen, Rückmeldungen, für ihre **so** sehr liebevolle Unterstützung und ihre Anteilnahme über all' die Jahre an dieser Arbeit danke ich ihr aus ganzem Herzen!

V. Was viele Frauen tun: Vom Lieben, Zuhören – und Sprechen mit Babys und Kleinkindern

> X.X.: ... **Ein Vogel hat einen kleinen Leib oft, und ein so wild schlagendes Herz und eine so laute Stimme. Je kleiner der Vogel, desto lauter ist meist die Stimme ...**

Ich lasse im Folgenden zwei Frauen zu Wort kommen, die Mütter von kleinen Kindern sind. Es folgen zunächst Interview-Ausschnitte im Zusammenhang. Am Ende fasse ich sie jeweils zusammen. Anschließend werte ich die Interview-Ausschnitte aus.

Die Texte verdeutlichen Aspekte menschlichen Sprechens, die in der empfindsamen Zeit der ersten Lebensjahre des Menschen so wichtig sind. Und sie zeigen, welche Fähigkeiten Frauen im Kontakt mit ihren Babys und Kleinkindern entwickeln. Hören wir den Frauen zunächst einfach zu.

"Ich erzähle wunderschöne Geschichten, die ich selbst erfunden habe ... da regen die mich auch dazu an"

Senta Fricke ist Pädagogin und hat eine Zusatzausbildung als Partnerschafts- und Sexualberaterin. Sie war von 1977–1994, mit Babypause, in der Pro Familia tätig, wo sie auch Betriebsrätin war. Sie hat langjährige Berufserfahrungen in Sexualpädagogik, Jugendarbeit, sowie Fortbildung und Supervision von Multiplikatoren und Multiplikatorinnen gesammelt. Sie veröffentlichte, zusammen mit P. Paulich und M. Klotz "Sexualerziehung in der Praxis" (1980). Heute ist sie in freier Praxis tätig. Senta Fricke ist seit vielen Jahren in der Frauenbewegung engagiert, u.a. in der Frauenakademie München. Nach eigenen Worten wagt sie "den Balance-Akt zwischen Beruf und Familie" (1). Sie ist verheiratet und Mutter von zwei Buben, Moritz, genannt Momo (zum Zeitpunkt des Interviews 3 1/2 Jahre) und Wolfram, genannt Swami (zum Zeitpunkt des Interviews 2 Jahre). Als ich das Interview machte, war sie halbtags berufstätig. Ihr Mann machte eine ganztätige Umschulung durchs Arbeitsamt. Sie hatten aushilfsweise eine Kinder- und Putzfrau eingestellt.

Welche Gefühle dieser Mutter für ihre Kinder gehen in Worten nicht auf? Was ist ihr wesentlich im Kontakt mit den Kindern? Welche Sprache ist ihr wichtig im Kontakt mit ihnen? Wie sprach sie mit den Kindern, bevor sie sprechen konnten? Wie meint sie, von ihnen verstanden worden zu sein? Gibt es für sie so etwas wie weibliche Intuition? Wie drückt sich die Phantasie ihrer Kinder aus? Sind Emotionen von Kindern stärker als von Erwachsenen? Werden Frauen im Kontakt mit Kindern emotionaler?
Während des Interviews waren die beiden Kinder anwesend. Ich habe in Klammern auch mittranskribiert, was diese sagten.

D.R.: **Was von Deinen Gefühlen für Deine Kinder geht in Worten, in Sprache nicht auf?**

S.F.: Mhm. (Im Hintergrund Lärm "... Zähneputzen.") Swami, jetzt nicht Zähneputzen. – Warte 'mal, ich hol' den jetzt erst 'mal. – (Pause) ("Nein!" ... unverständlich. "Ja." Husten ...) – Das ist für mich manchmal so die Frage, was heißt, "nicht aufgehen". Daß einfach sehr viel über dieses Dasein, Sich Einfühlen, Geduld haben, daß darüber einfach sehr viel läuft. Oder ansprechbar sein. Oder auch immer Ein-Ohr-haben.

D.R.: Mhm.

S.F.: Das ist ja nicht so absichtlich, ne? Sondern es ist einfach so, ich hab' die einfach wahnsinnig lieb. Also, ich glaub', daß dies fast nicht vermittelbar ist. Oder auch – die sind einfach so Hoffnungsträger, find' ich. Wenn Du diese kleinen Menschen siehst, wie die sich anstrengen. Und immer wieder so tolle Sachen machen und eigentlich auch so freudige Wesen sind. Also, das ist irgendwie so ein, für mich so ein ganz tiefes inneres Bild (Im Hintergrund laute Grunzgeräusche eine Kindes). Wo ich manchmal denke, ich weiß gar nicht, ob ich's Leuten, die nicht das selbst erfahren haben, ob ich das vermitteln kann.

***

D.R.: **Was ist Dir wesentlich im Kontakt zwischen Dir und Deinen Kindern?**

S.F.: ("Senta, Milch ... icha... Senta, Milch ichaaa!") Ja. ("Hier! Hier! Hier! Vorne.") Ja, laß das erst 'mal liegen, das mach' ich jetzt nicht. Ja? (Pause) Das die ein gutes Gefühl zu sich selbst entwickeln. Mhm... ("Senta, Mediziin") Das heißt, daß die Gefühle, die ich für sie habe, auch stimmig sind. Das, wirklich, was weiß ich, wenn ich ärgerlich bin, auch was mit ihnen zu tun hat, und nicht mit einer Frustsituation am Arbeitsplatz. ... Das Wichtige ... mir ist einfach wichtig, v i e l (betont) Zeit mit denen zu haben und ich setz' wirklich eindeutige Priorität auf die Kinder. ... Zeit ist wichtig, Geduld ist wichtig, ausgeglichen sein.

***

D.R.: **Was ist wesentlich für Dich in der Sprache, die Du als Mutter zu Deinen Kindern sprichst?**

S.F.: Mhm, wesentlich ist, daß die Kinder mich verstehen, daß das, was ich sage, ankommt. Also, daß ich so eine Sprache wähle, wo ich auch die Sicherheit habe, daß sie verstanden wird. Aber auch 'ne Sprache, die nicht irgendwie 'ne Babysprache ist. ("Vogel") Mir ist zum Beispiel wichtig, wenn ich etwas verbiete, daß trotzdem noch spürbar ist, ich verbiete jetzt was, nicht, weil ich das Kind ablehne, sondern weil die Tätigkeit jetzt zum Beispiel nicht geht. Das hat nichts mit Semantik oder so zu tun, sondern eher mit der Gefühlsebene, weißt Du?

D.R.: Mhm.

S.F.: Das so auch manchmal, wenn ich sauer bin – ich explodiere schon manchmal, was ich nicht toll finde, aber ich tu's halt – und dann versuche ich immer auch zu vermitteln, gut, ich bin jetzt sauer, und ich hab' Dich lieb. ("Senta ... Senta guck mal her.")... Also, für mich ist Sprache auch ganz zentral, weil ich oft etwas, was – also, ich glaub' ich bin ein sprachlicher Typ. Ich kann leicht Sachen sprachlich auf einen Begriff bringen. Es gibt ja auch eher visuelle Typen oder so. Die dann visuell was eher auf den Begriff bringen können oder für sich verständlich machen können, und ich glaub' daß das bei mir die Sprache ist und ich auch sehr an Sprache glaube. Also, das gesprochene Wort zählt für mich auch viel.

D.R.: Mhm.

S.F.: Natürlich muß das stimmig sein mit 'ner Handlung oder mit 'nem Gefühl. ("Senta, Senta, komm auf das… (unverst.) Ein Sägefisch!") Das ist jetzt der Sägefisch. Der ist aber lang und dünn. Guck.

D.R.: Das ist ein ganz interessanter Sägefisch.

S.F.: Schöne Farben hat er, find ich.

D.R.: Stimmt.

S.F.: Grün und rot. Ja – und ich denk' auch, Bestätigung über Sprache ist wichtig für Kinder, auch für mich, aber für Kinder auch.

D.R.: **Wie hast Du mit Deinen Kindern gesprochen ("Senta, Senta"), als sie, die Kinder, noch nicht sprechen konnten ("Senta, … einen Spitzer. Guck mal … gebrochen")? Kannst Du Dich erinnern? Woher wußtest Du, ob Du verstanden wurdest ("Senta")? Und wie hast Du Deine Kinder verstanden?**

S.F.: Ja. ("… Spitzer") Jetzt laß' mich 'mal auf die Frage antworten, dann hole ich Dir einen Spitzer. Ich glaube, ich habe in einer – ich habe mit ihnen immer viel gesprochen, aber in so 'ner vereinfachten Form. Und sie haben mich sicher überhaupt nicht verstanden. Verbal haben sie mich sicher überhaupt nicht verstanden, aber sie haben mich stimmungsmäßig verstanden. Also, sie haben verstanden, ob ich ihnen nahe bin oder weiter bin, oder ob ich gerade ihnen wohlgesonnen bin oder ärgerlich bin. Ich glaube einfach, sie haben's am Klang der Stimme verstanden, gehört.

D.R.: **Und das hast Du gemerkt?**

S.F.: Ja. Und wahrscheinlich war's nicht nur der Klang der Stimme, sondern die Mimik und der Augenkontakt, der Gesichtsausdruck, so.

D.R.: Mhm.

S.F.: ("Senta!") Also, das ist jetzt leider eine Situation, die nichts mit mir zu tun hat, sondern – : Der Moritz war immer sehr kontaktfreudig und wir sind in der U-Bahn gefahren, und der Moritz hat alle Leute angelacht. Und dann ist er 'mal an so einen Griesgram gekommen, der ihn nur böse angeschaut hat. Und dann hat der Moritz angefangen zu weinen, weil er ihn böse angeschaut hat und nicht zurückgelacht hat. … Dieser Mann war … im Moment einfach böse, und das kommt an. ("Komm' 'mal her Senta, Kügelchen") Wo hast Du jetzt das Kügelchen her? ("Das lag da vorne.") Ja, gut. … Ich glaub' außerdem, daß es so 'was gibt wie Intuition…

D.R.: **Ich zieh' jetzt die nächste Frage – es kommt gleich, die nächste Frage (lacht): Gibt es für Dich so was, wie weibliche Intuition? Wenn ja, was ist das dann Deiner Meinung nach?**

S.F.: Das ist das Erspüren – also ich denk', es gibt das, und es ist das Erspüren von etwas, was über eine rationale Logik her nicht unmittelbar zu erschließen ist. Es hat viel mit Ahnung zu tun, mit so eine Idee haben, ohne es angeblich logisch ableiten zu können. ("So!"… unverst.) Aber ich habe es auch schon bei Männern erlebt, aber ich denke, es ist bei Frauen ausgeprägter. Also, ich glaub' nicht, daß es irgendwie genetisch gebunden ist, sondern mehr mit Zugänglichkeit zu den verschiedenen Seiten in sich zu tun hat. Und mit Selbstvertrauen. Das muß man sich nämlich auch trauen. So was Intuitives. Und nicht gleich in sich ablehnen.

D.R.: Mhm.

S.F.: ("Nicht Rami! Senta, der... unverst.") O. Und sagt mal, wer muß jetzt 'mal auf's Klo? ("Ich nicht") (Senta lacht) Swami guck mal, das ist doch Momos. Soll ich ihm ein anderes Blatt... Darf er das nicht noch mal malen? Bitte. ("Nein!") Swami, ich geb' Dir ein anderes Blatt. ("Ei ja! Ei!") Ja, ich gib Dir ein neues Blatt.

***

D.R.: **Wie drückt sich für Dich die Phantasie Deiner Kinder aus?**

S.F.: … Manchmal gibt's so Ansätze, wo er eine Geschichte, die ich erzähle, verändert – das sind dann immer sehr kurze Geschichten, die bestehen bei ihm aus zwei, drei Sätzen, aber da steckt so was drin. Oder ganz viel…

D.R.: **Der greift Deinen Faden dann auf?**

S.F.: Mhm. Wir haben so Standardgeschichten, abends so zum Einschlafen.

D.R.: **Eine bekannte Geschichte, die bekannterweise zum Schlafen …?**

S.F.: Das sind Geschichten, die ich erfunden habe, und die in verschiedenen Variationen – er kann sich dann immer eine Geschichte wünschen. Also, es gibt zum Beispiel die gelbe Geschichte und die rote Geschichte. Ich weiß nicht, wie das kam, aber irgendwann hab' ich ihn gefragt, was soll ich Dir für eine Geschichte erzählen? Und dann hat er gesagt: "Die gelbe Geschichte." Und ich wußte gar nicht, was die gelbe Geschichte ist, und ich mußte raten, was das nun sein könnte, und dann habe ich einfach angefangen eine gelbe Geschichte zu erzählen, wo einfach ganz viel gelbe Farbe drin vorkommt. Und dann gab's eben die gelbe Geschichte im Winter und im Sommer. Und die rote Geschichte und dann gibt's – ich habe eigentlich gemerkt (lacht) über die Kinder, daß ich ganz viel anfang', mir Sachen auszudenken, weißt Du, daß meine Phantasie sehr angeregt wird. Ich hab' mich nie für besonders kreativ gehalten, und ich erzähle wunderschöne Geschichten, die ich selbst erfunden habe. Also, da regen die mich auch dazu (an). …(Ich hab' auch mit Geschichten) schwierige Sachen angesprochen. Also, ich hab' aus etwas, was für den Moritz schwierig war, 'ne Geschichte gemacht, zum Beispiel, ich weiß nicht, das war letztes Jahr oder so, der wollte nie Strumpfhosen anziehen und ich finde Strumpfhosen auch nicht besonders angenehm und da hab' ich da drauß eine Geschichte gemacht. Von dem gelben Löwen, der in Afrika immer nachts so gefroren hat und dem Elefanten, der auch gelb war – das war dann die gelbe Geschichte. Und, weil in Afrika ist ja nachts immer so kalt. Und dann sind sie nach Stuttgart zu Salamander gefahren und dann hat der – (lacht) vielleicht geht das jetzt zu weit, Dorottya, dann mußt Du das sagen – dann hat jedenfalls der Elefant zu dem gelben Löwen gesagt, weißt Du, in Deutschland die Kinder, die haben alle Handschuhe und Mützen und Schals – und (lacht) eine Strumpfhose. Ja gut, das ist eher meine Phantasie. Das war für mich…

D.R.: **Und *dann*?**

S.F.: Das hat gut funktioniert. Der hat leichter die Strumpfhosen angezogen.

D.R.: **Tatsächlich?**

S.F.: Ja, ja. Ich hab' ihm das sicher – er fand die Geschichte schön, die hab' ich noch so ein bißchen ausgemalt. Es war natürlich eine lange Geschichte, die über eine Viertelstunde oder so ging. Die sind dann nämlich dann noch nach… der Löwe und der Elefant, die sind dann nämlich noch nach – eigentlich wollten sie mit dem Flugzeug nach Deutschland fliegen, aber sie sind dann mit dem

Schiff gefahren, weil der Elefant nämlich nicht in das Flugzeug paßte. – Und dann irgendwann war das kein Problem mehr mit der Strumpfhose.

D.R.: **Also, über Identifikation war klar, wenn die das machen, dann ist er "in guter Gesellschaft"?**

S.F.: Ja. Und so hab' ich auch viele Alltagsschwierigkeiten aufgenommen und in eine Geschichte gepackt.

***

D.R.: **Ist Dein Eindruck, daß die Emotionalität von so einem kleinen Kind stärker ist, also als von einem erwachsenen Menschen?**

S.F.: Unmittelbarer, unmittelbarer.

D.R.: Unmittelbarer.

S.F.: Denk ich, weil es passiert was und die reagieren, also es fällt dann zeitlich auch immer so zusammen, also die weinen, weil jetzt – also in der Gegenwart...

D.R.: Im Augenblick, mhm...

S.F.: ... was gerade ist. Und dann können Kinder das, weißt Du, einfach viel besser ausdrücken. Die haben nicht so was, daß sie sich ihrer Gefühle schämen. Wenn dann so, mit 14 Monaten, 18 Monaten, fangen die ja an, auch so Wutanfälle zu kriegen, wenn sie so merken, sie erreichen was nicht. Entweder weil es physische Grenzen gibt, weil sie was nicht können, oder weil sie Grenzen gesetzt kriegen. Und diese Wutanfälle! ... Der Swami läuft weg, voller Wut, wenn er auf irgendwas sauer ist, es braucht gar nicht mit mir zu tun haben, dann läuft der weg, und haut mit der Hand auf die Wand. Die sind einfach, das find' ich auch toll, also da denk' ich eben, das ist ein guter Umgang, weil die Sachen, die sind wirklich 'raus, gell.

D.R.: **Sag' mal Senta, ich hab' mal von einer jungen Mutter gehört, daß Frauen im Kontakt mit Kindern ihrerseits emotionaler werden. Würdest Du das bestätigen?**

S.F.: Mhm, glaub' ich schon. Glaub' ich sofort.

D.R.: **Dadurch, daß frau im Kontakt ist mit dieser Fülle von Gefühlen?**

S.F.: Mhm, ne, ich glaub', das fängt schon während der Schwangerschaft an. Also, ich hab' mich schon während der ersten Schwangerschaft schon viel aufgeweichter gefühlt ...
Und ich glaub' auch, das ist ein Stück weit so ein regressiver Prozeß, der einsetzt. Man muß ja einfach, um das irgendwie erahnen zu können, was ein Kind, gerade so ein Winzling, was ja nicht viel Ausdrucksmöglichkeiten hat, muß man sich ja sehr auf die Ebene von so einem Winzling begeben...

D.R.: **... einfühlen ...**

S.F.: Ja, und das geht auch glaub' ich bloß, indem man seinen eigenen Emotionen näher ist.

D.R.: Mhm.

S.F.: Das verändert sich glaub' ich auch, je größer die Kinder dann werden.

Zusammenfassung

Viel Zeit im Zusammensein mit ihren Kindern zu haben ist Senta Fricke wichtig. Sich Einfühlen brauche Zeit. Wichtig sei, ansprechbar zu sein und "immer ein Ohr (zu) haben". Die Grundlage dieses Tuns sei eine sehr starke Liebe, die an Außenstehende kaum zu vermitteln ist. Um sich in ihre Babys jeweils einfühlen zu können, mußte sie sich sehr "auf die Ebene von so einem Winzling begeben". Das habe schon in der Schwangerschaft begonnen. Sie habe sich da viel aufgeweichter gefühlt. Es sei ein regressiver Prozeß, der einsetzt, um erahnen zu können, was ein Baby fühlt. Senta Fricke meint, dies gelinge nur, indem frau (mann?) den eigenen Emotionen näher ist. Je größer die Kinder werden, verändere sich das bei ihr. Als Babys und noch als Kleinkinder, hätten ihre Kinder sie verbal nicht verstanden, sondern "stimmungsmäßig". Verstanden hätten sie, ob sie ihnen nahe war oder weiter weg, oder ob sie ihnen wohlgesonnen war oder ärgerlich. Am Klang der Stimme hätten sie es verstanden, und gehört, sowie an der Mimik gesehen. Wesentlich ist ihr im Kontakt mit ihren Kindern, daß sie ein gutes Gefühl zu sich selbst entwickeln. Dazu müßten die Gefühle, die sie ausdrückt, auch stimmig sein. Sie spricht so mit ihren Kindern, daß das, was sie sagt, ankommt. "Das gesprochene Wort", stimmig mit Handlung und Gefühl, zählt für sie viel. Weibliche Intuition würde mit Selbstvertrauen stärker werden. Sie habe zu tun mit "Ahnungen und Ideen, die Frauen" ("ausgeprägter als Männer") haben, ohne sie "angeblich logisch ableiten zu können". Die Phantasie der Kinder wird durch ihr Erzählen angeregt und umgekehrt regt die kindliche Phantasie ihre Phantasie an. Geschichten sind auch Möglichkeiten, kreativ Alltagsprobleme zu überwinden. Dieser Weg der Problembewältigung brauche Zeit, Geduld und Humor.

Was in der schriftlichen Wiedergabe eines auf Tonband aufgenommenen Interviews mit einer Mutter, bei dem ihre Kinder anwesend sind, nicht zu vermitteln ist, ist das fortwährend hörbare "Klangspiel": Der Interaktionsfluß zwischen Mutter und Kind (Kindern) gleicht einer Klangkomposition. Sie wird durch die Interaktionen zwischen den Kindern und der Mutter bzw. umgekehrt der Mutter und ihren Kindern gestaltet. Ein Beispiel: Plötzlich beginnt ein Kind zu schreien. Die Mutter, die sich in das Kind einfühlt, reagiert. Durch das, was sie darauf sagt und durch ihre Stimme, mit der sie sich auf die Gefühlsäußerungen des Kindes einschwingt, d.h. wie sie es sagt, beruhigt sich das Kind wieder. Während des Interviews fühlt (und stimmt) sich Senta Fricke wiederholt auf die diversen Anliegen der Kinder ein, um sich dann gleich wieder dem Interview zuzuwenden.

"Intuition ist wie dieses Geräusch... Plätschern, Fließen"

Alexandra Mager ist Sozialarbeiterin. Ihre Abschlußarbeit hat das Thema "Abhängigkeiten von Frauen auf dem Hintergrund ihrer geschlechtsspezifischen Sozialisation. Notwendigkeit feministischer Therapie". Nach dem Studium war sie ein Jahr lang in Brasilien. Anschließend war sie Mitarbeiterin von Prima♀Donna. Sie ist seit vielen Jahren in der Frauenbewegung engagiert, u.a. im Frauenkulturhaus München, wo sie zum Zeitpunkt des Interviews schon zwei Jahre im Vorstand war. Alexandra Mager ist künstlerisch und handarbeitlich sehr begabt und macht u.a. Seidenmalereien. Sie ist verheiratet. Im ersten Lebensjahr ihres ersten Kindes konnten beide Eltern für das Kind da sein, da ihr Mann arbeitslos war. Zum Zeitpunkt des Interviews war sie ganztägig zuhause, ihr Mann ganztägig berufstätig. Ihr erstes Kind Jonas war 2 Jahre und 3 Monate alt und sie war schwanger.

Wie ist das, wenn Mutter und Kind zusammen singen? Wie äußert sich die Offenheit eines kleinen Kindes? Was folgt daraus für Frauen? Was ist Intuition? Gibt es weibliche Intuition? Hat das Kind die Intuition dieser Frau verstärkt? Was ist für sie das Wesentliche im Dialog zwischen Mutter und Kind? Wie drückt das Kind das für es Wesentliche im Kontakt mit ihr aus? Wie sind die Gefühle dieser Mutter in den Worten enthalten, die sie zu ihrem Kind spricht? Was von den Gefühlen dieser Mutter für ihr Kind geht in Worten nicht auf?

D.R.: **Neulich, als ich bei Euch war, hast Du erzählt, wenn Du mit Jonas in der U-Bahn fährst, singt Ihr manchmal miteinander Lieder.**

A.M.: Na, das ist schwierig ... normalerweise sagt der Jonas – meistens fängt er an zu singen, und ich singe dann halt mit.

D.R.: **Und wie sieht das dann aus?**

A.M.: Daß er irgend einen Brocken anfängt zu singen, und dann singen wir das Lied zu Ende. Und dann sagt er: "Nochmal, nochmal, nochmal!"

D.R.: **Magst Du vormachen?**

A.M.: Er singt zum Beispiel: "U-Bahn, U-Bahn..." und das Lied geht so: "Fahr'n wir wieder U-Bahn. Tu Dir 'mal was Gutes" und dann singen wir: " – an!"... Der sitzt dann halt so neben mir und wir singen das miteinander. So. Oder manchmal sitzt er auf meinem Schoß. Und er singt und ich singe.

D.R.: **Und Du sagtest neulich, wenn ihr das in der U-Bahn macht, gucken die Leute ganz komisch. Was glaubst Du warum?**

A.M.: Weil's ungewöhnlich ist, daß man in der U-Bahn sitzt und singt oder überhaupt schon so lebendig ist.

D.R.: **Und was ist daran lebendig?**

A.M.: Ja, ich denke Singen ist immer etwas Lebendiges. Weil's von der Seele kommt.

D.R.: Aha (lacht).

A.M.: (lacht auch)

D.R.: **Als Du das erzählt hast, hast Du gesagt, wenn frau/ man/ kind heute U-Bahn fährt, müßte frau/ man/ kind eigentlich ganz "dicht machen". Was meinst Du damit genau?**

A.M.: Ja, das siehst Du ja, wenn Du in der U-Bahn sitzt. (beide lachen) Die sitzen halt ... Das kenne ich auch noch von mir. Als ich noch in die Arbeit gefahren bin, regelmäßig U-Bahn gefahren bin, ich fahr ja jetzt wenig. Daß Du das eigentlich auch als Schutz brauchst. Du kannst Dich nicht in die U-Bahn setzen und mit so vielen Menschen in Kontakt treten, wirklich in Kontakt treten mit denen, die einsteigen, wieder aussteigen. Also die real mitkriegen oder angucken oder erleben, oder wie immer. Und meistens sitzt frau oder man sich nahe mit einer Zeitung, oder ich früher mit meinen Stricksachen oder auch mit einem Buch, und man schaltet ab.

D.R.: Mhm. **Was heißt das für Dich, "real in Kontakt treten"? Was würdest Du tun, wenn Du da mit jemandem da "real in Kontakt treten" würdest?**

A.M.: Nicht reden oder so, aber einfach die Leute w a h r n e h m e n (betont), also, sich wirklich hereinsetzen – ich sehe das beim Jonas. Der setzt sich herein, und der registriert, welche Leute hereinkommen und welche Leute aussteigen, was die auf dem Kopf haben oder nicht auf dem Kopf haben, ob sie einen Hund dabei haben oder nicht, was auf ihrer Tasche drauf ist, manchmal ist da ein klitzekleiner Vogel drauf, ein Papagei, und das sieht er dann, und das sehe ich in fünf Minuten nicht. ... Also, er sieht einfach total viel.

D.R.: **Also, der Jonas "tritt in Kontakt"?**

A.M.: Ja, total.

D.R.: Was macht er da zum Beispiel?

A.M.: Ja, der sieht das halt, und dann äußert er das auch. ... Oder spricht jemand drauf an. Oder sieht irgend einen Stock, der ihm gefällt, einen Spazierstock. Oder wenn wir mit der S-Bahn fahren, sieht er irgendwelche Züge oder Reklameschilder, Autos, Doppeldeckerbusse, oder Fahrräder oder Motorräder – egal, was halt gerade vorbeiflitzt, alles.

D.R.: Aha. (beide lachen)

D.R.: Aha. **Also, ich stell' mir gerade vor, das ist ja auch eine interessante Situation für Dich, weil Du ja als erwachsene Person ...**

A.M.: Ja, Du kannst nicht anders, als mitgehen. Also, der Klaus kann das besser, zum Beispiel. Der kann zum Beispiel, wenn wir im Bus sitzen mit dem Jonas und der Jonas sieht das für sich und plappert das heraus und der Klaus (ihr Mann, D.R.), der kann abschalten und an was Anderes denken, und ab zu sich einklinken ... Was ich immer voller Verwunderung feststelle. Weil ich merke, ich bin halt da in so einer Beziehung mit dem Jonas, das ich das irgendwie miterlebe. Also, mich da kaum heraushalten kann.

D.R.: Aha.

A.M.: Oder kaum abschalten kann.

D.R.: **Aber dann muß Dich ja auch, was Du in der U-Bahn mitkriegst, auch ganz anders treffen als früher...**

A.M.: Klar.

D.R.: **Zurückkommend auf das, was Du an dem Abend erzählt hast: Du hast schließlich erzählt, Jonas ginge ganz offen auf Leute in der U-Bahn zu. Was glaubst Du, warum ist Jonas – noch – so offen?**

A.M.: Ich glaube, was ich damit gemeint habe, daß ich über den erst mal einfach staune. Wieviel Aufnahmekapazität der besitzt oder wieviel der eigentlich machen kann am Tag. Also, wieviel der aufnehmen kann und geben kann. ... Wo ich mir denk, wenn ich das hinter mir hätte am Tag, dann wäre ich ganz schön erledigt.

D.R.: (lacht)

A.M.: Ja, aber daß das einfach so ein Fließen ist, durch den hindurch, also, der äußert ja alles, der äußert ja nicht nur solche angenehmen Gefühle von sich, sondern wenn's ihm nicht gut geht oder wenn's ihm in der U-Bahn einfällt, daß er nicht mehr fahren mag, dann quäckt er ja auch herum oder brüllt "Apfelsaft!" oder "Schnuller!" oder was immer. Also, der äußert ja alles und das machen wir ja nicht mehr. Also, ich glaub, das ist irgendwie der Grundstein dafür, daß du so leben kannst überhaupt. ... Also, daß du das wirklich das herein und herausfließen läßt, so wie's jetzt ist. Da wird mir das immer wieder klar. Also, wie anstrengend wir eigentlich leben. ... Durch dieses Unterdrücken von Gefühlen oder von Zuständen, die nicht erlaubt sind, sag ich jetzt 'mal.

D.R.: Mhm.

A.M.: ... In gewissen Situationen. Und da schert er sich ein Dreck drum. Ob, wo, was erlaubt oder nicht erlaubt ist.

D.R.: Mhm (lacht).

A.M.: Ich glaube, das habe ich damit gemeint. Und daß ich halt auch oft Kinder sehe in seinem Alter, oder älter oder jünger, die haben das schon viel mehr eingeimpft gekriegt, oder da ist dieser Fluß schon gestoppt ... durch diese Reglementierungen, denen wir ja auch unterliegen.

D.R.: **Und was ist dann der Unterschied zwischen so einem Kind und Jonas?**

A.M.: Also, irgendwie, für mich ist ein Grundsatz, daß er die Sachen, die in ihm sind, herauslassen kann, solange das nicht über meine Grenzen geht, also, daß ich immer gleichzeitig ganz transparent und klar mich daneben zeige ... also, wo Grenzen sind, aber auf der anderen Seite schon geschaut habe, daß er nicht verbogen wird in Seinem ... Also, wie so ein Pflänzle, das heranwächst, das nicht in irgend eine Richtung gebogen oder gedrückt oder geschnitten oder wie immer wird. Und ich glaube, so wie die Lage ist, hier auf dieser Welt, oder bei uns, geht das schon vorgeburtlich los. Also, der ganze pränataler Terror, zum Beispiel. ... Oder dann, wenn die Kinder auf die Welt kommen. Oder wie die Kinder die ersten zwei Wochen im Krankenhaus erleben, da ist für mich schon ganz viel Biegen, Schneiden, Brechen. Brechen von einem Rhythmus.

***

D.R.: **Was bedeutet für Dich "Intuition"? Und welche Rolle spielt Intuition in diesem Dialog zwischen Dir und dem Jonas?**

A.M.: Magst Du noch einen Tee? (Wassergeräusch)

D.R.: Ja, gerne.

A.M.: Intuition. Ist wie dieses Geräusch hier (lacht). Plätschern. Fließen.

D.R.: Ah! Das ist das für Dich.

A.M.: Also, Intuition ist Wasser. Ich habe jetzt gerade dieses Tee –, dieses fließende Geräusch gehört. Ja, das kommt halt. Und ich bin sehr glücklich und froh, daß es immer stärker bei mir kommt.

D.R.: Mhm.

A.M.: Ich glaube, das hat auch was mit dem Alter zu tun oder mit Selbstbewußtsein. Weil ich das Gefühl habe, daß ich eigentlich immer schon eine sehr starke Intuition gehabt habe, aber nie darauf vertraut habe, so richtig. Also früher gar nicht, und dann vorsichtig, bedingt, nach allem hin und her, oder nach drei Mal auf die Nase fallen. Und wenn ich jetzt ein Gefühl habe, dann gehe ich dem schon sehr schnell nach und versuche dann auch, klar danach zu handeln. Und ich merke auch, das ist immer richtig. Also diese Erfolge dabei bestätigen mich immer wieder und dann – dadurch wird das immer und immer stärker.

D.R.: **Gibt es für Dich so was wie "weibliche" Intuition?**

A.M.: Also, ich glaube, daß es nicht unbedingt ans Geschlecht gebunden ist, aber ich glaube, daß wir dadurch, daß wir diesen Zyklus in uns haben, also die Menstruation als Zyklus und dann der große Zyklus von Leben und Tod, mit dem Gebären, schon noch einmal viel näher sind an dieser Intuition. ... Daß es von dem her, ja, für Frauen nochmal was Leichteres ist.

D.R.: **Und hat Dein Kind Deine Intuition verstärkt, oder Dich bestätigt in Deiner Intuition oder sie hervorgelockt?**

A.M.: Ja, weil – gerade die ersten zwei Jahre, bis zum Beginn vom Sprechen und Denken und Assoziieren, wo er jetzt grad so ganz schwer 'drinsteckt, ist ja eigentlich alles, jegliche Kommunikation eher auf so einer fühlenden, intuitiven Basis.

D.R.: Mhm.

A.M.: Ich war immer dankbar, daß ich diese starke Intuition gehabt habe, um dann so mit dem im Kontakt zu sein oder viel richtig zu spüren, was sich dann im Nachhinein so herausgestellt hat. Auch bei Krankheit oder so.

***

D.R.: **Was meinst Du ist im Dialog zwischen Mutter und Kind wesentlich?**

A.M.: Für mich ist immer wieder im Vordergrund dieser Respekt und diese Achtung, gegenüber dem, was er äußert. Und daß ich darauf eingehe und daß ich das einerseits ernstnehme – höre, wahrnehme und ernstnehme – und andererseits authentisch antworte, wie ich dazu stehe. Transparent für ihn auch.

D.R.: Wie machst Du das?

A.M.: Mei ... Wenn der irgendwie was sagt, sei's am Tisch oder sei's auf der Straße, daß ich dann höre und ihm auch deutlich mache, ich hab's gehört. Manchmal muß ich dann sagen: "Wart' 'mal schnell, ich kann gerade nicht, aber ich hab's gehört" oder so. Es ist mir wichtig, daß ich drauf reagiere ... Ich kriege das oft mit bei Kindern – und ich kriege auch die Folge mit – die dann am Tisch irgendwie fünfzehn Mal was sagen müssen, bis einmal jemand hört ... Und mit vier, fünf schreien die dann – also, die haben keine normale Sprechlautstärke mehr, sondern die müssen eigentlich ständig schreien, damit man sie hört.

D.R.: **Also, wichtig findest Du, daß das Kind mitkriegt, Du hörst?**

A.M.: Ja, nicht bloß das, sondern daß ich das wirklich ernstnehme. Also, daß ich versuche, ihn ernst zu nehmen, jetzt als Beispiel. Daß wenn er was sagt, ich dann sage: "Ja gut, ich hab's gehört und je nachdem, wie's mir ist, dann drauf einsteigen kann oder nicht. Also, daß ich dann sage: "Ja, das mag sein, daß Du das willst, aber ich mag jetzt nicht. Ich kann jetzt nicht. Ich muß jetzt das und das machen." Meistens ist es ja etwas, was er von mir will.

***

D.R.: **Wie drückt der Jonas das, was für ihn wesentlich ist im Kontakt mit Dir aus?**

A.M.: (lacht) Ich glaube, der hat's da leichter ... Die sind halt – also, ich erlebe den, und ich erlebe auch sonst so Kinder ganz und gar bei sich und bei ihren Bedürfnissen, bei ihren Wünschen. Die äußert der, die sind auch für ihn wesentlich ...

D.R.: (lacht)

A.M.: Das ist für ihn das Wesentliche schlechthin. Und das drückt er aus und das will er auch erreichen.

***

D.R.: **Alexandra, wie sind Deine Gefühle in den Worten enthalten, die Du zu Jonas sprichst?**

A.M.: (lacht hellauf) Ja, das gehört für mich zu dem "authentisch" zum Beispiel. Ich ertrage kaum Menschen, wie zum Beispiel kürzlich diese Erzieherin, die süß-säuerlich versucht, ganz ruhig zu bleiben, und innerlich kocht und brodelt vor Wut, weil ihr irgendwas stinkt an dem Kind oder an den Kindern.

D.R.: Mhm.

A.M.: ... Wo wir da waren, in der Kindergruppe. Und solche Leute meide ich. Total. Und ich möcht auch, daß Jonas nicht mit solchen Leuten zu tun hat. Weil ich fest davon überzeugt bin, daß Kinder noch viel mehr diesen Unterschied spüren. Also, ich kenne das von mir, wieviel Angst mir das macht bei Menschen, die einerseits total stinkewütend sind, und versuchen, ganz ruhig zu bleiben, weil sie denken, es ist unheimlich wichtig, pädagogisch und überhaupt, von irgendeiner Ideologie her betrachtet, meistens. Und die machen mir ganz viel Angst, solche Leute. Weil ich hör' was und spür', das stimmt gar nicht. Dann kommt so eine Bedrohung von hinten, da kann wie eine Bombe was platzen und Du hast es gar nicht im Griff, also, Du kriegst es gar nicht mit und kannst Dich gar nicht schützen.

***

D.R. **Und was von Deinen Gefühlen für Jonas geht, Deiner Meinung nach, in Worten nicht auf?**

A.M.: Ja, diese ganze Ehrfurcht. Oft überkommt es mich noch, wenn ich denke, wie der plötzlich vor mir lag, dieses Wesen da auf dem Boden, und ich mir gedacht habe, mei, und auch wie er nachts aufgewacht ist und uns beide erst einmal angeguckt hat, so nach dem Motto: "Jetzt guck' ich 'mal, wo ich gelandet bin." Und das sind so Bilder, die vergesse ich nicht und das kann ich ihm nicht irgendwie sagen. Aber das kriegt er dann anders mit. Daß ich immer wieder auch voller Bewunderung dastehe und denke: "Mei Wahnsinn", also, wirklich ein Wunder, daß da so was kommt, wächst, herauskommt und weiterwächst und so. Ja, so mit einem mitlebt.

Zusammenfassung

Singen, so Alexandra Mager, sei etwas Lebendiges, "weil's von der Seele kommt". Ihr kleines Kind beginnt unbekümmert in der U-Bahn zu singen und die Mutter, die zuhört und sich einfühlt, singt mit ihm mit. Am Beispiel in der U-Bahn wird deutlich, welch offene Sensibilität ein kleines Kind hat im Unterschied zu großstädtischen Erwachsenen in unserer Gesellschaft. Erwachsene machen sich dort "dicht", meint die Mutter: "Daß Du das eigentlich als Schutz brauchst." Ihr kleiner Sohn nehme hingegen sehr viel wahr und äußere das auch. Sie beschreibt, dies sei "einfach so ein Fließen durch den hindurch". Mit dem Kind ist sie in einer solchen Beziehung, daß sie nicht anders kann "als mitgehen". D.h., sie ist mit diesem Fließen fortwährend im Kontakt. Sie "erlebt" mit dem Kind "mit". Gefühlsmäßig schwingt sie da mit. So trifft sie etwa das, was sie in der U-Bahn mitkriegt, mehr als früher. Ihr Mann "kann abschalten" und "ab und zu sich einklinken". Im Umgang mit ihrem Kind versucht sie, diesen "Fluß" möglichst nicht durch Reglementierungen zu stoppen, wobei sie sich "transparent" mit ihren "Grenzen" daneben zeigt. Mit Fließen, "Plätschern, Fließen" vergleicht sie Intuition. Sie sagt: "Intuition ist Wasser". Sie habe immer eine sehr starke Intuition gehabt, die nun stärker würde. Alexandra Mager meint, Intuition sei nicht notwendig ans Geschlecht gebunden, aber sie sei eventuell für Frauen "was Leichteres", bedingt durch "die Menstruation als Zyklus" und durch den "große(n) Zyklus von Leben und Tod, mit dem Gebären". Die Kommunikation mit ihrem Kind habe ihre Intuition verstärkt: Die ersten zwei Jahre, bis zum Beginn des Sprechens, sei jegliche Kommunikation "eher auf so 'ner fühlenden, intuitiven Basis". Kinder seien "ganz und gar bei ihren Bedürfnissen". Im Dialog mit ihrem Kind ist es für sie wesentlich, dem Kind zuzuhören und es ernstzunehmen, "Respekt und Achtung" gegenüber dem, was es äußert, zu haben, sowie ihm "authentisch" zu antworten. Kinder spüren "noch viel mehr" bestehende Diskrepanzen zwischen Gesagtem und verstellten (verleugneten) Gefühlen. Die "ganze Ehrfurcht", die sie empfindet und das Gefühl, es sei "wirklich ein Wunder, daß da so was kommt, wächst, 'rauskommt und weiterwächst und … mit einem mitlebt", gehen für sie in Worten nicht auf.

Auswertung

Liebe, "das A und O"

Die erste Mutter sagt, sich einzufühlen (in Kinder) brauche Zeit. Viel Zeit im Zusammensein mit ihren Kindern zu haben sei ihr wichtig. Wesentlich sei, "immer ein Ohr (zu) haben" und ansprechbar zu sein. Dieses Tun mache sie "nicht so absichtlich":

> "Sondern es ist einfach so, ich hab' die einfach wahnsinnig lieb. Also, ich glaub', daß dies fast nicht vermittelbar ist. … Wo ich manchmal denk', ich weiß gar nicht, ob ich's Leuten, die nicht das selbst erfahren haben, ob ich das vermitteln kann."

Was diese Mutter tut, ist also ohne der Liebe, die sie für ihre Kinder empfindet, nicht zu verstehen. Dazu gehört auch das sich Einfühlen, viel Zeit mit ihren Kindern zu haben, ansprechbar zu sein und "immer ein Ohr (zu) haben".

Zuhören

Was ist das, "immer ein Ohr (zu) haben"? Das Zuhören ist ein in der Psychologie merkwürdig selten wirklich explizert thematisiertes Tun, obwohl es von immenser Bedeutung ist. Zuhören spielt eine zentrale Rolle für zwischenmenschliche Verständigung, Sprechen und Kommunikation. Es ist eines der wichtigsten Voraussetzungen für das Sich Einfühlen, für Empfindungen und Gefühle. Hören und Zuhören sind lebendig machende Bestandteile unserer Existenz (Vgl. zu physiologischen Grundlagen dieser Tatsache bereits für ein Embryo Manassi in Tomatis, 1990; vgl. auch Berendt, 1983, 1985, 1989. Vgl. für eine sinnliche Gegenwartspädagogik des Hörens Bäuml-Roßnagl, 1990, 43–64)). Frauenforscherinnen haben begonnen, sich vereinzelt dieser Wahrnehmungsdimension zuzuwenden. Am Wichtigsten scheint mir bisher hier die erkenntnistheoretische Kritik von Evelyn Fox Keller zu sein (vgl. hierzu Kapitel II, **Ein anderes Forschen** S. 25f.).

Aus der Anerkennung der zentralen Rolle von Bindungen und Empathie im weiblichen Lebenszusammenhang (vgl. Gilligan, 1982; Field Belenky et al., 1986) könnte eine andere Aufmerksamkeit für die äußerst spannende Kommunikationsgrundlage "Zuhören" erwachsen. Die Tiefenpsychologin und Sinologin Sukie Colegrave schreibt:

> *"Warten, vertrauen, nachgeben und zulassen zu können, ist die Vorbedingung für die Fähigkeit zu empfangen, die ein anderes Charakteristikum des Femininen ist. Die alten Taoisten maßen dieser Fähigkeit großen Wert bei, und sie erkannten, daß diese Aufnahmebereitschaft unmöglich ist,*

wenn der Geist von Gedanken überflutet und das Fühlen von Emotionen gestört ist. Sie sagten, es sei notwendig zu lernen zuzuhören..." (Colegrave, 1984, 127)

Erhöhte Sensibilität werdender Mütter

Um sich in ihre Babys jeweils einfühlen zu können, müsse sich eine Mutter sehr "auf die Ebene von so einem Winzling begeben", sagt die erste Mutter. Sie beschreibt, daß sie sich bereits in der Schwangerschaft viel aufgeweichter gefühlt habe. Es setze "ein Stück weit so ein regressiver Prozeß ein". Sie meint, dies gehe "bloß, indem man seinen eigenen Emotionen näher ist". Um die Empfindsamkeit, Einfühlsamkeit und Zärtlichkeit zu erlangen, die die präverbale Verständigung mit einem Baby erfordert, wird angenommen, daß eine (gesunde) werdende Mutter bereits während der Schwangerschaft in Teilbereichen ihrer Persönlichkeit "regrediert" (Spitz, 1974). Es ist naheliegend zu vermuten, daß eine werdende Mutter der Erlebniswelt ihres Embryos "entgegenfühlt". Auf die erhöhte Sensibilität, die eine werdende Mutter – die ihr werdendes Kind seelisch annimmt (2) – während und vor allem gegen Ende der Schwangerschaft entwickelt und die es ihr ermöglicht, sich mit Feingefühl in die Bedürfnisse ihres Neugeborenen einzufühlen, hat auch Winnicott (1957) hingewiesen.

Dichotomie des Einfühlens

Winnicott betont, daß es sich in der Kommunikation zwischen Baby und Mutter um eine grundlegende Dichotomie handelt: "die Mutter kann sich sozusagen klein machen und in frühkindliche Formen der Erfahrung zurückversetzen, das Kind aber kann nicht mit einem Schlag zur erwachsenen Differenziertheit finden." (Winnicott, 1990, 103). Anders ausgedrückt: Es ist entscheidend, daß sich Mütter in ihre Babys einfühlen.

Diese Dichotomie drückt die zweite Mutter anschaulich aus, wenn sie lachend sagt:

"… ich erlebe den, und ich erlebe auch sonst so Kinder ganz und gar bei sich und bei ihren Bedürfnissen, bei ihren Wünschen. Die äußert der, die sind auch für ihn wesentlich … Das ist für ihn das Wesentliche schlechthin. Und das drückt er aus und das will er auch erreichen."

Vom musikalischen Erleben zwischen Kind und Mutter

Auf die Frage, wie ihre Babys (und späteren Kleinkinder) sie verstanden hätten, bevor sie sprechen konnten, meint die erste Mutter:

"Ich glaube, ich habe … in so 'ner vereinfachten Form (mit ihnen gesprochen). … Verbal haben sie mich sicher überhaupt nicht verstanden, aber sie haben mich stimmungsmäßig verstanden. … Ich glaube, sie haben's am Klang der Stimme verstanden, gehört. … Und wahrscheinlich war's nicht nur der Klang der Stimme, sondern die Mimik und der Augenkontakt, der Gesichtsausdruck, so."

Die Bedeutung des Hörens der Stimme der Mutter, und zwar bereits intrauterinär für das Embryo, hat Tomatis eingehend erforscht (Tomatis 1990, 1994). Nach 4,5 Monaten ist ja das Hörorgan als einziges Körperorgan im Emybro ausgebildet, wobei die Cochlea bereits ihre endgültige Größe erreicht hat (Berendt, 1990). Die Klangfarbe, die Melodie und Klanghöhe der Stimme der Mutter, sowie Dynamik und Rhythmus ihrer Stimme stellen von Anfang an, psychoanalytisch gesprochen, eine wesentliche libidinöse Anbindung ans Leben für den Embryo. In einem faszinierenden Aufsatz zeigt Nitzschke auf, daß der wesentlich emotionale "Urdialog" zwischen Baby und Mutter, vor allem in der Zeit, bevor das Kind sprechen kann, als ein musikalisches Erleben thematisiert werden kann (Nitzschke, 1985). Es ist ein feinst abgestimmter, klar strukturierter und melodiöser lautlicher Austausch, wie neuere experimentell-empirische Studien in der Säuglingsforschung zeigen konnten (vgl. Papousek und Papousek, 1981; Papousek und Bornstein, 1985; Papousek und Papousek, 1992; Papousek, 1994; Stern, 1985; Baumgart, 1991). Sehr anschaulich schreibt Katharina Zimmer:

"Verglichen mit der Art und Weise, wie Erwachsene miteinander umgehen, sind die in Zeit und Raum sozusagen übertriebenen Mienenspiele, die Eltern ihren Neugeborenen bieten, ist ihr

rhythmischer Sprachsingsang ja ziemlich merkwürdig: So verhält man sich allenfalls mit kleinen Tieren oder wenn man verliebt ist. ... Das Kind versteht ... sehr bald, denn die Mutter wiederholt ihre kleinen Sätze immer wieder. Dabei kommt es nicht auf den Wortinhalt an, sondern auf die Sprachmelodie. ...

... Egal welcher Nationalität und Kultur Menschen angehören, sie wenden sich einem kleinen Säugling in immer und überall wiederkehrendem Babytalk (so im Original, D.R.) zu. Die Melodie übernimmt dabei mehr die Funktion der Aussage als die Worte: Gegen Ende abfallende Melodiekurven sind mehr beruhigend und tröstend, ansteigende eher ermunternd. "Nun wein' doch nicht, meine Kleine", wird darum sicher mit am Ende abfallender Stimme gesagt, im Gegensatz zum aufmunternden "Na, was macht es denn!" ... W i e sie (die Mütter, und auch Väter, D.R.) es sagen ist wichtig." (Zimmer, 1987, 36).

In unserem Kulturkreis, mit der dominierenden Entwicklung (vorwiegend von männlichen Theoretikern) von rationaler Kommunikation in der wissenschaftlich-technischen Welt, wird selten betont, daß Sprache insgesamt einen "musikalischen Klangleib" hat,

"der nicht nur sprachlich im engeren Sinn bedingt ist, sondern, wie die Musik und die anderen Künste, kraft seiner unmittelbaren, autonomen Beziehung auf die Sinnlichkeit als **Sinnbild** *(Herv. im Orig.) wirkt"* (Georgiades, 1977, 132). (3)

Im Kontakt mit Babys und vorsprachlichen Kleinkindern tritt der musikalische Klangleib gesprochener Sprache in der Kommunikation in den Vordergrund. In den letzten Jahren wenden sich Psychoanalytiker(innen) verstärkt der Musiktherapie zu, woraus die Bewußtheit für diese Wirklichkeit wächst. Vielleicht hat die Tatsache, daß Sigmund Freud, nach eigenen Angaben, hinsichtlich Musik "fast genußunfähig" war (zit. bei Nitschke, 1985, 4), die Vernachlässigung dieser Dimension in der Theoriebildung der Psychoanalyse bewirkt. Bernd Nitzschke schreibt:

*"... (Es gibt) in der Sprache noch vielfache Anklänge, die einen ursprünglicheren, nämlich musikalischen Ausgangspunkt der gesprochenen Sprache vermuten lassen. Vom Sprach***rhythmus** *ist etwa die Rede, vom Wort***klang***, vom* **Tonfall** *eines Wortes, von der Satz***melodie***. Und mit dem Ausdruck* **Harmonie** *bezeichnen wir nicht etwa nur ein musikalisches Phänomen, sondern eben auch den Gleichklang zweier Menschen, die sich gut "verstehen". Der Körper selbst, so scheint es, war einst das erste "Musikinstrument". Und der Dialog der Körper mag in seiner frühesten Form ein musikalischer gewesen sein. Die lateinischen Worte "persono" und "resono" (beide bedeuten: widerhallen* **und** *ertönen gleichermaßen) legen ihrem Wortsinn nach nahe, daß ein Mensch zur* **Person** *nur werden kann, wenn er* **Resonanz** *ausgelöst und empfunden hat (Herv. jeweils im Orig.)."* (Nitzschke, 1985, 9f.)(4)

Meines Erachtens wiederholt sich der "musikalische Ausgangspunkt" von Sprache zu Beginn des Lebens bei jedem Menschen. In unserer Gesellschaft ist es allerdings für Mütter und Väter immer schwerer geworden, sich in die lautliche "Musik" ihrer Babys einzuhören bzw. sich dafür zu öffnen (5).

In Afrika, mit der staunenerregenden Musikalität der meisten Menschen dort, sind heute noch viele Sprachen sogenannte Tonsprachen. In den Tonsprachen verändern, neben Vokalen und Konsonanten, auch Töne den Sinn von Wörtern. In manchen Regionen kann man sogar aus einer auf der (!) Trommel gespielten "Melodie" die dahinter stehenden Worte erraten. (Kubik, 1968, 27–40) (6) (7)

Daniel Stern umschreibt die Interaktion zwischen Säugling und Mutter als einen "Tanz" (Stern, 1979). Jessica Benjamin rezipiert:

"Die Mutter gebraucht ihre Stimme, ihre Mimik und ihre Hände, um das Kind anzusprechen. Das Baby reagiert mit seinem ganzen Körper, es zappelt und blickt aufmerksam, es sperrt sein Mündchen auf oder lächelt glücklich. Und dann beginnt manchmal ein Tanz der Interaktion, bei dem beide Partner so fein aufeinander abgestimmt sind, daß sie sich ganz im Einklang bewegen.

> *Diese frühe Erfahrung des Einklangs mit anderen ist wahrscheinlich die erste emotionale Basis für spätere Gefühle des Einsseins: für Gruppenaktivitäten wie Tanz und Musik. ... Die tiefe Befriedigung der Übereinstimmung mit einem anderen Menschen ist also nicht – oder nicht nur – im Sinne einer Triebbefriedigung zu verstehen, sondern im Sinne von Kooperation und Anerkennung."* (Benjamin, 1990, 29)

Daniel Stern, der in seinen Untersuchungen "falsche Schritte beim Tanz" aufzeigt, resümiert die Rolle von Müttern in einer neuen Sicht. Leider würdigt die deutsche Übersetzung nicht, daß es sich bei der Betreuung von Säuglingen weitaus überwiegend um Frauen handelt. Vielleicht war der Übersetzer ein "neuer Vater" und gerade in sein eigenes, von ihm erzogenes Kind verliebt:

> *"Nach meinem Eindruck gleicht eine primäre Betreuungsperson mehr als allem anderen einem schöpferischen Künstler (bzw. einer schöpferischen Künstlerin, Ergänz. jeweils D.R.), etwa einem selbst mittanzenden Choreographen (bzw. einer selbst mittanzenden Choreographin, D.R.) oder einem komponierenden und konzertierenden Musiker (bzw. einer komponierenden und konzertierenden Musikerin), der sein (bzw. die ihr) Werk aufführt, wie er (bzw. sie) es hervorbringt. Der Leser (die Lesenden) möge beachten, daß ich als Beispiel zumindest für diese Periode der Kindheit die nicht-verbalen Künste anführe, deren Dynamik sich in der Zeit entfaltet."* (Stern, 1979, 161)

Die nicht-verbalen Künste, deren Dynamik sich in der Zeit entfaltet, das sind Tanz und Musik. Es gibt keinen Tanz und keine Musik ohne Rhythmus. Rhythmus ist aber die Grundlage allen Lebendigen (vgl. Langer, 1953, 1957).

Das musikalische Erleben zwischen Mutter und Kind beschreibt die zweite Mutter. Sie veranschaulicht, wie ihr kleiner Sohn in der U-Bahn zu singen anfängt und sie dann mitsingt. Musikalische Aspekte in der Interaktion scheinen etwa im Rhythmus der Worte des Liedes durch:

> "Er singt zum Beispiel: "U-Bahn, U-Bahn ..." und das Lied geht so: "Fahr'n wir wieder U-Bahn. Tu Dir 'mal was Gutes" und dann singen wir: " – an!"

Die Lust und die Freude, die es ihrem kleinen Sohn bereitet, das humorvolle kleine Lied zu singen, wird an der Stelle deutlich, wo sie erzählt:

> "... er irgend einen Brocken anfängt zu singen, und dann singen wir das Lied zu Ende. Und dann sagt er: "Nochmal, nochmal, nochmal!"

Im Kontrast zur U-Bahn Situation, wo sich die Erwachsenen im Allgemeinen "dicht" machen, wird die Freude und das Lebendige dieser dialogischen Musik verdeutlicht. Die Mutter meint:

> " ...Singen ist immer etwas Lebendiges. Weil's von der Seele kommt."

Vom offenen, fließenden Erleben eines Kleinkindes

Sehr schön beschreibt die zweite Mutter, wie ihr kleines Kind Menschen in der U-Bahn und ihre Attribute wahrnimmt, mit ihnen in Kontakt tritt und welche durchlässige Offenheit das Kind insgesamt hat:

> "Der setzt sich 'rein und der registriert, welche Leute 'reinkommen und welche aussteigen, was die auf dem Kopf haben oder nicht auf dem Kopf haben, ob sie einen Hund dabei haben oder nicht, was auf ihrer Tasche drauf ist, manchmal ist da eine klitzekleiner Vogel drauf, ein Papagei, und das sieht er dann, und das sehe ich in fünf Minuten nicht ... Also, er sieht einfach total viel ... der sieht das halt und dann äußert er das auch ... Oder spricht jemand drauf an."
>
> "... daß das einfach so ein Fließen ist, durch den hindurch, also, der äußert ja alles ... Also, ich glaub, das ist irgendwie der Grundstein dafür, daß du so leben kannst überhaupt. ... Also, daß du das wirklich 'rein und 'rausfließen läßt, so wie's jetzt ist. Da wird mir das immer klar wieder. Also, wie anstrengend wir eigentlich leben. ... Durch dieses Unterdrücken von Gefühlen ..."

Von der sich erweiternden Sensibilität einer Mutter im Kontakt mit ihrem Kleinkind

Die gleiche Mutter macht deutlich, daß sie als Frau durch die Beziehung zu ihrem Kind mit dem "Fließen" in dessen Erleben mitfühlt, da mitschwingt:

> "Du kannst nicht anders, als mitgehen. ... ich bin halt da in so einer Beziehung mit dem Jonas, daß ich das irgendwie miterlebe. Also, mich da kaum 'raushalten kann. ... Oder kaum abschalten kann."

Sie sagt, daß sie im Umgang mit ihrem Kind versucht, diesen "Fluß" im Erleben des Kindes möglichst nicht durch Reglementierungen zu stoppen, wobei sie sich "transparent" mit ihren "Grenzen" daneben zeigt.

Intuition und vorsprachliches Einfühlen im Urdialog

Mit Fließen, "Plätschern, Fließen", vergleicht die zweite Mutter auch Intuition. Sie sagt: "Intuition ist Wasser." Sie habe immer eine sehr starke Intuition gehabt, das nun stärker würde. Die Kommunikation mit ihrem Kind habe ihre Intuition verstärkt:

> "Ja, weil's – gerad' die ersten zwei Jahre, bis zum Beginn des Sprechens und Denkens und Assoziierens ... ist ja eigentlich alles, jegliche Kommunikation eher auf so 'ner fühlenden, intuitiven Basis."

Diese Mutter meint, daß Intuition "nicht unbedingt ans Geschlecht gebunden ist", aber "für Frauen nochmal was Leichteres ist", "dadurch, daß wir diesen Zyklus in uns haben, also die Menstruation als Zyklus und dann der große Zyklus von Leben und Tod, mit dem Gebären ..."

Beide Mütter sind der Ansicht, daß Intuition mit Selbstbewußtsein bzw. -vertrauen stärker würde. Auch die erste Mutter meint, daß Intuition "bei Frauen ausgeprägter ist". Diese sagt, es habe "mit Zugänglichkeit zu den verschiedenen Seiten in sich zu tun."

René Spitz deutet die Abwehr an, die die (männliche) Wissenschaft gegenüber Erlebnis- und Verstehensweisen hat, wie sie etwa Mütter in Beziehung mit ihren Babys und Kleinkindern entwickeln können. Er schreibt:

> *"Man verdammt sogar die Intuition und spottet über sie in wissenschaftlichen Gesprächen. Und dieser Spott, der Sarkasmus, die Scherze in solchen Dingen verraten unser Unbehagen angesichts einer Erscheinung, die wir nicht erklären können."* (Spitz, 1974, 154; vgl. auch Böhme und Böhme, 1983))

Im Hinblick auf die von Spitz in Anlehnung an Freud als "Mutter-Kind-Dyade" bezeichnete Beziehung anerkennt er:

> *"Für den Säugling sind jedoch die aus dem affektiven Klima der Mutter-Kind-Beziehung stammenden coenästhetischen Signale offensichtlich die normalen, natürlichen Kommunikationsmittel, auf die er mit einer ganzheitlichen Reaktion antwortet. Die Mutter ihrerseits nimmt die ganzheitlichen Reaktionen des Säuglings ebenfalls ganzheitlich wahr."* (ebd., 155)

Spitz meint, daß Mütter während der Schwangerschaft, Entbindung und Stillzeit potentielle Fähigkeiten zur coenästhetischen Reaktion wiederbeleben. Diese "extensive", ganzheitliche Organisation der Wahrnehmung würde im Verlauf der Latenzzeit in unserer Kultur im Allgemeinen durch die lokalisierte und diskontinuierliche sog. diakritische Wahrnehmung verdrängt. In der westlichen Kultur vermögen nach Spitz ansonsten "besonders Begabte" sich coenästhetischer Signale zu bedienen: "Sie sind Komponisten, Musiker, Tänzer, Akrobaten, Flieger, Maler und Dichter (bzw. entsprechend Komponistinnen usw., D.R.) und vieles andere ..." (Spitz, 1974, 153). Auch scheinen manche Individuen in Gesellschaften, die noch keine Schrift entwickelt haben, bis ins Erwachsenenalter über derartige Sensibilität zu verfügen. In solchen primitiven Gesellschaften würden durch Hilfsmittel das Funktionieren der coenästhetischen Organisation verstärkt: "Auch Drogen, Rhythmen, Klang, Alkohol, Atemtechniken usw. können herangezogen werden ... Ähnliche Bedingungen herrschen wahrscheinlich im hypnotischen Trancezustand, vielleicht bei manchen Mystikern und sicherlich bei gewissen Psychotikern (bzw. Mystikerinnen usw.)." (Spitz, 1974, 155)

Phantasie, Erzählen und Geschichten

Die erste Mutter erzählt anschaulich, wie die Phantasie ihres Kindes ihre Phantasie angeregt hat. Sie entfaltet hier die Fähigkeit, wunderschöne Geschichten zu erzählen:

> "Ich weiß nicht, wie das kam, aber irgendwann hab' ich ihn gefragt, was soll ich Dir für eine Geschichte erzählen? Und dann hat er gesagt: "Die gelbe Geschichte." Und ich wußte gar nicht, was die gelbe Geschichte ist, und ich mußte raten, was das nun sein könnte, und dann habe ich einfach angefangen, eine gelbe Geschichte zu erzählen, wo einfach ganz viel gelbe Farbe drin vorkommt. Und dann gab's eben die gelbe Geschichte im Winter und im Sommer. Und die rote Geschichte und dann gibt's – ich habe eigentlich gemerkt (lacht) über die Kinder, daß ich ganz viel anfang', mir Sachen auszudenken, weißt Du, daß meine Phantasie sehr angeregt wird. Ich hab' mich nie für besonders kreativ gehalten, und ich erzähle wunderschöne Geschichten, die ich selbst erfunden habe. Also, da regen die mich auch dazu (an)."

Die Mutter macht im Interview deutlich, daß ihre Phantasie und das Geschichtenerzählen vielfältige positive Auswirkungen hat. Beispielsweise helfen sie zum Einschlafen:

> "Wir haben so Standardgeschichten, abends so zum Einschlafen. ... Das sind Geschichten, die ich erfunden habe, und die in Variationen – er kann sich dann immer eine Geschichte wünschen. Also, es gibt zum Beispiel die gelbe Geschichte und die rote Geschichte." ...

Sie verdeutlichen auch die Bedeutung von sinnvollen Tätigkeiten, die ein Kind nicht einsehen kann. Sehr wichtig ist dabei, daß sie Mutter wie Kind Spaß machen. So werden "sinnvolle Tätigkeiten" der kindlichen Erlebensweise angeglichen:

> "(Ich hab' auch mit Geschichten) schwierige Sachen angesprochen. Also, ich hab' aus etwas, was für den Moritz schwierig war, 'ne Geschichte gemacht, zum Beispiel, ich weiß nicht, das war letztes Jahr oder so, der wollte nie Strumpfhosen anziehen und ich finde Strumpfhosen auch nicht besonders angenehm und da hab' ich da drauß eine Geschichte gemacht. Von dem gelben Löwen, der in Afrika immer nachts so gefroren hat und dem Elefanten, der auch gelb war – das war dann die gelbe Geschichte. Und, weil in Afrika ist ja nachts immer so kalt. Und dann sind sie nach Stuttgart zu Salamander gefahren und dann hat der ... Elefant zu dem gelben Löwen gesagt, weißt Du, in Deutschland, die Kinder, die haben alle Handschuhe und Mützen und Schals – und (lacht) eine Strumpfhose."

Dieses lebendige Erzählen braucht Zeit. Das Kind erlebt alles mit, was die Mutter erzählt. In seiner guten Zeit ist es dann bereit, wie der Elefant und der Löwe, **auch** eine Strumpfhose anzuziehen:

> "... er fand die Geschichte schön, die hab' ich noch so ein bißchen ausgemalt. Es war natürlich eine lange Geschichte, die über eine Viertelstunde oder so ging. Die sind nämlich dann noch nach ... der Löwe und der Elefant, die sind dann nämlich noch nach – eigentlich wollten sie mit dem Flugzeug nach Deutschland fliegen, aber sie sind dann mit dem Schiff gefahren, weil der Elefant nämlich nicht in das Flugzeug paßte. – Und dann irgendwann war das kein Problem mehr mit der Strumpfhose.
> D.R.: Also, über Identifikation war klar, wenn die das machen, dann ist er 'in guter Gesellschaft'?
> S.F.: Ja. Und so hab' ich auch viele Alltagsschwierigkeiten aufgenommen und in eine Geschichte gepackt."

Emotionen und Sprache im Dialog mit einem Kleinkind

Die erste Mutter antwortet auf die Frage, was ihr im Kontakt zwischen sich und ihren Kindern wesentlich ist:

> "Das die ein gutes Gefühl zu sich selbst entwickeln. ... Das heißt, daß die Gefühle, die ich für sie habe, auch stimmig sind. Das wirklich ... wenn ich ärgerlich bin, auch was mit ihnen zu tun hat und nicht mit einer Frustsituation am Arbeitsplatz." Sie wiederholt, ihr sei es wichtig " v i e l (betont) Zeit mit denen zu haben und ich setz' wirklich eindeutige Priorität auf die Kinder. ... Zeit ist wichtig, Geduld ist wichtig, ausgeglichen sein."

In der Sprache, die sie als Mutter zu ihren Kindern spricht, ist ihr

> "... wesentlich (...), daß die Kinder mich verstehen, daß das, was ich sage, ankommt. ... Mir ist zum Beispiel wichtig, wenn ich etwas verbiete, daß trotzdem noch spürbar ist, ich verbiete jetzt was, nicht, weil ich das Kind ablehne, sondern weil die Tätigkeit jetzt zum Beispiel nicht geht. Das hat nichts mit Semantik oder so zu tun, sondern eher mit der Gefühlsebene ..."

> Sie sagt: "... ich (glaube) auch sehr an Sprache... . Also, das gesprochene Wort zählt für mich auch viel. ... Natürlich muß das stimmig sein mit 'ner Handlung oder mit 'nem Gefühl."

Die zweite Mutter verdeutlicht die Bedeutung, die für sie die Stimmigkeit zwischen Gefühlen und Sprechen im Dialog mit ihrem Kind hat an einem Beispiel:

> "... das gehört für mich zu dem "authentisch" zum Beispiel. Ich ertrage kaum Menschen, wie zum Beispiel kürzlich diese Erzieherin, die süß-säuerlich versucht, ganz ruhig zu bleiben, und innerlich kocht und brodelt vor Wut, weil ihr irgendwas stinkt an dem Kind oder an den Kindern. ... Und ich möcht' auch, daß Jonas nicht mit solchen Leuten zu tun hat. Weil ich fest davon überzeugt bin, daß Kinder noch viel mehr diesen Unterschied spüren. ... die machen mir ganz viel Angst, solche Leute. Weil ich hör' was und spür', das stimmt gar nicht ..."

John Bowlby hat die Bedeutung von Emotionen in zwischenmenschlicher Kommunikation, und deren immense Bedeutung in den ersten Lebensjahren, hervorgehoben. Er schreibt:

> *"Es gibt, tatsächlich, keine wichtigeren Kommunikationen zwischen Menschen als jene, die emotional ausgedrückt werden, und keine Information, die lebenswichtiger ist für die Konstruktion und Rekonstruktion von Arbeitsmodellen des Selbst und des (der) Anderen als Information darüber, wie jede(r) im Hinblick auf den (die Andere(n) fühlt. Während der frühesten Jahre unseres Lebens, sind in der Tat emotionaler Ausdruck und deren Rezeption unsere einzigen Mittel der Kommunikation, so daß die Fundamente unserer Arbeitsmodelle des Selbst und unserer Beziehungsperson (attachment figure) notgedrungen angelegt werden durch den Einsatz der Information von jener Quelle allein."* (Bowby, 1988, S. 156f.; Übers. D.R.).

Respekt und Achtung vor dem Kind im Dialog

Die zweite Mutter antwortet auf die Frage, was sie meint, daß im Dialog zwischen Mutter und Kind wesentlich ist:

> "Für mich ist immer wieder im Vordergrund dieser Respekt und diese Achtung, gegenüber dem, was er äußert. Und daß ich darauf eingehe und daß ich das einerseits ernst nehme – höre, wahrnehme und ernst nehme – und andererseits authentisch antworte, wie ich dazu stehe. Transparent für ihn auch."

Sie hebt hervor, daß sie, auch wenn sie gerade anderweitig beschäftigt ist, ihrem Kind sagt, sie habe es gehört. Sie lehnt ab, was sie oft sieht:

> "Ich krieg' das oft mit bei Kindern – und ich krieg' auch die Folge mit – die dann am Tisch irgendwie fünfzehn Mal was sagen müssen, bis 'mal jemand hört... Und mit vier, fünf schreien die dann ... die müssen eigentlich ständig schreien, damit man sie hört."

Nach René Spitz enthält der frühe Dialog "bereits Elemente aller späterer Dialoge: Aussage und Erwiderung, Erörterung, Streitgespräch, Zustimmung, Synthese." (Spitz, 1988, 22). Der frühe Dialog zwischen Kind und Mutter sei die "Quelle, (der) Beginn der artspezifischen Anpassung", durch die die Entwicklung im menschlichen Sinne voranschreitet (ders., 22f.). Die weitreichende Bedeutung, die es hat, Kindern gegenüber im Dialog mit Respekt und Achtung zu begegnen, drückt Spitz wie folgt aus:

> *"Die Tatsache, daß die erste Beziehung des Säuglings zu einem menschlichen Partner (meist zur Mutter, D.R.) ist von überragender Bedeutung, denn alle späteren sozialen Beziehungen bauen auf dieser Beziehung auf. Hier beginnt der Prozeß, der den Säugling in ein menschliches, ein soziales Wesen verwandelt, in das "Zoon politikon" im menschlichen Sinn."* (Spitz, 1974, 158)

D.R.: X.X., ich habe Dir ein Gedicht abgetippt, ein Gedicht, das ich sehr gerne mag, und zwar das englische Original und eine Übersetzung auf Deutsch. Magst Du sie bitte beide lesen und danach erzählen, was Dir dazu einfällt?

Coda	**Coda**
Beating heart	**Schlagendes Herz**
feather	**Gefieder**
of wing and breast	**von Flügel und Brust**
to this	**Antithese**
bleakness	**dieser hiesigen**
antithetical	**Öde**
In love	**In der Liebe**
dear love, my love	**gilt, meine Liebste:**
detail is all	**Detail ist alles**
W.C. Williams	Üb: H.M. Enzensberger (8)

(in: Williams, W.C.: Die Worte, die Worte, die Worte. Frankfurt/M.: © Suhrkamp Verlag, Zweite Auflage 1973, © Suhrkamp Verlag, 1962, 116f.)

Anmerkungen

(1) Vgl. Rerrich, Maria S.: Balanceakt Familie. Zwischen alten Leitbildern und neuen Lebensformen. Freiburg: Luchterhand Verlag, 2. aktualisierte Auflage, 1990.

(2) Emer Seilern und Aspang setzt sich in ihrer Diplomarbeit mit Bruno Bettelheims Theorie auseinander, daß frühkindlicher Autismus u.a. auf einen (meist unbewußten) Todeswunsch der Mutter bezüglich des (werdenden) Kindes zurückzuführen sei. Das Kind wird nicht angenommen, es wird nicht "erhört" (Seilern und Aspang, 1988). Auch bei schweren Suchtmittelabhängigkeiten stößt man (frau) in der Therapie mitunter auf traumatisches Erinnern von Nichtgewollt- und/oder Nichtgeliebtwordensein.

(3) Wie bereits in Kapitel I. erwähnt, beschreibt Georgiades eindrucksvoll die antike griechische Einheit des Rhythmisch-Körperlich-Klanglichen:

> *"So ist im Altertum das urtümliche, unmittelbar auf die Sinnlichkeit bezogene rhythmisch-musikalische Vermögen nicht bloß in Musik und Tanz, sondern vor allem im geistigsten*

Äußerungsmittel, im Wort selbst (!!!, D.R.) verwirklicht. Die Musik ist mit dem Wort verquickt, ihm immanent. Die Eigenart des Altgriechischen besteht darin, daß das Wort als eigenständige rhythmisch-musikalische Macht und gleichzeitig als Sprache, als phonetisches Gebilde, als Vorstellungs- und Affektgehalt verwirklicht wird." (Georgiades, 1977, 132)"

(4) Nitzschke schildert an anderer Stelle in seinem Aufsatz anschaulich den Mythos des Narkissos, der die Grundlage der Erklärung narzistischer Störungen darstellt (die ja in unserer Zeit massenweise auftreten und u.a. auch bei Suchtproblematik angenommen werden):

"Es ist die Liebesgöttin Aphrodite, die dem Jüngling Narkissos, der die Liebe einer Nymphe verschmäht, die den bezeichnenden Namen E c h o trägt, unstillbare Selbstliebe als S t r a f e auferlegt. Die Tragik des Narkissos besteht darin, sein Ohr gegenüber dem Ton, seinen Affekt gegenüber dem Echo zu verschließen. Er verschmilzt nicht mit einem anderen Wesen, sondern nur mit sich selbst, um endlich in seinem eigenen Spiegelbild (in sich selbst) zu ertrinken. Eine Stimme ohne Echo, das ist nach Auffassung des antiken Mythos Narzißmus, Tragik und Untergang zugleich." (Nitzschke, 1985, 4)

(5) Vergleiche zu einer kritischen Kulturgeschichte des Hörens, Schafer, 1988.

(6) Ich danke Michael Weil für die Kopien der sehr interessanten Arbeiten von Kubik!

(7) Bernd Nitzsche merkt an:

"Die 'unterentwickelten' Völker sind hinsichtlich des Umgangs mit Gefühlen höher entwickelt als die 'modernen' Angehörigen der Industriegesellschaften, bei denen die Alphabetisierung der Gefühle mit Hilfe instrumenteller Vernunft womöglich schon zu weit vorangeschritten ist. Ein guter Teil unserer heutigen psychotherapeutischen Verfahren bemüht sich ja darum, diese Alphabetisierung wenigstens zum Teil wieder rückgängig zu machen, um etwas vom "primitiven" Vermögen wieder zurückzugewinnen." (Nitzschke, 1985, Fn. 10, S. 16).

Vgl. demgegenüber zur Entstellung und "Management" von Emotionen im Kapitalismus, und besonders in den Industrienationen der sog. Ersten und Zweiten Welt: Hochschild, 1983.

(8) in: Williams, William Carlos: Die Worte, die Worte, die Worte. Gedichte. Amerikanisch und deutsch. Übertragung, das Gedicht "Envoi" und Nachwort von Hans Magnus Enzensberger. Frankfurt am Main: © Suhrkamp Verlag, 1962, 116.

VI. A Dieu

Nehmet mein Joch auf euch und lernet von mir, denn ich bin sanftmütig und demütig von Herzen; und ihr werdet Ruhe finden für eure Seelen. Denn mein Joch ist sanft, und meine Bürde ist leicht.
Mt 11, 29–30

"Wer die Freiheit liebt, liebt Gott"
Angelus Silesius (1)

"Eines fasziniert an Gott: die Demut seiner Gegenwart. Niemals bestraft er, nie verletzt er die Menschenwürde. Er zieht nicht am Strick, um sich gehorsam zu verschaffen. Jede autoritäre Geste würde sein Antlitz entstellen."
Frère Roger, 1990, 11.

Nach Anthony de Mello haben wir alle die Fähigkeit zu lieben in uns. Das heißt, wir alle haben in uns die Fähigkeit, empfindsam zu sein gegenüber den Menschen, dem Leben, den Dingen; "ein Gespür zu haben" für jede(n) und alles, "ohne" jemanden oder etwas "auszuschließen" (de Mello in Hohn-Kemler, 1996, 18 (2)). De Mello behauptet, wir haben Sperren gegen das Lieben aufgestellt, "durch eigenes Verhärten, durch Verschließen seiner (ihrer, D.R.) Türen. Und sobald eine Verhärtung eintritt, geht die Empfindsamkeit verloren." (ebd.). Nach de Mello ist das einzige, was wir tun können, um wieder zu lieben (denn wir "besitzen" schon das oben beschriebene Lieben (tief) in uns), "die Spuren ... zu beseitigen", die wir "gegen (unser) Empfinden aufgerichtet haben" (ebd.).

Die zentrale Frage meiner Arbeit lautete: was kann ich tun, damit die Liebe an Kräften zunimmt? Wie habe ich diese Frage beantwortet? Dazu fasse ich im folgenden zunächst meine Arbeit rückblickend kurz zusammen.

In Kapitel I. **"Liebe Psyche!"**, habe ich einen Brief "von Frau zu Frau" an Psyche, der Namensgeberin meiner Profession, geschrieben. Ich schreibe ihr von der Situation von Frauen an der Universität heute. Dann schildere ich ihr kurz eine Zukunftswerkstatt für Frauen, die ich – "ihr" zu Ehren – betitelt hatte: "Psyche's Zukunftsperspektiven, oder: Was will ich *eigentlich* als Frau in meinem Psychologiestudium?". Anschließend teile ich Psyche einen Überblick über die Inhalte dieser Arbeit mit und versuche ihr ein wenig zu vermitteln, wie ich die heutige gesellschaftliche Wirklichkeit wahrnehme.

Warum ich dies gemacht habe? Um mich als Frau in einer "Doktorinarbeit" mit meiner Stimme einzubringen, mußte ich eine andere Form suchen als die übliche. Da ich dazu nur bedingte Spielräume an der heutigen Universität hatte, habe ich als "Auftakt" meiner Dissertation die Briefform gewählt. In Briefen haben sich Frauen schon lange mit ihrer Stimme und in unverstellter Ausdrucksweise mitgeteilt. In dem ich mich an eine Dame von vor mehr als 2000 Jahren richte, schaffe ich eine historische Distanz zur heutigen gesellschaftlichen Wirklichkeit. Bezug nehmend auf die antike griechische Kultur deute ich an, daß es bereits Kulturen gab, in denen es selbstveständlich war, daß die Sprache sowie das damals so wichtige Theater von der **musiké** (vgl. Kap. I, siehe auch Fn. (7) in diesem Kapitel) durchdrungen waren.

Je mehr ich mich als Frau mit meiner Stimme ausdrücke, desto empfindsamer bin ich gegenüber meinem Leben. Ich versuche damit, meine Empfindungsfähigkeit – als Akademikerin – zu befreien. Ich möchte auch Raum schaffen, daß sich andere Frauen mehr trauen, sich mit ihren Stimmen und ihren Gefühlen in wissenschaftlichen Arbeiten auszudrücken. Angesichts der Situation von Frauen und Müttern als Studentinnen und Professionelle an den Universitäten, nimmt dadurch meines Erachtens die Liebe für Frauen an Kräften zu.

In Kapitel II. "Μεθ'οδňσ: **Über den Weg**" habe ich den kleinen Bach beschrieben, an dem ich jahrelang Atem- und Stimmübungen gemacht habe. Am Erdweg neben dem Bach, wo wilde Malvenblumen blühen, habe ich so nach mehr innerer Klarheit gesucht. Hier habe ich auch viel für diese Arbeit nachgedacht. Ich habe versucht, mich vom Fließen des Wassers und von vielen schönen Naturbegebenheiten inspirieren zu lassen.

In diesem Kapitel habe ich beschrieben, wo ich beruflich herkam und wie ich meine Perspektive gefunden habe. Für mich war wesentlich für diese Arbeit, sie mit Freude und sie frei – mit dem Herzen – zu schreiben. Das hatte ich mir und meinem Doktorvater Heiner Keupp versprochen. Dazu habe ich mich immer wieder gefragt: Stimmt es für mich, wie und was ich daran arbeite und schreibe? Immer wieder haben Freundinnen und Freunde, sowie meine Familie mich – sehr – darin unterstützt. Während ich diese Arbeit schrieb, hat mich auch das Tanzen inspiriert, vor allem im Frauenkulturhaus bei den Jahreskreisfesten und Tanzabenden bei Elke Geese. Zu Hause habe ich viele, viele Male zu einem Lied auf Giora Feidmans CD "The Dance of Joy" getanzt. Ich habe versucht, *so* zu schreiben, wie das, was ich tanzend höre und fühle, klingt (3).

Ich hatte mich gefragt, was in der heutigen Zeit als Frau in die Wissenschaft Psychologie sinnvoll ist einzubringen und wie es sinnvoll ist, dies zu tun. Die Klage über die vielfachen wirklichen Diskriminierungen von Frauen in der akademischen Welt und anderswo wollte ich nicht mehr in den Mund nehmen. Natürlich wollte ich Bestehendes überwinden.

Theoretisch habe ich mich eingangs mit Sozialphilosophen der Kritischen Theorie auseinandergesetzt, die bereits vor Jahrzehnten einerseits den "Ist Zustand" des atomaren Zeitalters "diagnostiziert" und dessen Auswirkungen auf die Menschen in vielen gesellschaftlichen Bereichen beschrieben (Anders), andererseits Wege zur Überwindung der bestehenden Verhältnisse benannt hatten (Marcuse). Marcuses Ideen, in Anlehnung an Hegel, sowie an Schiller und Kant (aber jeweils um "die göttliche Dimension" verkürzt), und in Auseinandersetzung mit Freud, schienen mir sehr wichtig zu sein. Ich meine, Marcuse hat recht, daß wir das Leistungsprinzip (und damit dessen verheerende Wirkungen) überwinden sollten und daß dann ein anderes Verhältnis der Menschen untereinander, sowie ein anderes Verhältnis zwischen Menschen und Natur aufleben würde. Nach wie vor begeistert mich Marcuses Plädoyer für Phantasie und Utopie, um das Leistungsprinzip zu überwinden. Ich hoffe, er (und Hegel) haben recht, daß wir künftig in einer Gesellschaft leben könnten, die dann durch Rezeptivität, Kontemplation und Freude gekennzeichnet wäre. Dennoch griffen Marcuses Gedanken zu kurz. Marcuse hatte den spielenden Menschen, für den auch Schiller plädiert, nicht in seiner eigentlichen Dimension, nämlich der göttlichen, erfaßt. Beim Kulturphilosophen Huizinga fand ich benannt, daß der spielende Mensch, homo ludens, für die Grundlegung von Kultur Voraussetzung war. Aber erst Hugo Rahner sah den spielenden Menschen, auf seinen weiten Kenntnissen der griechischen Philosphie und des Christentums fußend, als einen, der spielend Gottes Weltplan nachzubilden trachtet – so, wie die Bemühungen des Menschen um Erkenntnis insgesamt, um *theoria*, wörtlich eine Sehnsucht nach der "Schau des Göttlichen" bedeutet. Der griechischen Philosophie kundig, benannte Rahner klar, daß alles Tun des Menschen ein Kinderspiel ist, verglichen mit dem, was in Gott ist. Rahner plädiert für christliche Lebenskunst: für den christlichen spielenden Menschen.

Als Frau schienen mir die bestehenden Verhältnisse, wenn ich liebevoll vorgehen wollte, erst recht nur spielend zu überwinden zu sein. Auch ein Emanzipationsprozeß schien mir, nach Jahren diverser Erfahrungen, nur auf liebevolle Weise sinnvoll zu sein. So ist der Weg, den ich für mich wieder gefunden habe und als Frau neu finde, ein bald 2000 Jahre alter – Christus.

In diesem Kapitel setze ich mich mit einem anderen Forschungsweg auseinander. Ich versuchte als Frau mit dem Herzen, sowie hörend und zuhörend zu forschen. Ich beschreibe, wie ich aufgrund der Stimmbildung und Sprachgestaltung bei Frau Professor Langen und meinen beruflichen Erfahrungen bei Prima♀Donna, Con Drobs e.V. zu einem anderen Vernehmen von Sprache gekommen bin und reflektiere dies kurz philosophiegeschichtlich.

Im Kapitel III. **"Prima♀Donna: Der Sehnsucht nach dem Leben auf der Spur"** habe ich das Arbeitsmodell von Prima♀Donna beschrieben. Es handelt davon, wie Frauen sich wechselseitig liebevoll darin unterstützen, zu heilen und ihre Würde und Integrität als Frauen wiederzuerlangen.

Vorweg habe ich in diesem Kapitel Einsichten, die ich persönlich gewonnen habe, niedergeschrieben. Erst nachdem ich aufgehört hatte, bei Prima♀Donna zu arbeiten, habe ich für mich verstanden, daß die Sehnsucht nach dem Leben, um die es uns bei Prima♀Donna ging, zu kurz griff, wenn sie im professionellen Denken eines verabsolutierten Menschenmaßes der Psychologie der neuzeitlichen Moderne verhaftet blieb. Anders ausgedrückt: anhand von eigenen Erfahrungen ist mir persönlich klar geworden, daß das säkularisierte Wissen vieler Psychotherapien und weiter Gebiete der feministischen Therapien sowie der Gemeindepsychologie, die Drogenarbeit betreffend, gefährlich verkürzt ist.

Daher plädiere ich für eine emanzipatorisch christliche Reformulierung des Konzeptes von Prima♀Donna. Bei "emanzipatorisch christlich" denke ich an eine die befreiende Praxis von Frauen, Männern und Kindern, ja global "alle Menschen", meinende Haltung zugunsten der ganzen Schöpfung. Wie könnte das gehen? Ich denke, ein solches Konzept sollte lebendig wachsen. Ich meine auch, es stimmt, daß es "von unten" wachsen sollte (Gespräch mit Heiner Keupp, 1996).

Schließlich beschreibe ich in diesem Kapitel meine Suche als therapeutisch tätige Psychologin nach profunder Sprache, die ich in der Arbeit mit heroinabhängigen Frauen als lebensnotwendig erkannt und daher gesucht habe.

Im Kapitel IV. **"Von Poesie, dramatischer Sprechkunst, und der Kunst arabischen Erzählens"** gehe ich zuerst der Frage nach, was Poesie ist. Als schöpferische Herzenssprache können darin alle Gefühle ausgedrückt werden. Sie wird nicht herrschaftlich und sie läßt vernehmenden Personen maximale Freiheit, da sie nicht generalisiert und klassifiziert.

Dann stelle ich Margret Langens Erkenntnisse über Stimmbildung und Sprachgestaltung dar. Es war Margret Langens Einsicht, daß das Wort Kunst von "Künden" kommt. Die "Schau spielen" heißt, die inneren Bilder, die eine Dichtung hervorruft, wahrzunehmen und **diese** Schau zu spielen.

Um zu diesem Sprachverständnis zu gelangen, lernt man in einem sich stets vertiefenden Prozeß durch Atemübungen zu einer inneren Ruhe zu finden. Durch besondere Stimmübungen lernt man, Worte mit einem frei schwingenden Zwerchfell zu sprechen. Man lernt Worte mit Geist – Seele – Körper zu vernehmen. Man lernt, sie mit frei schwingendem Zwerchfell "auf dem Luftstrom" zu sprechen.

Gerade bei poetischer Sprache ist es so wichtig, sie mit den Gefühlen, die sie weckt und mit dem Rhythmus, aus dem sie geschrieben worden ist – im eigenen Rhythmus ruhend – zu sprechen.
Wesentlich ist es, die Bilder, die die Dichtung im Innern weckt, klar zu sehen. Es ist entscheidend, die inneren Bilder und die geistige Aussage der Dichtung im künstlerischen Ausdruck wiederzugeben. So gesprochen lebt Dichtung für Zuhörende wieder auf.

Mit diesem Sprachverständnis habe ich Fragen gestellt an eine Künstlerin und drei Künstler aus der darstellenden Kunst bzw. der Kunst des arabischen Erzählens. Zwei der Befragten kommen aus Deutschland, einer ursprünglich aus Ungarn, einer ursprünglich aus Syrien. Auf diese Weise deute ich eine interkulturelle Perspektive an, die meines Erachtens hilfreich ist, um neu aufzuhorchen hinsichtlich Sprache. Ich habe möglichst Raum gelassen für das, was die Künstlerin und die Künstler über die darstellende Kunst, über die dramatische Sprechkunst, über poetische Sprache und über die Kunst des arabischen Erzählens selbst sagen.

Margret Langen sagte, ein Ziel ihrer Arbeit sei, "in und durch die Sprache Körper, Geist und Seele zu einer Einheit zurückzuführen". In meiner Erfahrung wächst die Empfindsamkeit gegenüber den Menschen und dem Leben durch regelmäßige Atem-, Stimm- und Sprachübungen.

Im anschließenden Kapitel V. **"Was viele Frauen tun: Vom Lieben, Zuhören – und Sprechen mit Babys und Kleinkindern"** kommen zwei Mütter zu Wort. Was die Frauen sagen, steht zunächst unkommentiert da. So können sich Lesende auch hier einhören in das, was diese Frauen sagen und sich einen eigenen Eindruck verschaffen, bevor ich eine Auswertung vornehme.

Ich frage die zwei Mütter, was sie tun, wodurch ein Mensch – am Beginn des Lebens – für's Leben lebendig gestärkt wird. Es sind Themen des Lieb- und des Zeithabens, des Sich Einschwingens, Sich Einfühlens – manchmal in horchender Stille, manchmal bei intensivst und laut ausgedrückten Gefühlen („E-motionen") von Babys und Kleinkindern. Fähigkeiten, die Frauen in verschiedenen Ausprägungen entfalten, wenn sie ihr Baby lieben, wenn es darum geht, daß ein Baby und Kleinkind "gedeihen" mögen, kommen zur Sprache.

Fähigkeiten, die Frauen entfalten, wenn sie ihr Baby und dann Kleinkind lieben? Das Sprechen mit Babys und Kleinkindern ist das vielleicht empfindsamste Sprechen. Denn hier sprechen Frauen (und zunehmend Männer) im Dialog mit den zartesten, jüngsten, neugierigsten und oft frohsten kleinsten und kleinen Kindern (4). Da sich also Mütter und (immer mehr auch) Väter einfühlen und einhören, einschwingen in und mitschwingen mit Kleine, ist das Miteinandersprechen meist liebevoll, oft spielend, rhythmisch und klingend. Die Kleinen wiederholen oft melodisch und spielend das, was die Mutter oder der Vater sagt und wandeln das Gesagte dann kreativ ab. Lachen, Singen und Springen sind hier genauso selbstverständlich wie Fantasieren, Rollenspielen und natürlich Erzählen.

Zuerst, in der Schwangerschaft, ist die Stimme der Mutter da (und entfernter die des Vaters und anderer Bezugspersonen). Dann auch die Stimme des "Gegenübers" Baby. Erst viel später lernt das Baby zu sprechen. Lange sind es die musikalischen Aspekte menschlichen Sprechens, die verstanden werden: die Gefühle (E-motionen), Rhythmus, Klang und Melodie, die durch die Stimme der Mutter (und des Vaters) vermittelt werden.

Es ist vielleicht nicht zuviel gesagt, zu behaupten, daß jede Mutter – und zunehmend Väter – ihrem Kind die Welt neu "erzählen". W e m sie die Welt neu erzählen, wer also hier "Gegenüber" ist, ist entscheidend. Da sie es ihrem Baby und dann dem Kleinkind erzählen, das ihr oder ihm dies fragend-spielend abverlangt, wird dieses sensible dialogische Erzählen voll von poetischen Aspekten, Inhalten und Momenten. Denn das Sprechen eines Kleinkindes ist in vieler Hinsicht – poetisch.

Durch die liebevollen, rezeptiven Dialoge von Müttern (und zunehmend Vätern) mit ihren Babys und (Klein-)Kindern werden selbst die "feinsten kleinen Nuancen der Sprache", die "Musikalität der Sprache" – "der Muttersprache" – weitergegeben (vgl. hierzu Kapitel IV., Interview mit János Gönczöl in dieser Arbeit).

Hier beginnt in jedem Menschenleben "Das erzählte Selbst" (Kraus, 1996), das sich in den ersten Lebensjahren poetisch, schöpferisch ausdrückt. Das Heranwachsen eines Babys und (Klein)Kindes ist ein schöpferischer Prozeß par excellence. "Zur Welt kommen – Zur Sprache kommen" (Sloterdijk, 1988) ist aber nicht nur schöpferisch, sondern wesentlich dialogisch. Entsprechend beinhalten die liebevollen Dialoge von Müttern mit ihren Babys und (Klein)Kindern schöpferische, poetische und musikalische Anteile. Letzere entlocken die Kleinen ihren Müttern (und zunehmend Vätern). Denn das dialogische, so empfindsame (Nach)Sprechen des (Klein)Kindes ist fast ein Singsprechen, das im Dialog viel Spaß machen kann. Melodisch spielklingen, spielsprechen, spielsingen Kleine das nach, was die Mutter sagt. Dies inspiriert natürlich wiederum die Mutter (zunehmend Vater). Diese lebendigen, ja lebensnotwendigen Dialoge, die musikalisch angelegt sind, werden auf der ganzen Welt zum allergrößten Teil von Frauen als Mütter geführt (5).

Seit mehr als drei Jahren arbeite ich inzwischen mit sog. leserechtschreibschwachen Kindern beim Arbeitskreis Legasthenie Bayern e.V. (6). Therapeia (7) erkunde ich nun in der Arbeit mit Kindern am Wort (8). Die Kinder mit dieser Störung zählen auffallenderweise zu den intelligenten bis überdurchschnittlich intelligenten Kindern. Ich wünschte, es würden an den Schulen neue schöpferische Zugänge zur Sprachvermittlung (9) aus den gelebten Erfahrungen von Müttern, Frauen und neuen Vätern mit ihren Kindern aufleben, die

" ... die früheste soziale Hör-Erfahrung des M i t e i n a n d e r – S c h w i n g e n s (Hervorhebung im Orig., D.R.) im Mutterleib für Kinder wieder erlebbar (...) machen. Dies ist notwendig, weil das Hören und Gehört-Werden eine grundlegende Erfahrung für das Selbstverstehen darstellt."
(Bäuml-Roßnagl, 1990, I, 56, bearbeitet von S. Zimmermann)

In der Mutter-Kind-Beziehung "formt sich die Grundlage des Identitätsgefühls" (Erikson, 1971, 243, zitiert in Bäuml-Roßnagl, 1990, I., 55, bearbeitet von S. Zimmermann). Es hat meines Erachtens mit dem Unterdrücken des Weiblichen in unserer Gesellschaft zu tun, daß Identität zwar "in einem dialogischen Prozeß (entsteht), aber in unserer Kultur monologisch gedeutet und erzählt" wird (Keupp, 1995, 347; vgl. dazu auch Gilligan, 1988). In den "neuen Identitätsentwürfen" hat aber die "weibliche Beziehungsorientierung", die "kommunikative Verbindung mit anderen ... einen deutlich höheren Stellenwert" (Keupp, 1992, 875; vgl. auch Keupp, 1997, 157).

Mir geht es um eine Stärkung des Selbstbewußtseins von Frauen durch ein Aufhorchen. Die Fähigkeiten, die Frauen im Kontakt mit Babys und (Klein-)Kindern entfalten, würde unsere Gesellschaft in fast allen Bereichen bereichern. Um Mißverständnissen vorzubeugen: ich rede nicht von einengenden Zuschreibungen zu Rollen. Es geht mir vielmehr um die Stärkung des Selbstbewußtseins von Frauen an allen Orten. Mit meiner Arbeit möchte ich einen Beitrag leisten zu einem herrschaftsfreien Verhältnis zwischen Frauen und Männern und Kinder.

Die Frage, die ich in meiner Arbeit zu beantworten versucht habe, lautete: was kann ich tun, damit die Liebe an Kräften zunimmt. Nach Anthony de Mello haben wir alle die Fähigkeit zu lieben in uns. Wir haben "nur" Sperren gegen das Lieben aufgestellt, "durch eigenes Verhärten, durch Verschließen seiner Türen" (de Mello, in Hohn-Kemler, 1996, 18). Nach de Mello ist das einzige, was wir tun können, um wieder zu lieben, (denn wir "besitzen" schon das oben beschriebene Lieben (tief) in uns) "die Spuren ... zu beseitigen", die wir "gegen (unser) Empfinden aufgerichtet haben" (ebd.).

Aus sozialpsychologischer Sicht käme die Zuschreibung dieses Verhärtens allein an das Individuum – an "Personen" – einem mehr als zynischen "blaming the victim" gleich. Heiner Keupp schreibt:

> "Max Weber hat der Psychologie gezeigt, wie in einer Zangenbewegung von Ökonomie und Religion jenes Personengehäuse entstanden ist, das dem Kapitalismus die subjektive Basis verschaffte und die er bei den Subjekten immer wieder reproduzierte. Normalitäten, Normalbiographien und Identitätskonzepte haben bis in die jüngste Zeit hinein von diesem "stahlharten Gehäuse der Hörigkeit" gezehrt." (Keupp, 1997, 42)

Ich bin bei meiner Suche Pfade gegangen, in denen – beim (dialogischen) Zuhören, Einfühlen und Sprechen – Möglichkeiten des Wortes wahrnehmbar werden, um (wieder) zu empfinden: in der feministischen Therapie bei heroinabhängigen Frauen, beim Vernehmen poetischer Sprache in der dramatischen Sprechkunst und beim arabischen Erzählen, sowie im frühen, musikalischen Dialog zwischen Müttern und Babys (und Kleinkindern). Dabei ging es stets um Möglichkeiten des gehörten und gesprochenen Wortes. Nicht nur Möglichkeiten des Verstehens, sondern Möglichkeiten des Liebens und des Bezogenseins (und damit Mit-Schwingens) waren dabei Thema und, wie in der Arbeit mit heroinabhängigen Frauen vernehmbar wurde, des Empfindens und des Lebens. Wie können Lebenskräfte durch "Ant-Worte" gestärkt werden? Wie kann frau (man) dadurch wieder mehr lieben? Wie kommt das Wort an? Wodurch lebt poetische Sprache auf? Wie bereichern uns die Erkenntnisse von Müttern, die viel Erfahrung mit empfindsamem dialogischen Sprechen und Erzählen mit (Babys und) (Klein)Kindern haben? Dies habe ich in dieser Arbeit untersucht. Ich stelle eine in der heutigen Zeit in unserer Gesellschaft bedrohte Möglichkeit, mehr zu empfinden, die für Frauen und Kinder, aber auch für Männer Bedeutung hat, ins Licht der Öffentlichkeit.

Das Wort als Verständnismöglichkeit von Mensch zu Mensch ist meines Erachtens von großer Bedeutung in unserer sich immer schneller verändernden gesellschaftlichen Wirklichkeit (10). Gerade in der heutigen Zeit ist es so notwendig, sich der Möglichkeiten des Wortes bewußt zu werden. Für immer mehr Menschen wird es zunehmend schwer, kohärente Lebensentwürfe herzustellen (vgl. Keupp in Kraus, 1996). Dies betrifft natürlich auch Frauen und Mütter (vgl. Bilden im Frauentherapiekongreß 1997 Band, im Erscheinen) – und damit Kinder. Das Sich Einhören, Einfühlen in, Einschwingen auf, Mitschwingen mit Andere(n) wird im Patchwork der neuen (familialen) Beziehungsgefüge, der zunehmend brüchigen und/oder multiplen (Erwerbs- bzw. Haus-)Arbeitskontexte (bei allenthalber knapper werdenden finanziellen Ressourcen, deren Verminderung Streß auslöst), immer schwerer. Von den Auswirkungen der neuen Technologien mit ihrem "Wörter-Smog" ganz zu schweigen. Lebenskunst wird immer wichtiger ... (11). In dem kaleidoskopartig anmutenden Alltag vieler Menschen heute bleiben aber

> "Sprechen und Zuhören ... eine Brücke zu den mit mir nicht identischen Anderen. Weil wir verschieden sind, müssen wir miteinander sprechen, denn wir wissen nicht schon von Vorneherein, wer die Anderen sind. Im Sprechen geben wir Anderen und geben Andere uns Aufschluss darüber, wer wir sind und wer sie sind." (Gallati; Thürmer-Rohr, 1997, 15 (12))

Nicht zufällig wurde versucht, mit dem Begriff der "Multiphrenie", die aktuelle postmoderne Grunderfahrung zu formulieren (Gergen, zit. in Keupp, 1997, 47; siehe auch Keupp 1995, 1996) (13).

Die Möglichkeiten des Wortes sind meines Erachtens auch sehr bedeutsam für die narrative Psychologie. Wolfgang Kraus schreibt:

> "Der narrative Fokus erweist sich m.E. als fruchtbar, weil er den Prozeß der Identitätsbildung empirisch da sucht, wo er geschieht, nämlich in der s p r a c h b e z o g e n e n Verhandlung des Subjekts (Hervorhebung D.R.) mit sich und mit anderen in Auseinandersetzung mit einem gesellschaftlich verfügbaren Formenpotential."

(Kraus, 1996, 241)

Die Erkenntnisse, die Margret Langen über das Wort und über Sprachgestaltung für die dramatische Sprechkunst entwickelt hat, könnten hier sehr hilfreich sein. Letztere hat sich ja aus der Kunst des Erzählens entwickelt: "Theaterspielen heisst Geschichten erzählen." (Bridgmont, 1989, 9). Als Geschichtenerzähler und -erzählerinnen sieht uns aber die narrative Psychologie (vgl. Keupp, 1996).

Wolfgang Stark betont die Wichtigkeit, neben den (in Geschichten und Erzählungen) "enthaltenen Informationen über die Lebenswelt der Personen", "besonders die anregenden, aktivierenden Anteile" von Geschichten und Erzählungen für eine gemeindepsychologische Perspektive zu beachten (Stark, 1992, 41). Der wesentlichste anregende, aktivierende Anteil von Geschichten und Erzählungen ist – das Wort.

Heute am frühen Morgen sang eine Amsel an meinem Balkon, sie saß am Geländer. Solche Freude drückte sie aus, solche Freude schenkte sie mir. Da fiel mir der Liedtext ein: "unsers Herzens Wonne". So wie sie sang – "Herzenswonne" schwingte bei mir an.

"Unsers Herzens Wonne" ist aus einem alten Weihnachtslied aus dem 14. Jahrhundert, "In dulci jubilo": "In dulci jubilo, nun singet und seid froh: Unsers Herzens Wonne liegt in praesipio und leuchtet wie die Sonne matris in gremio. Alpha es et O, Alpha es et O." (Gotteslob, 1975, Nr. 142). Das heißt übersetzt etwa: Nun singet mit wohlklingendem Jubel und seid froh, unsers Herzens Wonne liegt in der Krippe und leuchtet wie die Sonne auf dem Schoß der Mutter. Du bist das Alpha und das Omega, Du bist das Alpha und das Omega" – der erste und letzte Buchstabe des (griechischen) Alphabets also.

Diesen Christus zu suchen, den Christus der Herzenswonne, das Alpha und Omega, da mache ich mich nun auf den Weg ...

D.R.: X.X., warum ist für Dich ein Vogel der Inbegriff der Schöpfung?

X.X.: **Weil zur Schöpfung für mich Gesang gehört. Ich werde sehr angesprochen und sehr berührt von Musik. Und der Vogel ist eigentlich das einzige Lebewesen, außer dem Menschen, das wirklich so unterschiedliche und so zu Herzen gehende Melodien entwickelt hat. Es gibt Heuschreckengesänge, und es gibt auch Gesänge der Wale, aber der Vogelgesang spricht noch ganz anders an, weil er in besonderem Maße mit der Luft in Verbindung gebracht wird. Ich denke da an eine Lerche, die sich singend in den Himmel schraubt, oder einen Vogel, der erhöht sitzt und einfach zwitschert und diesen Gesang wirklich in den Himmel bringt. Wenn wir singen, sind wir meistens abgekapselt. Wir singen selten draußen, zumindest in unserer Kultur ist es nicht das Übliche. Man ist dafür an einem besonderen Platz, man ist abgeschirmt, man will nicht stören.**

D.R.: **(schmunzelt)**

X.X.: **Aber diese Vögel, die drücken sich aus und sind ganz nahe ihrem Ursprung.**

Anmerkungen
(1) Zitiert in Grün, Anselm: Wege zur Freiheit. Münsterschwarzach: Vier Türme Verlag, 1996, S.8.

(2) Anthony de Mello schreibt wörtlich:
> *"Das Reich Gottes ist Liebe. Was heißt lieben? Es heißt: empfindsam zu sein gegenüber dem Leben, den Dingen, den Menschen; ein Gespür zu haben für alles und jeden, ohne etwas oder jemanden auszuschließen." (de Mello in Hohn-Kemler, 1990, 18)*

Als Frau finde ich die von de Mello aufgestellte Reihenfolge: zuerst "das" Leben, dann die Dinge und erst dann die Menschen problematisch und für mich auch nicht stimmig.

(3) Das Lied heißt "Ani Ole L'Yerushalim" von Y. Hadar und Giora Feidman. Für mich drückt es mit seiner lichten Leichtigkeit herzbeflügelnde "Freude" in Musik aus.

(4) Die psychischen Störungen im Säuglings- und Kindesalter konnten im Rahmen dieser Arbeit leider nicht berücksichtigt werden.

(5) In unserer Gesellschaft werden diese Dialoge oft in Arbeitsteilung von Müttern u n d (zunehmend internationalen) Tagesmüttern geführt. Im Rahmen dieser Arbeit konnte ich leider auf diesen wichtigen Aspekt nicht eingehen.
Vgl. Maria S. Rerrich zur soziologischen Analyse der widersprüchlichen Erfahrungen von Frauen und deren Balanceakt im sich verändernden Familien- und Berufsalltag bei nicht durchgesetzter Gleichberechtigung, weder in der Privatsphäre, noch im Beruf noch in der Öffentlichkeit: Rerrich, M.S., 1990; vgl. auch Rerrich, M.S. in Berger, P; Hradil, S. (Hg.), 1990; Rerrich, M.S. in Voß, G. (Hg.), 1991; Rerrich, M.S. mit Voß, G., 1992; Rerrich, M.S., 1992; Rerrich, M.S.; Jurczyk, K. in Born, C.; Krüger, H. (Hginnen.), 1993; vgl. vor allem auch Jurczyk & Rerrich, 1993; Rerrich M.S. in Schattovits, H. (Hg.), 1993.
Vgl. zur Entstehung einer internationalen "neuen Dienstbotenklasse" von Frauen zur Entlastung von berufstätigen Frauen und Müttern, die bislang keine hinreichende private Arbeitsteilung mit Männern und familienfreundliche Arbeitsbedingungen in der Erwerbsarbeit und Öffentlichkeit erzielen konnten, Rerrich, M.S. in Schäfers, B. (Hg.), 1993; Rerrich, M.S., 1996; Rerrich, M.S.(im Erscheinen). Vgl. auch Bibliographie.

(6) Irene Lorenz und Maria Dornauer danke ich sehr herzlich, mich vor der termingebundenen Abgabe der Dissertation und vor dem Rigorosum "moralisch" unterstützt zu haben. In der Supervision – und darüber hinaus – habe ich bei Irene sehr viel über therapeutische Arbeit mit legasthenischen Kindern gelernt. Ich danke ihr ganz herzlich! Maria Dornauer hat mich ebenfalls sehr unterstützt bei den vielen neuen Problemen um die Legastheniertherapien. Ihre Rückmeldungen zur Dissertation haben mich ermutigt. Auch ihr danke ich sehr herzlich!

(7) *Therapeia – healing* (Concise Oxford Dictionary of Current English, 1977); die Verehrung der Götter, die Huldigung.
Das dazugehörige Verb *therapeuio* bedeutet: Diener sein, bedienen, freundlich behandeln, jemanden, besonders die Götter verehren, hochachten, etwas besorgen, gut sorgen für, auch das Land bebauen, pflegen, sorgfältig behandeln, heilen, jemandem die gehörige Pflege zuwenden, sorgfältig ausbilden. (Griechisch-Deutsches Schul- und Handwörterbuch von Wilhelm Gemoll. 9. Auflage. München, Wien: G. Freytag Verlag – Hölder – Pichler – Tempsky, Neuauflage 1988 (1954).

Interessanterweise beinhalten sowohl das Wort *therapeia* als auch das Wort *theoria* (vgl. Kapitel II), die für den Beruf der Psychologin (des Psychologen) beide zentral sind, das griechische Wort für Gott.

(8) Äußerst wichtig fände ich es, die praktische Umsetzung von Frau Professor Langens Ziel, "Körper, Geist und Seele in und durch die Sprache zu einer Einheit zurückzuführen" (vgl. Kap. IV; siehe auch die Zusammenfassung von Margret Langens Arbeit in diesem Kapitel), auch in der Theorie und Praxis der Legastheniertherapie zu entwickeln und dann zu verwirklichen.

Hierzu könnten folgende Überlegungen, die Polyxene Mathéy mir vor Kurzem in einem Brief schrieb, hilfreich sein:
> *"Sollte die Wissenschaft wirklich herausfinden, daß die Legasthenie nicht angeboren, sondern durch mangelhafte oder falsche Erziehung im frühen Kindesalter verursacht wird? Da würden wir Musik- und Bewegungspädagogen sagen können: das haben wir schon 2500 Jahre (Plato!) gesagt, aber Ihr habt nicht auf uns gehört!"* (vgl. Polyxene Mathéy zur Bedeutung der sog.

"**Musiké**", d.h. der Verbindung von Wort, Musik und Bewegung in der Erziehung bei Platon, Kapitel I, ad IV. in dieser Arbeit.)

Sie schrieb weiter:
"Der Mensch ist halt eine untrennbare Einheit von Körper, Geist und Seele, und jeder Versuch diese drei Faktoren getrennt zu behandeln muß notwendig negative Resultate bringen. Descartes hatte absolut unrecht mit seinem "cogito ergo sum" und hat (und mit ihm ganze Generationen) der <u>ratio</u> eben diese verhängnisvolle Wichtigkeit beigemessen, die wir heute nicht mehr anerkennen können."

Im nächsten Brief schrieb sie ergänzend:
"Es müßte aber hinzugefügt werden, daß ein solcher Plan auf die Kinder <u>vor</u> dem Kindergarten angewendet werden müßte, daß also auch die Verantwortlichen für die Kleinkinder, sogar Säuglinge entsprechend trainiert werden müßten (Ein phantastischer Plan!). Tatsache ist, daß die Legasthenie hier bei uns (d.h. in Griechenland, D.R.) erst diagnostiziert wird, wenn das Kind schon 4-5 Jahre alt ist, wenn es also zu spät ist, um durch die "Erziehung" eine Heilung zu erreichen. Die Wissenschaft wird notgedrungen zu einer Lösung kommen müssen, auch um das Drama der Kinder, die in einer Anstalt aufwachsen, zu mildern."
(Abdruck mit persönlicher Genehmigung von Polyxene Mathéy)

Bedenkt man etwa die positive Wirkung und inzwischen breite Akzeptanz der von Leboyer im Westen bekannt gemachten indischen Babymassage, ist dieser "Plan" vielleicht gar nicht so phantastisch.

Körper, Geist und Seele als eine Einheit zu betrachten und einen Zugang dazu von der Sprache und der Musik- und Bewegungspädagogik bzw. Rhythmik her zu entwickeln, ist in der Legasthenieforschung bislang noch kein etablierter Forschungszugang. Im deutschsprachigen Raum existieren bisher einzelne Arbeiten, die wichtige Ansätze dazu beinhalten. Wünschenswerterweise wäre das oben genannte Ziel in einem Kreis von Kooperierenden zu entwickeln. Ich möchte auf folgende Bücher und Methoden in der Theorie und Praxis der Legastheniettherapie hinweisen, die ich während meiner ABM-Anstellung in der Geschäftsstelle des Arbeitskreises Legasthenie Bayern e.V. bei der Erstellung qualitativer Bibliotheksverzeichnisse, entdeckt habe, hinweisen:

1986 wiesen Helmut Breuer und Maria Weuffen in der damaligen DDR auf die in der Bundesrepublik bis dahin weitgehend übergangenen kinästhetischen, melodischen und rhythmischen Aspekte von Sprache hin (Breuer, Weuffen, 1986). Ursula Zimmermann schrieb einen interessanten Beitrag zum Fachkongreß 1986, betitelt "Rhythmisch-musikalische Basiserziehung bei Legasthenikern" (Zimmermann in Dummer, 1987, 139–145). Interessante Übungen sind im "Akustischen Training", sowie im "Serialitätstraining" des umfassenden Programmes von Dr. Brigitte Sindelar zu finden (Sindelar, 1986). Irene Lorenz und Maria Dornauer haben Carola Reuter-Liehr gewonnen, eine vereinsinterne Fortbildung in ihrer sehr wichtigen Methode "Lautgetreue Rechtschreibförderung" (Reuter-Liehr, 1992) zu veranstalten. Es ist eine "silbengliedernde und körpereinsetzende" Methode des "synchronen, rhythmisch-melodischen Sprechschreibens". Seit 1997 bietet Ulrike Ebbinghaus diese an. Ina Grimmeisen verweist in ihrer Abschlußarbeit darauf, daß "(r)hythmische und melodische Wahrnehmungen ... zum Beispiel für die Betonung und rhythmische Gliederung eine wesentliche Rolle (spielen). Schülerinnen und Schüler mit rhythmischen und melodischen Teilleistungsschwächen fallen vor allem in den ersten Schuljahren durch monotones Lesen auf. Häufig sind sie nicht in der Lage, Silben in gesprochenen Wörtern zu erkennen. Sie haben Schwierigkeiten mit der Sinnerfassung beim Lesen, die wesentlich durch Betonung und Sprachmelodie bestimmt wird." (Grimmeisen, 1996, 22) 1996 führte Angelika de Marco (geb. Kreuzer) im Rahmen ihrer empirischen Untersuchung für ihre Abschlußarbeit "Musik als Lernhilfe" rhythmisch-musikalische Übungen mit drei Kindern durch, die bei mir Legastheniettherapie beim Arbeitskreis

Legasthenie Bayern e.V. machten. Wegen einer Babypause wurde die Arbeit Ende 1997 eingereicht (de Marco, 1997).

In den letzten Monaten vor Fertigstellung dieser Arbeit für die Buchveröffentlichung habe ich von Annette Cramer ihr selten schönes, meines Erachtens für die Arbeit mit leserechtschreib- und rechenschwachen Kindern (aber nicht nur für die Arbeit mit diesen!) äußerst wichtiges Buch "Kinder fördern durch Sprechen und Singen. Entwicklung von Selbstbewußtsein und Persönlichkeit mit Atem, Bewegung und lebendigem Stimmklang." München: Südwest Verlag, 1996, 2. Auflage, erhalten. Ich danke ihr sehr herzlich dafür!

An der Montessori Schule in Dachau entdeckte ich das meines Erachtens für leserechtschreibschwache (und ebenfalls nicht nur für diese) Kinder sehr wichtige, sehr schöne Buch von Susanne Hertig: Vers und Form. Rhythmisches Zeichnen. Schaffhausen: Verlag der SCHUBI Lehrmittel, 1994.

Vergleiche zur Schreibbewegungstherapie und zur Darstellung des Begriffs des Eigenrhythmus für das Schreiben das therapeutisch wichtige Buch von Magdalene Heermann, 1985.
(Vergleiche zur Rhythmik insgesamt das sehr wichtige Buch von Elfriede Feudel: Rhythmik. Wolfenbüttel: Georg Kallmeyer Verlag, 1982. Siehe auch Isabelle Frohne: Das Rhythmische Prinzip. Lilienthal: Eres Edition, 1981, die auch kurz die Geschichte der Rhythmikbewegung seit dem ausgehenden 19. Jahrhundert sozialkritisch beschreibt. In diesen Büchern ist im Unterschied zur "statischen, atomistischen Weltauffassung, nach der alle Dinge aus selbständigen Elementen bestehen" (Frohne, 1981, 23) der Polaritätsgedanke der Rhythmik dargestellt – der über die Descartes'sche Denktradition hinausführt.)

Vergleiche die ausgezeichnete Schrift „Sprache und Stimme im Unterricht" von Kubes, Kraus und Hofer (1992), die m.E. hinsichtlich Atem- und Stimmbildung auch für Legasthenietherapeutinnen und -therapeuten hilfreich ist.

Sehr wichtig fände ich es, sich mit der Theorie und Praxis der Sprachgestaltung (und Eurhythmie) nach den Erkenntnissen der Anthroposophie nach Rudolf Steiner u.a. und deren Anwendungs möglichkeiten für die Theorie und Praxis der Legasthenietherapie auseinanderzusetzen.

(9) Allen Lehrerinnen und Lehrern an der Montessori Schule Dachau e.V. danke ich aus ganzem Herzen, die Erfahrung einer kindgerechten, druckfreien, sowie begeisternd schöpferischen, sinnvollen Schule jeweils an einem Tag in der Woche miterleben zu dürfen (siehe Montessori-Schule Dachau: Pädagogisches Konzept für die Montessori-Schule Dachau, Dachau: o.V., o.J.; vgl. auch etwa Montessori, 1996, 2. Auflage).

(10) Heiner Keupp beschreibt eindringlich die aktuelle gesellschaftliche Situation in der BRD:
"Die Arbeitslosigkeit hat ein Niveau erreicht wie noch nie in der Geschichte der Bundesrepublik Deutschland, und ein Ende ihrer Zunahme traut sich kein "Weiser" mehr zu prognostizieren. Die sozialstaatlichen Sicherungssysteme werden in einer beispiellosen ideologischen Kampagne delegitimiert, daß selbst die Sozialabbaustrategen sich immer noch als Verteidiger des Sozialstaats produzieren können. Die ökologischen Risiken sind auf einem hohen Level normalisiert worden. Fremdenfeindliche Gewalt ist fast aus den Schlagzeilen verschwunden, und auch das heißt: Normalisierung. Angesichts solcher Zustände ist die Rede vom "beschädigten Leben" (Sloan, 1996) ein unverzichtbarer Diskurs." (Keupp, 1997, 61)

(11) Beim Stichwort "Lebenskunst" möchte ich mich aus ganzem Herzen bei Wolfgang Faber bedanken, der diese praktisch lebt! Er hat mir in der letzten Phase dieser Arbeit aufs Liebevollste geholfen. Er hat nicht nur die ganze Arbeit zweimal gelesen, mir noch wichtige Anmerkungen gemacht und viele

inspirierende Rückmeldungen gegeben. Die kritischen Diskussionen mit ihm über den "mechanischen Materialismus" und den "fragwürdigen Konstruktionen" (Erich Fromm) von Freud haben mich zutiefst beunruhigt. Für viele kritische Artikel über Psychoanalyse danke ich ihm ebenfalls. Das kinderpsychologische Buch von Lilly Zarncke: "Psychologie und Glaube. Eine Auseinandersetzung mit den Systemen der Tiefenpsychologie." (1960), das er mir lieh, enthält sehr wichtige Argumente. Für das schöne Buch von Maria Montessori: "Lernen ohne Druck" (1996) danke ich ihm ganz herzlich! Mit seinem tiefen Glauben, sowie mit seinem weiten und freien, selten feinen Verstehen der Musik und des Tanzes, sowie der Lyrik hat er mir sehr geholfen.

(12) Vom Grundgedanken des politischen Denkens von Hannah Arendt betrachtet, nämlich von der Pluralität, verliert nach Laura Gallati und Christina Thürmer-Rohr die "Rede von der "Einheit" oder "Identität" des Ichs ... ihren gewohnt positiven Klang. Denn im Arendtschen Denken bleibt jede Einheit isoliert, eindimensional und tot. Zur "Einheit" im Denken geworden, wäre ein Mensch weltlos, nicht nur ohne Gesellschaft, sondern auch ohne Gewissen." (Gallati; Thürmer-Rohr, 1997, 17). Elmar Koenen danke ich sehr herzlich, der mir diesen interessanten Artikel geschickt hat.

(13) Die Störung der "multiplen Persönlichkeit" hat entweder zugenommen oder wird erst jetzt allmählich erkannt. Bislang wurde sie als Schizophrenie oder Borderline verkannt. Nach Polina Hilsenbeck stellt diese eine

"differenzierte Überlebensstrategie von schwersten, extrem sadistischen Gewalt- und sexuellen Mißbrauchserfahrungen schon in frühester Kindheit" dar. (Hilsenbeck, 1997. Vgl. auch Wildwasser Bielefeld e.V. (Hginnen), 1997.

Meines Erachtens ist solches Täterverhalten das Ergebnis schwerster, extremer Gewalt – und Nicht-Empfindens.

Bibliographie

Abeln, Reinhard; Kner, Anton: geborgen. Überlegungen zu einem unentbehrlichen Wort. Freiburg: Kanisius Verlag, 1988.

Alavi Kia, Romeo: Stimme. Spiegel meines Selbst. Braunschweig: Aurum Verlag, 1991.

Albrow, Martin & King, Elizabeth (Hg.): Globalization, Knowledge and Society. London, Newbury Park, New Delhi: Sage Publications, 1990.

Anan, Kobna: Das Lied der bunten Vögel. Eine Tonbandkassette. Hüttlingen, Schweitz, o.J..

Anan, Kobna; Amonde, Omari: Das Lied der bunten Vögel. Münsingen: Fischer Verlag (in Zusammenarbeit mit Kinder in Not, Schulstelle Dritte Welt und WWF), 1989.

Anders, Günther: Die atomare Bedrohung. Radikale Überlegungen. München: Beck Verlag, 1981.

Anders, Günther: Die Antiquiertheit des Menschen. Erster Band. Über die Seele im Zeitalter der zweiten industriellen Revolution. München: Beck Verlag, 1983.

Anders, Günther: Die Antiquiertheit des Menschen. Band II. Über die Zerstörung des Lebens im Zeitalter der dritten industriellen Revolution. München: Beck Verlag, 1981.

Anders, Günther: Mensch ohne Welt. Schriften zur Kunst und Literatur. München: Beck Verlag, 1984.

antwort der engel, die. Ein Dokument aus Ungarn, aufgezeichnet von Gitta Mallasz. Einsiedeln: Daimon Verlag, 1981.

Aristoteles: Die Poetik. Stuttgart: Reclam, 1982.

Avery, Elizabeth, Dorsey, Jane, Sickels, Vera: First Principles of Speech Training. New York: Appleton Century Crofts, 1928.

Bäuml-Roßnagl, Maria-Anna: Wie die Kinder leben lernen. Eine sinn-liche Gegenwartspädagogik für Eltern und Schule mit zahlreichen Abbildungen. Band 1 und Band 2. Donauwörth: Ludwig Auer GmbH, 1990.

Bäuml-Roßnagl, Maria-Anna: Leben mit Sinnen und Sinn in der heutigen Erlebniswelt. Wege in eine zeitgerechte pädagogische Soziologie. Regensburg: S. Roderer Verlag, 1990.

Bäuml-Roßnagl, Maria-Anna: Glauben heute für morgen lernen. Wie christliche Erziehung in unserer heutigen Lebenswelt geschehen kann. In: PW, 12, 1991.

Bäuml-Roßnagl, Maria-Anna: Tasten mit Auge - Hand - Fuß als "Fühl-Erkennen" in: Lauterbach, R. u.a. (Hg.): Wie Kinder erkennen, Probleme und Perspektiven des Sachunterrichts, Bd. 1, Kiel, 1991.

Bäuml-Roßnagl, Maria-Anna (Hg.): Lebenswerte (in einer neuen) Schulkultur, Braunschweig, 1992.

Bäuml-Roßnagl, Maria-Anna: Ordnungsstrukturen gewinnen. In: Lauterbach, R. u.a. (Hg.): Wege des Ordnens, Probleme und Perspektiven des Sachunterrichts, Bd. II, Kiel, 1992.

Bäuml-Roßnagl, Maria-Anna: Sinnliches Lernen, in: Heckt, D./ Sandfuchs, U. (Hg.): Grundschule von A bis Z, 1993.

Bäuml-Roßnagl, Maria-Anna: Zur Anthropologie der Sinne nach Hugo Kükelhaus, in: Sinnenreich 1994.

Bäuml-Roßnagl, Maria-Anna (Hgin.): Bildungsprinzipien in Geschichte und Gegenwart. 3., neubearbeitete und mit didaktischen Cartoons angereicherte Auflage. Bad Heilbrunn/Obb.: Klinkhardt, 1995.

Barthes, Roland: Was singt mir, der ich höre in meinem Körper das Lied. Berlin: Merve Verlag, 1979.

Barthes, Roland: Die Lust am Text. Frankfurt am Main: © Suhrkamp Verlag, 1980.

Baumgart, Matthias: Psychoanalyse und Säuglingsforschung: Versuch einer Integration unter Berücksichtigung methodischer Unterschiede. In: Psyche, 45, 1991, 780-809.

Beattie, Melody: Mut zur Unabhängigkeit. Wege zur Selbstfindung und inneren Heilung. Das Zwölf-Schritte Programm. München: Wilhelm Heyne Verlag, 1992.

Beck, Ulrich: Risikogesellschaft. Auf dem Weg in eine andere Moderne. Frankfurt am Main: © Suhrkamp Verlag, 1986.

Beck, Ulrich; Beck-Gernsheim, Elisabeth (Herausgeber und Herausgeberin): Riskante Freiheiten. Individualisierung in modernen Gesellschaften. Frankfurt am Main: © Suhrkamp Verlag, 1994.

Becker-Schmidt, Regina und Bilden, Helga: Impulse für die qualitative Sozialforschung aus der Frauenforschung. In: Flick, Uwe, von Kardorff, Ernst, Keupp, Heiner, von Rosenstiel, Lutz, Wolff, Stephan: Handbuch Qualitative Sozialforschung. Psychologie Verlags Union, München 1991, S. 23-30.

Benjamin, Jessica: Die Fesseln der Liebe. Psychoanalyse, Feminismus und das Problem der Macht. Frankfurt am Main: Stroemfeld/ Roter Stern, 1988. (Originaltitel (!): The Bonds of Love. Psychoanalysis, Feminism and the Problem of Domination).

Benjamin, Walter: Einbahnstraße. Frankfurt am Main: © Suhrkamp Verlag, 1992.

Berendt, Joachim Ernst: Nada Brahma. Die Welt ist Klang. Frankfurt am Main: Insel Verlag, 1983.

Berendt, Joachim-Ernst: Das Dritte Ohr. Vom Hören der Welt. Reinbek bei Hamburg: 1985.

Berendt, Joachim-Ernst: Nada Brahma. Die Welt ist Klang. (Überarbeitete Neuausgabe) Reinbek: Rororo Taschenbuch Verlag, 1989.

Berendt, Joachim-Ernst: Nada Brahma. Die Welt ist Klang. Hörkassetten. Frankfurt am Main: Verlag 2001, o.J..

Berendt, Joachim-Ernst: Vom Hören der Welt. Hörkassetten. Frankfurt am Main: Verlag 2001, o.J..

Berendt, Joachim-Ernst: Ich höre - also bin ich. Freiburg im Breisgau: Verlag Hermann Bauer, 1989.

Berendt, Joachim-Ernst: Ich höre, also bin ich. Vortrag, gehalten am 23.9.1990 auf dem Festival des Hörens, Erlangen, '90, Mitschrift.

Berendt, Joachim-Ernst: Laß den Fluß strömen. Freiburg: Lüchow Verlag, 1995.

Berendt, Joachim-Ernst: Das Leben, ein Klang. Wege zwischen Jazz und Nada Brahma. München: Droemer/Knaur, 1996.

Berendt, Joachim-Ernst (Hg.): Geschichten wie Edelsteine: Parabeln, Legenden, Erfahrungen aus alter und neuer Zeit. Gesammelt, herausgegeben und begleitet von J.-E. Berendt. München: Kösel Verlag, 1996.

Berendt, Joachim-Ernst (Sprecher): Seelenlandschaften. Cassette mit Begleitheft. J-E. Berendt liest spirituelle Poesie von Rainer Maria Rilke. Musik: Deuter. Freiburg: Bauer Verlag, 1997.

Berger, Peter L.: Auf den Spuren der Engel. Die moderne Gesellschaft und die Wiederentdeckung der Transzendenz. Freiburg: Herder 1991.

Bernstein, Leonard: Von der unendlichen Vielfalt der Musik. München: Goldmann Schott, 1987.

Beyer, Johanna; Lamott, Franziska; Meyer, Birgit (Herausgeberinnen): Frauenhandlexikon. Stichworte zur Selbstbestimmung. München: Verlag C.H. Beck, 1983.

Bilden, Helga (Herausgeberin): Das Frauentherapie-Handbuch. München: Verlag Frauenoffensive, 1991.

Bilden, Helga; Geiger, Gabriele: Individualität, Identität und Geschlecht. In: verhaltenstherapie und psychosoziale praxis. Schwerpunktthema: Widersprüche und Identitäten. Nr. 4/1988, 439-453.

Bilitza, Klaus Walter (Hg.): Suchttherapie und Sozialtherapie. Göttingen: Vandenhoeck und Ruprecht, 1993.

Bögle, Reinhard: Yoga. Ein Weg für dich. Einblick in die Yoga Lehre. Zürich: Oesch Verlag, 1991.

Böhme, Hartmut; Böhme Gernot: Das Andere der Vernunft. Zur Entwicklung von Rationalitätsstrukturen am Beispiel Kants. Frankfurt am Main: © Suhrkamp Verlag, 1983.

Boros, Ladislaus: Der gute Mensch und sein Gott. Olten und Freiburg im Breisgau: Walter Verlag, 1971.

Bowlby, John: Bindung. Eine Analyse der Mutter-Kind-Beziehung. München: Kindler Studienausgabe, 1975.

Bowlby, John: A Secure Base. Clinical Appications of Atachment Theory. London: Routledge, 1988.

Braidotti, Rosi; Charkiewicz, Ewa; Häusler, Sabine; Wieringa, Saskia: Women, the Environment and Sustainable Development. Towards a Theoretical Synthesis. London: Zed Books, 1994.

Breuer, Helmut; Weuffen, Maria: Gut vorbereitet auf das Lesen und Schreibenlernen? Möglichkeiten zur Früherkennung und Frühförderung sprachlicher Grundlagen. Berlin: VEB Deutscher Verlag der Wissenschaften, 1986.

Bridgmont, Peter: Gebärdensprache - Sprachgebärden. Schauspielkunst aus dem Bild des Speerwurfs übend entwickelt. Schaffhausen: Novalis Verlag, 1989.

Brill, Karl-Ernst (Hg.): Therapeutische Wohngemeinschaften. München: AG SPAK Publikationen, 1986.

Brook, Peter: Wanderjahre. Schriften zu Theater, Film & Oper. 1946-1987. Berlin: Alexander Verlag, 1989.

Brückner, Margrit: Die Liebe der Frauen. Über Weiblichkeit und Mißhandlung. Frankfurt am Main: Verlag Neue Kritik, 1983.

Burgard, Roswitha: Mut zur Wut - Befreiung aus Gewaltbeziehungen. Berlin: Orlanda Frauenverlag, 1988.

Bußmann, Hadumod (Hg.): Stieftöchter der Alma mater? Eine Ausstellung über 90 Jahre Frauenstudium in Bayern am Beispiel der Universität München. München: Verlag Antje Kunstmann, 1993.

Camenzind, Elisabeth: Geschlechtsspezifisches Suchtverhalten und Therapie bei Frauen. In: Richelshagen, Kordula (Hg.): Süchte und Systeme. Freiburg: Lambertus, 1992, S. 109-126.

Charles, Daniel: John Cage oder Die Musik ist los. Berlin: Merve Verlag, 1979.

Cheatham, Annie; Powell, Mary Clare: This Way Daybreak Comes. Women's Values and the Future. Philadelphia: New Society Publishers, 1986.

Chodorow, Nancy: Das Erbe der Mütter. Psychoanalyse und Soziologie der Geschlechter. München: Verlag Frauenoffensive, 1985.

Commission on the Status of Women: The Effects of Acquired Immuno-Deficiency Syndrome (AIDS) on the Advancement of Women. Report of the Secretary General. Vienna, 1989.

Concise Oxford Dictionary of Current English, The. Based on The Oxford English Dictionary and its Supplements. Oxford: At The Clarendon Press, 1977.

Colegrave, Sukie: Yin und Yang. Die Kräfte des Weiblichen und des Männlichen. Eine inspirierende Synthese von westlicher Psychologie und östlicher Weisheit. Frankfurt am Main: Fischer Taschenbuch Verlag, 1984.

Condrobs e.V. Initiative für psycho-soziale Beratung und Therapie für Jugendliche und Eltern: Tätigkeitsbericht. Jahrgänge 1985 - 1997. München. Zu Beziehen über die Geschäftsleitung, Franzstraße 5, 80802 München.

Cramer, Annette: Kinder fördern durch Sprechen und Singen. Entwicklung von Selbstbewußtsein und Persönlichkeit mit Atem, Bewegung und lebendigem Stimmklang. München: Südwest Verlag, 1996, 2. Auflage.

Cramer, Annette: Wenn Klang fühlbar wird. Die Ton-Transfer-Therapie und ihre Anwendung. In: Neander, K. u.a. (Hg.): Musiktherapie in der Pflege. Ullstein-Mosby Verlag, 1998.

Criss, Cia: Loslassen. Wege aus der Sucht und Abhängigkeit. München: Wilhelm Heyne Verlag, 1995.

de Saint-Exupéry, Antoine: Der Kleine Prinz. Düsseldorf: Karl Rauch Verlag, 1973.

Der Kleine Pauly. Lexikon der Antike in fünf Bänden. München: Deutscher Taschenbuch Verlag, 1979.

Deutsche Hauptstelle gegen die Suchtgefahren (Hrsg.): Sucht und Familie. Schriftenreihe zum Problem der Suchtgefahren. Redaktion: Ingrid Arenz-Greiving. Lambertus Verlag, Freiburg im Breisgau, 1993.

Die Bibel. Altes und Neues Testament. Einheitsübersetzung. Freiburg, Basel, Wien: Herder, 1980.

Diezinger, Angelika; Kitzer, Hedwig; Anker, Ingrid; Bingel, Irma; Haase, Erika; Odierna, Simone (Hginnen): Erfahrung mit Methode. Wege sozialwissenschaftlicher Frauenforschung, Bd. 8, Freiburg im Breisgau: Kore Verlag, 1995.

Dörner, Klaus, Plog, Ursula: Irren ist menschlich oder Lehrbuch der Psychiatrie/ Psychotherapie. Wunstorf: Psychiatrie Verlag, 1978.

Droege, Sanne: Defiguration und Figuration in der Erkenntnistheorie René Descartes. Unveröffentlichte Hauptseminararbeit , Hauptseminar Professor Stephan Otto: Denken in Bildern, Spiegelungen und Metaphern. Texte von der Renaissance bis zum deutschen Idealismus. Sommersemester 1993, Institut für Philosophie/ Seminar für Philosophie, LMU München.

Dürmeier, Waltraud, Eden, Gabriele, Günther, Margrit, Hilsenbeck, Polina, Steinke, Christel, Woltereck, Britta (Hginnen): Wenn Frauen Frauen lieben... und sich für Selbsthilfe-Therapie interessieren. München: Verlag Frauenoffensive, 1990.

Easwaren, Eknath: Mantram. Hilfe durch die Kraft des Wortes. Freiburg: Verlag Hermann Bauer, 1986.

Eckermann, Johann Peter: Beiträge zur Poesie mit besonderer Hinweisung auf Goethe. Berlin: Moraw und Scheffelt Verlag, 1911.

Eckert, Hartwig; Laver, John: Menschen und ihre Stimmen. Weinheim: Beltz, Psychologie Verlags Union, 1994.

Egartner, Eva; Holzbauer, Suzanne: "Ich hab's nur noch mit Gift gepackt." - Illegale Drogen als Überlebensmöglichkeiten für Frauen. Pfaffenweiler: Centaurus Verlagsgesellschaft, 1994

Eichenbaum, Luise; Orbach, Susie: Feministische Psychotherapie. Auf der Suche nach einem neuen Selbstverständnis der Frau. München: Kösel Verlag, 1984.

Ein Kurs in Wundern. Gutach im Breisgau: Greuthof Verlag und Vertrieb, 1994 (Original: A Coursebook in Miracles. Glen Ellen, California: Foundation for Inner Peace, 1989).

Ellis, Carolyn; Flaherty, Michael G.: Investigating Subjectivity: Research on Lived Experience. Newbury Park: Sage Publications, 1992.

Elytis, Odysseus: Conference Nobel, le 8 decembre 1979. © The Nobel Foundation, Stockholm 1979, 211-216.

Ende, Michael: Momo oder Die seltsame Geschichte von den Zeitdieben und von dem Kind, das den Menschen die gestohlene Zeit zurückbrachte. Stuttgart: Thienemann Verlag, 1973.

Faltermaier, Toni: Gesundheit in der Gemeinde: Perspektiven einer Gesundheitspraxis und -forschung. In: Böhm, Ingrid, Faltermaier, Toni, Flick, Uwe, Krause-Jacob, Marianne (Hrsg.): Gemeindepsychologisches Handeln: ein Werkstattbuch. Freiburg: Lambertus, 1991.

Faltermaier, Toni; Keupp, Heiner; Rerrich, Dodó; Stark, Wolfgang: Münchner Gesprächskreis zur Gemeindepsychologie 1987. Unveröffentlichte Broschüre.

Faltermaier, Toni; Kraus, Wolfgang; Rerrich, Dodó und Stark, Wolfgang: Zukünftige Lebenswelten - Aufforderung zu nicht alltäglichen Gedanken. In: Bergold, Jarg, Faltermaier, Toni, Jaeggi, Eva, Kleiber, Dieter, Kraus, Wolfgang, Rerrich, Dodó, Stark, Wolfgang (Hrsg.): Veränderter Alltag und Klinische Psychologie. Tübingen: DGVT, 1987.

Feuerbach, Ludwig: Grundsätze der Philosophie der Zukunft. Frankfurt am Main: Vittorio Klostermann Verlag, 1967.

Field Belenky, Mary; McVicker Clinchy, Blythe; Goldberger, Nancy Rule; Mattuck Tarule, Jill: Das andere Denken. Persönlichkeit, Moral und Intellekt der Frau. Frankfurt, New York: Campus Verlag, 1986.

Flatischler, Reinhard: Die vergessene Macht des Rhythmus. Essen: Synthesis Verlag, 1984.

Flick, Uwe; von Kardorff Ernst; Keupp, Heiner; von Rosenstiel, Lutz; Wolff, Stephan: Handbuch Qualitative Sozialforschung. Psychologie Verlags Union, München 1991.

Flimm, Jürgen (Hrsg.): Will Quadflieg. Ein Leben für das Wort. Zürich-Hamburg: Arche Verlag, 1994.

Frčre Roger (de Taizé): Aus dem Innern leben. Freiburg im Breisgau: Christophorus Verlag GmbH, 1987.

Frčre Roger (de Taizé): Liebe aller Liebe. Die Quellen von Taizé. (Original: Amour de tout amour. Les sources de Taizé). Taizé: Les Presses de Taizé, 1990.

Fricke, Senta; Klotz, Michael; Paulich, Peter: Sexuaerziehung in der Praxis. Köln: Bunte Verlag, 1980.

Frohne, Isabelle: Das Rhythmische Prinzip. Lilienthal: Eres Edition, 1981.

Fromm, Erich: Die Furcht vor der Freiheit. Frankfurt am Main: © Suhrkamp Verlag, 1980.

Fromm, Erich: Psychoanalyse und Religion. München: Deutscher Taschenbuch Verlag,

1986.

Fromm, Erich: Über die Liebe zum Leben. Rundfunksendungen. Herausgegeben von Hans Jürgen Schultz. München: Deutscher Taschenbuch Verlag, 1990.

Fues, Gabriele: Prima Donna. Bericht aus der Arbeit in einer sozialtherapeutischen Wohngemeinschaft für suchtmittelabhängige Frauen. In: Neubeck-Fischer, Helga (Hgin.): Sucht: ein Versuch zu (über)leben. München: Sandmann Verlag, 1994, 215-235.

Fynn: Mister God, This Is Anna. New York: Ballantine Books, 1974

Georgiades, Thrasybulos: Der griechische Rhythmus. Musik, Reigen, Vers und Sprache. Tutzing: Hans Schneider Verlag, 1977.

Gersch, Claudia; Heckmann, Wolfgang; Leopold, Beate; Seyrer, Yann: Drogenabhängige Prostituierte und ihre Freier. Sozialpädagogisches Institut Berlin (Herausgeber), Berlin 1988.

Gilligan, Carol: In a Different Voice. Psychological Theory and Women's Development. Cambridge: Harvard University Press, 1982 (dt.: Die andere Stimme. Lebenskonflikte und Moral der Frau. München: Piper Verlag, 1988, 3. Auflage).

Goethe: Gedichte. Vollständige Ausgabe. Stuttgart, Zürich, Salzburg: Europäischer Buchklub, o.J..

Goethe, J.W.: Faust. Der Tragödie erster Teil. Stuttgart: Philipp Reclam Jun., 1969.

Goethe, J.W.: Faust. Der Tragödie zweiter Teil. (Hrsg. von Scheithauer, L.J.) Stuttgart: Philipp Reclam Jun., 1971.

Goethe, Johann Wolfgang: West-östlicher Divan. Frankfurt am Main: Insel Taschenbuch Verlag, 1981.

Gönczöl, János: Meine Braut ist ein Pferd. Berlin: Universitas Verlag, 1974. (als Paperback bei Heyne Verlag, 1980).

Gönczöl, János: Anya nyelv. Budapest: László nyomda, 1997.

González-Balado, José Luis: Taizé - Frčre Roger. Suche nach Gemeinschaft. Freiburg im Breisgau: verlag Herder, 1978.

Grassi, Ernesto: Macht des Bildes: Ohnmacht der rationalen Sprache. Zur Rettung des Rhetorischen. München: Wilhelm Fink Verlag, 1979.

Grassi, Ernesto: Die Macht der Phantasie. Zur Geschichte abendländischen Denkens. Königstein/ Ts.: Athenäum, 1979.

Grigg, Ray: The Tao of Relationships. A Balancing of Man and Woman. New York, Toronto, London, Sydney, Auckland: Bantam Books, 1989.

Grimmeisen, Ina: Legasthenie. Betrachtet als Problem von Betroffenen, Eltern und Lehrern. München: Unveröffentlichte Wissenschaftliche Hausarbeit zur 1. Staatsprüfung für das Lehramt an beruflichen Schulen. T.U. München, 1996.

Grün, Anselm: Der Umgang mit dem Bösen. Münsterschwarzach: Vier-Türme-Verlag, 1980.

Grün, Anselm: Gesundheit als geistliche Aufgabe. Münsterschwarzach: Vier-Türme-Verlag, 1989.

Grün, Anselm; Dufner: Spiritualität von Unten. Münsterschwarzach: Vier Türme Verlag, 1994.

Grün, Anselm: Wege zur Freiheit. Münsterschwarzach: Vier Türme Verlag, 1996.

Grof, Christina und Stanislav: Die stürmische Suche nach dem Selbst. Praktische Hilfe für spirituelle Krisen. München: Kösel Verlag, 1991.

Habekost, Christian: Dub Poetry. 20 Dichter aus England und Jamaica. Neustadt: Buchverlag Michael Schwinn, 1987.

Habermas, Jürgen: Die Einheit der Vernunft in der Vielheit ihrer Stimmen. In: Merkur, Heft 1, 42. Jg., 1988, 1-14.

Haeusgen, Ursula: Einführung zu Petöfi Sándor: Das Nationallied. Vortrag im Rahmen des Redezyklus "Vier große Reden", gehalten in München, 2.11.1993.

Hahnemann, Samuel: Organon original. Organon der Heilkunst. Letzte und 6. Auflage. Berg am Starnberger See: Organon Verlag, 1981.

Hahnemann, Samuel: Organon der Heilkunst. Aude sapere. Stilistische Bearbeitung von Kurt Hochstetter. Heidelberg: Karl F. Haug Verlag, 8. Auflage, 1992.

Hamerman Robbins, Joan; Josefowitz Siegel, Rachel (Eds.): Women Changing Therapy. New Assessments, Values and Strategies in Feminist Therapy. New York, London: Harrington Park Press, 1985.

Hanel, Elke: Frau und Sucht. In: Suchtreport 2/ 1988, 2-6.

Hanel, Elke: Drogenabhängigkeit und Therapieverlauf bei Frauen in stationärer Entwöhnungsbehandlung. In: Feuerlein, W., Bühringer, G. & Wille, R. (Hg.): Therapieverläufe bei Drogenabhängigen. Kann es eine Lehrmeinung geben? Berlin, Heidelberg: Springer 1989, S. 148-170.

Harding, Sandra: Feministische Wissenschaftstheorie. Zum Verhältnis von Wissenschaft und sozialem Geschlecht. Hamburg: Argument Verlag, 1990.

Head, Joseph; Cranston, S.L.(Eds.): Reincarnation. An East-West Anthology. New York: The Julian Press Inc., 1961.

Heermann, Magdalene: Schreibbewegungs-Therapie und Schreibbewegungs-Test bei verhaltensgestörten, neurotischen Kindern und Jugendlichen. München, Basel: Ernst Reinhardt Verlag, 1985.

Heigl, Franz, Schultze-Dierbach, Elke, Heigl-Evers, Annelise: Die Bedeutung des psychoanalytisch-interaktionellen Prinzips für die Sozialisation von Suchtkranken. In: Bilitza, Klaus Walter (Hg.): Suchttherapie und Sozialtherapie. Göttingen: Vandenhoeck und Ruprecht, 1993, 230-250.

Heigl-Evers, Annelise; Standke, Gerhard: Die Behandlung von Suchtkranken aus der Sicht der Psychoanalyse. In: Heigl-Evers, Annelise; Vollmer, Heinz; Helas, Irene; Knischewski, Ernst (Hg.): Psychoanalyse und Verhaltenstherapie in der Behandlung von Abhängigkeitskranken - Wege zur Kooperation? Wuppertal: Blaukreuz Verlag, 1988, 15-38.

Herrmann, Wolfgang: Engel - gibt's die? Limburg: Lahn Verlag, 1984.

Hey, Julius: Der kleine Hey. Die Kunst des Sprechens. Nach dem Urtext von Julius Hey. Neu bearbeitet und ergänzt von Fritz Reusch. Mainz, London et al.: Schott Verlag, 1971.

Hilsenbeck, Polina: Ich bin viele: Multiple Persönlichkeit - Diagnose und Therapie. Einführungsseminar. In: Fortbildung, Vorträge und Supervision 1997. FrauenTherapieZentrum München e.V.

Hochschild, Arlie Russell: The Managed Heart. Commercialization of Human Feeling. Berkeley, Los Angeles, London: University of California Press, 1983.

v. Hofmannsthal, Hugo: Einleitung zu dem Buche genannt Die Erzählungen der Tausendundein Nächte. In: Die Erzählungen aus den Tausendundein Nächten. Frankfurt am Main: Insel Taschenbuch Verlag, 1976.

v. Hofmannsthal, Hugo: Das Salzburger große Welttheater. Frankfurt am Main: © Suhrkamp Verlag, 1977.

Hohn-Kemler, Ludger (Hg.): Wir leben, um zu lieben. Die Grundbotschaft des Christlichen. Herder-Sonderband. Freiburg, Basel, Wien: Herder, 1996.

Huizinga, Johan: Homo Ludens. Vom Ursprung der Kultur im Spiel. Reinbek bei Hamburg: Rowohlt Taschenbuch Verlag, 1987.

Hutten, Kurt: Seher, Grübler, Enthusiasten. Das Buch der traditionellen Sekten und religiösen Sonderbewegungen. Stuttgart: Quell Verlag, 1984, 13. Auflage.

Johnson, Elizabeth A.: Ich bin die ich bin. Wenn Frauen Gott sagen. Düsseldorf: Patmos Verlag, 1994. (Orig.: SHE WHO IS. The Mystery of God in Feminist Theological Discourse. New York: The Crossroad Publishing Company, 1992.)

Jungk, Robert; Müllert, Norbert R.: Zukunftswerkstätten. Mit Phantasie gegen Routine und Resignation. München: Heyne Verlag, 1989.

Jurczyk, Karin; Rerrich, Maria S. (Hginnen.): Die Arbeit des Alltags. Beiträge zu einer Soziologie der alltäglichen Lebensführung. Freiburg: Lambertus, 1993.

Jurczyk, Karin; Rerrich, M.S.: Wie der Alltag Struktur erhält. Objektive und subjektive Einflußfaktoren der Lebensführung berufstätiger Mütter. In: Born, Claudia; Krüger, Helga (Hg.): Die Arbeit des Alltags. Beiträge zu einer Soziologie der alltäglichen Lebensführung. Freiburg: Lambertus Verlag, 1993.

Kardec, Alain: O evangelho segundo espiritismo. Araras, Sao Paolo: Instituto de Difusão Espiritismo, 1993, 164. Auflage.

Kardec, Allan: The Gospel According to Spiritism. London: The Headquarters Publishing Co Ltd, 1987.

Kardec, Allan: Das Buch der Geister. Freiburg im Breisgau: Verlag Hermann Bauer, 1994.

Kardec, Allan: Das Buch der Medien. Freiburg im Breisgau: Verlag Hermann Bauer, 1991.

Kardec, Allan: Oeuvres Posthumes. Paris: Dervy-Livres, 1978.

Kegel, G.: Sprache und Sprechen des Kindes. Hamburg: Rowohlt, 1974.

Kempker, Kerstin: Teure Verständnislosigkeit. Die Sprache der Verrücktheit und die Entgegnung der Psychiatrie. Berlin: Peter Lehmann Antipsychiatrieverlag, 1991.

Keupp, Heinrich: Der Krankheitsmythos in der Psychopathologie. München: Urban & Schwarzenberg, 1972.

Keupp, Heinrich: Gemeindepsychologie als Widerstandsanalyse des professionellen Selbstverständnisses. In: Keupp, H./ Zaumseil, M. (Hrsg.): Die gesellschaftliche Organisierung psychischen Leidens. Frankfurt: © Suhrkamp Verlag, 1978, 180-220.

Keupp, Heinrich (Hrsg.): Normalität und Abweichung. Fortsetzung einer notwendigen Kontroverse. München: Urban & Schwarzenberg, 1979.

Keupp, Heiner: Psychosoziale Praxis im gesellschaftlichen Umbruch. Sieben Essays. Bonn: Psychiatrie Verlag, 1987.

Keupp, Heiner: Riskante Chancen. Das Subjekt zwischen Psychokultur und Selbstorganisation. Heidelberg: Verlag Roland Asanger, 1988.

Keupp, Heiner: Auf dem Weg zur Patchwork-Identität? In: verhaltenstherapie und psychosoziale praxis. Schwerpunktthema: Widersprüche und Identitäten. Nr. 4/1988, 425-438.

Keupp, Heiner: Riskante Chancen. Das Subjekt im gesellschaftlichen Wandel. In: Universitas, 9/1990, 838-851.

Keupp, Heiner: Lebensbewältigung im Jugendalter aus der Perspektive der Gemeindepsychologie. Förderung präventiver Netzwerkressourcen und Empowermentstrategien. In: Sachverständigenkommission 8. Jugendbericht (Hrsg.): Risiken des Heranwachsens. München: DJI, 1990, 1-51.

Keupp, Heiner: Die verlorene Einheit oder: Ohne Angst verschieden sein zu können. Universitas 9/1992, 867-875.

Keupp, Heiner: Die Psychologie als Kind der Moderne: Die Chancen postmoderner Provokationen für ein Umdenken. In: Psychologie & Gesellschaftskritik, 1992, Nr. 63/64, 17-41.

Keupp, Heiner: Gesundheitsförderung und psychische Gesundheit: Lebenssouveränität und Empowerment. psychomed, 1992, 4, 244-250.

Keupp, Heiner: Aufrecht gehen lernen in einer Welt riskanter werdender Chancen. Eine Empowerment-Perspektive für die Arbeit mit Kindern und Jugendlichen. Blätter der Wohlfahrtspflege, 1993, 140, 52-55.

Keupp, Heiner: Ambivalenzen postmoderner Identität. In: Beck, Ulrich & Beck-Gernsheim, Elisabeth (Hg.): Riskante Freiheiten. Frankfurt/M.: © Suhrkamp Verlag, 1994, 336-350.

Keupp, Heiner: Psychologisches Handeln in der Risikogesellschaft. Gemeindepsychologische Perspektiven. München: Quintessenz, 1994.

Keupp, Heiner (Hrsg.): Der Mensch als soziales Wesen. Sozialpsychologisches Denken im 20. Jahrhundert. Ein Lesebuch. Serie Piper "Lust an der Erkenntnis". München, Zürich: Piper Verlag, 1995.

Keupp, Heiner: Produktive Lebensbewältigung in den Zeiten der allgemeinen Verunsicherung. In: SOS Dialog. Fachmagazin des SOS-Kinderdorf e.V., 1/1996, 4-11.

Keupp, H.: Aufwachsen in der Postmoderne: Riskanter werdende Chancen für Kinder und Jugendliche. DVPB aktuell. Report zur politischen Bildung, 1, 1, 9-13.

Keupp, H.: Identitätserzählungen nach dem Ende der Metaerzählungen. In: Grossenbacher et al. (Hrsg.): Schule und Soziale Arbeit in gefährdeter Gesellschaft. 1997, 133-148.

Keupp, Heiner: Psychosoziales Handeln in der postmodernen Gesellschaft: von den schicksalsmächtigen Meta-Erzählungen zu den eigenwilligen Geschichten vom "aufrechten Gang". In: Verhaltenstherapie und psychosoziale Praxis, 1997, 29 (1), 41-66.

Keupp, H.: Riskante Freiheiten in der Postmoderne - Herausforderungen für das erzieherische Handeln heute. In: Lechner, M. & Zahalka, A. (Hrsg.): Hilfen zur Erziehung. München: Don Bosco, 1997, 15-28.

Keupp, Heiner: Ermutigung zum aufrechten Gang. Tübingen: Deutsche Gesellschaft für Verhaltenstherapie, 1997.

Keupp, Heiner; Zaumseil, Manfred (Hrsg.): Die gesellschaftliche Organisierung psychischen Leidens. Frankfurt am Main: © Suhrkamp Verlag, 1978.

Keupp, Heiner; Cramer, M.; Giese, E.; Stark, W.; Wolff, S.: Psychologen auf der Suche nach einer neuen politischen Identität. In: Jahrbuch für kritische Medizin 8. Berlin: Argument-Verlag, 1982, 139-146.

Keupp, Heinrich; Rerrich, Dodó (Herausgeber und Herausgeberin): Psychosoziale Praxis. Ein Handbuch in Schlüsselbegriffen. München: Urban & Schwarzenberg, 1982.

Keupp, H. & Röhrle, B.: Soziale Netzwerke. Frankfurt: Campus, 1987.

Keupp, Heiner & Höfer, Renate (Hg.): Identitätsarbeit heute. Frankfurt: Suhrkamp, 1997.

Keupp, H. & Höfer, R. (Hrsg.): Identitätsarbeit heute. Klassische und aktuelle Perspektiven der Identitätsforschung. Frankfurt am Main: © Suhrkamp Verlag, 1997.

Kofler, Leo: Die Kunst des Atmens. Basel, Tours, London: Bärenreiter Kassel, 1977.

Kracauer, Siegfried: The Challenge of Qualitative Content Analysis. In: Public Opinion Quarterly, Winter 1952-53, Vol 16, 4, 631-642.

Kraus, Wolfgang: Das erzählte Selbst. Die narrative Konstruktion von Identität in der Spätmoderne. Pfaffenweiler: Centaurus Verlagsgesellschaft, 1996.

Kreissl, Reinhard und von Wolffersdorf-Ehlert, Christian: Selbstbetroffenheit mit summa cum laude? Mythos und Alltag der qualitativen Methoden in der Sozialforschung. Aus: Bonß, W.; Hartmann, H. (Hg.): Entzauberte Wissenschaft, Soziale Welt Sonderband 3, 1985.

Kreyssig, Ulrike; Kurth, Anne: Sucht. In: Beyer, J., Lamott, F. & Meyer, B. (Herausgeberinnen): Frauenhandlexikon. Stichworte zur Selbstbestimmung. München: Beck Verlag, 1983, 289-292.

Kristeva, Julia: Die Revolution der poetischen Sprache. Frankfurt am Main: © Suhrkamp Verlag, 1978.

Kubes, Hubert, Kraus, Wolfgang, Höfer, Frank: Sprache und Stimme im Unterricht. Pädagogische Schriften Heft 7, München: Bayerische Verwaltungsschule (Hg.), 1992.

Kubik, Gerhard: Mehrstimmigkeit und Tonsysteme in Zentral- und Ostafrika. Wien, Köln u.a.: Bohlau, 1968.

Kükelhaus, Hugo; zur Lippe, Rudolf: Entfaltung der Sinne. Ein "Erfahrungsfeld" zur Bewegung und Besinnung. Frankfurt am Main: Fischer Taschenbuch Verlag, 1990.

Küng, Hans: Credo. Das Apostolische Glaubensbekenntnis - Zeitgenossen erklärt. München, Zürich: Piper, 1992.

Kumschlies, P.: Die gesellschaftliche Rolle der Frau und ihr Zusammenhang zur Sucht aus der Perspektive der Sozialen Arbeit. (Mit Praxisbeispiel Prima_Donna.) Unveröffentlichte Diplomarbeit, Fachhochschule Darmstadt, 1991.

Kurth, Anne: Sucht. In: Bilden, Helga (Hg.in): Das Frauentherapie-Handbuch. München: Verlag Frauenoffensive, 1991, 131-144.

Laing, Ronald: Der Partiturenleser. In: taz, 5.9.89.

Langer, Marie: Mutterschaft und Sexus. Körper und Psyche der Frau. Freiburg im Breisgau: Kore Verlag, 1989.

Langer, Susanne K.:: Problems of Art. New York: Charles Scribner's Sons, 1957.

Langer, Susanne K.: Feeling and Form. A Theory of Art. New York: Charles Scribner's Sons, 1953.

Laplanche, J., Pontalis, J.-B.: Das Vokabular der Psychoanalyse. Band I & II. Frankfurt am Main: © Suhrkamp Taschenbuch Verlag, 1977.

Liebermann, M.A. & Bond, G.R.: The Problem of Being a Woman: A Survey of 1700 Women in Concsiousness-Raising Groups. In: The Journal of Applied Behavioral Science. Vol. 12, No 3, 1976, 363-379.

Lind-Krämer, Renate; Timper-Nittel, Angela: Drogenabhängige Frauen - das Besondere ihrer Lebenslage. In: Sickinger, Richard; Kindermann, Walter; Kindermann, Susanne; Lind-Krämer, Renate; Timper-Nittel, Angela: Wege aus der Drogenabhängigkeit. Gelungene und gescheiterte Ausstiegsversuche. Lambertus Verlag, Freiburg im Breisgau, 1992, 227-261.

Lindenberg, Wladimir: Die Yoga Lehre. In: Die Menschheit betet. Praktiken der Meditation in der Welt. München, Basel: Ernst Reinhardt Verlag, 1990, 73-104.

Lipp, Angela und Rerrich, Dodó: Prima_Donna. Neuland in der therapeutischen Drogenarbeit. In: Heider/ Schwendter/ Weiß (Hg.): Politik der Seele. Reader zum Gesundheitstag Kassel '87. München: AG SPAK Publikationen, 1988, 379-389.

Lobo, Rocque: Yoga - Sensibilitätstraining für Erwachsene. Grundwissen und Übungen. München: Hueber-Holzmann Verlag, 1978.

Lorca, Federico García: The Poetic Image of Don Luis de Góngera. In: ders.: Deep Song and Other Prose. New York: New Direction Books, 1980, 59-86.

Lorde, Audre: Vom Nutzen der Erotik. Erotik als Macht. In: Schultz, Dagmar (Hg.): Macht und Sinnlichkeit. Ausgewählte Texte von Adrienne Rich und Audre Lorde. Berlin: sub rosa Frauenverlag, 1983.

Lukasz-Aden, Gudrun: Tiefer kannst du nicht fallen. Frauen und Sucht. München: Wilhelm Heyne Verlag, 1986.

Mager, Alexandra: Abhängigkeiten bei Frauen auf dem Hintergrund ihrer geschlechtsspezifischen Sozialisation. Notwendigkeit feministischer Therapiearbeit. Unveröffentlichte Diplomarbeit. Fachhochschulstudiengang Sozialwesen der Universität Eichstätt, 1985.

Marco de, Angelika: Musik als Lernhilfe. Würzburg: Hermann Zilcher Konservatorium. Unveröffentl. Diplomarbeit, 1997.

Marcuse, Herbert: Eros und Kultur. Ein philosophischer Beitrag zu Sigmund Freud. Stuttgart: Klett Verlag, 1957.

Marcuse, Herbert: Der eindimensionale Mensch. Studien zur Ideologie der fortgeschrittenen Industriegesellschaft. Darmstadt und Neuwied: Luchterhand, 1967.

Markert, Christopher: Yin Yang. Harmonie von Sinnlichkeit und Vernunft. München: Goldmann Verlag, 1993.

Mathéy, Polyxene: Choros. Der Tanz im antiken Griechenland. Unveröff. Vortrag, Orff-Institut, Salzburg, 1984

Mathéy, Polyxene: "Theatron". Unveröff. Vortrag, Reinhardt-Seminar, Wien, 1981; Orff-Institut, Salzburg, 1983.

Mebes, Marion: Sexueller Mißbrauch - Erfahrungen von Frauen. In: Landschaftsverband Westfalen-Lippe (Hrsg.): Sexualität und sexuelle Verletzungen - ein tabuisiertes Thema in der Behandlung suchtkranker Frauen? Münster, 1988, 11-25.

Mebes, Marion; Jeuck, Gabi: Sexueller Mißbrauch. Berlin: Donna Vita, 1989.

Merfert-Diete, Christa: Zur Situation der Frauen im Suchtbereich. Freiburg: Deutscher Caritas Verband, 1988.

Merfert-Diete, Christa; Soltau, Roswitha (Hg.): Frauen und Sucht. Die alltägliche Verstrickung in Abhängigkeit. Reinbek bei Hamburg: Rowohlt Taschenbuch Verlag, 1984.

Mager, Alexandra: Abhängigkeiten bei Frauen auf dem Hintergrund ihrer geschlechtsspezifischen Sozialisation. Notwendigkeit feministischer Therapiearbeit. Unveröffentlichte Diplomarbeit. Fachhochschulstudiengang Sozialwesen der Universität Eichstätt, 1985.

Maguire, Anne: Vom Sinn der kranken Sinne. Solothurn, Düsseldorf: Walter Verlag, 1993.

Matisse, Henri: Jazz. New York: George Braziller, 1992.

Merleau-Ponty, Maurice: Das Auge und der Geist. Philosophische Essays. Herausgegeben und übersetzt von Hans Werner Arndt. Hamburg: Felix Meiner Verlag, 1984.

Milosz, Czeszlaw: Nobel Lecture, Stockholm: Nobel Foundation, 1980.

Mitchell, Juliet: Psychoanalyse und Feminismus. Freud, Reich, Laing und die Frauenbewegung. Frankfurt am Main: © Suhrkamp verlag, 1985.

Moeller, Michael Lukas: Anders Helfen. Selbsthilfegruppen und Fachleute arbeiten zusammen. Stuttgart: Klett Verlag, 1981.

Montessori, Maria: Lernen ohne Druck. Schöpferisches Lernen in Familie und Schule. Freiburg, Basel, Wien: Herder Spektrum, 1996, 2. Auflage.

Montessori-Schule Dachau: Pädagogisches Konzept für die Montessori-Schule Dachau. Dachau: o.V., o.J. (an der Schule zu beziehen).

Müller, André spricht mit Peter Handke: Wer einmal versagt im Schreiben, hat für immer versagt. In Die Zeit, 3.3.89, 77ff.

Münchener Neues Testament. Studienübersetzung. Düsseldorf: Patmos Verlag, 1991.

Nestmann, Frank, Schmerl, Christiane (Hg.): Frauen - das hilfreiche Geschlecht. Dienst am Nächsten oder soziales Expertentum? Reinbek bei Hamburg: Rowohlt Taschenbuch Verlag, 1991.

Neubeck-Fischer, Helga (Hgin.): Frauen und Abhängigkeit. München: Fachhochschule München, Fachbereich 11 Sozialwesen, 1991.

Neubeck-Fischer, Helga (Hgin.): Sucht: ein Versuch zu (über)leben. München: Sandmann Verlag, 1994.

Nietzsche, Friedrich W.: Die Geburt der Tragödie aus dem Geiste der Musik. Frankfurt am Main: Insel Verlag, 1987.

Nitzschke, Bernd: Die Zerstörung der Sinnlichkeit. München: Matthes & Seitz Verlag, 1981.

Nitzschke, Bernd: Frühe Formen des Dialogs. Musikalisches Erleben - Psychoanalytische Reflexionen. In: Musiktherapeutische Umschau, Sonderheft. 1985, 3-23.

Nordhofen, Eckhard: Reden ist nicht alles. Neue Studien zur Aktualität Ernst Cassirers. In: Frankfurter Allgemeine Zeitung, 14.3.89, Nr. 62, Seite L 15.

Northrup, Christiane: Frauenkörper-Frauenweisheit. München: Z. Sandmann Verlag, 1994.

Ohlig, Adelheid: Luna Yoga - der sanfte Weg zu Fruchtbarkeit und Lebenskraft. München: Goldmann Verlag, 1993.

Olsen, Tillie: Silences. New York: Delacorte Press, 1978.

Papousek, H. & Bornstein, M.H.: The Naturalistic Voice Environment of Young Infants: On the Significance of Homogeneity and Variability in Parental Speech. In: Field, T. & Fox, N. (Ed.): Social Perception in Infants. Norwood, New Jersey: Ablex, 1985, 269-297.

Papousek, Hanus und Papousek, Mechthild: Vorsprachliche Kommunikation. Anfänge, Formen, Störungen und psychotherapeutische Ansätze. In: Integrative Therapie, 1-2, 1992, 139-155.

Papousek, Mechthild: Vom ersten Schrei zum ersten Wort. Anfänge der Sprachentwicklung in der vorsprachlichen Kommunikation. Bern, Göttingen, Toronto, Seattle: Verlag Hans Huber, 1994 (Vergleiche hier auch das ausführliche Literaturverzeichnis, einschließlich aller Veröffentlichungen von M. Papousek sowie H. Papousek).

Pascal, Blaise: Le Coeur et ses Raisons. Pensées. Logik des Herzens. Gedanken. Auswahl, Übersetzung und Nachwort von Fritz Paepke. München: Deutscher Taschenbuch Verlag, 1980.

Petri, Horst: Angst und Frieden. Psychoanalyse und gesellschaftliche Verantwortung. Frankfurt am Main: Fischer, 1987.

Petzold, Hilarion, Orth, Ilse (Hrsg.): Poesie und Therapie. Über die Heilkraft der Sprache. Poesietherapie, Bibliotherapie, Literarische Werkstätten. Paderborn: Junfermann Verlag, 1985.

Prima Donna (Hginnen): Prima Donna. 10 Jahre Festschrift. München, 1996. Zu beziehen über die Geschäftsleitung von Condrobs e.V., Franzstr. 5, 80802 München, sowie direkt über das Projekt.

PSYCHOLOGINNENGRUPPE München: Spezifische Probleme von Frauen und ein Selbsthilfeansatz. In Keupp/Zaumseil (Hg.): Die gesellschaftliche Organisierung psychischen Leidens. Frankfurt/M.: © Suhrkamp Verlag, 1978.

Quadflieg, Will im Gespräch mit Wolfgang Veit: Spielen - ein Manifestieren von Menschlichkeit. In: Bühnenkunst 2/88, 61-66.

Radó, Sándor: Die psychischen Wirkungen der Rauschgifte. Versuch einer psychoanalytischen Theorie der Süchte. In: Psyche, 1975, 29. Jg. Hft. 4, 360-376.

Rahner, Hugo: Der spielende Mensch. Freiburg: Johannes Verlag Einsiedeln, 1990.

Reik, Theodor: Hören mit dem dritten Ohr. Die innere Erfahrung eines Psychoanalytikers. Hamburg: Hoffmann und Campe Verlag, 1976.

Reinharz, Schulamit: The Concept of Voice. Paper presented at conference entitled "Human Diversity: Perspectives on People in Context". University of Maryland, College Park, Maryland, October 22-24, 1988.

Rerrich, D.: Erste Thesen hin zu einer kritischen Theorie einer Gemeindepsychologie. In: Faltermaier, Toni; Keupp, Heiner; Rerrich, Dodó; Stark, Wolfgang: Münchner Gesprächskreis zur Gemeindepsychologie 1987. Unveröffentliche Broschüre.

Rerrich, D.: Prima_Donna. In: Psychologie Heute, Dezember 1988, 10-12.

Rerrich, D. & Lipp, A.: Prima_Donna. Eine Möglichkeit zur Überwindung der Lebensverletzungen drogenabhängiger Frauen. Unveröffentlicher Vortrag gehalten am 6. Juni 1989 auf der Stiftungsratsitzung der Stiftung für Bildung und Behindertenförderung GmbH.

Rerrich, D.: Leitbild Begleitung: Was heißt frauenspezifische Sozialtherapie bei Prima_Donna? In: Verhaltenstherapie & Psychosoziale Praxis, Schwerpunktthema Alkohol-Drogen-Aids. 1990, Nr. 1, 31-47.

Rerrich, D.: Prima_Donna. Auf der Suche nach möglichen Unmöglichkeiten. In: Störfaktor, Zeitschrift kritischer Psychologinnen und Psychologen, 14, 4.Jg. Heft 2, 1990, 3-12.

Rerrich, D.: Prima_Donna. Bericht über das Modell der sozialtherapeutischen Wohngemeinschaft für drogenabhängige Frauen. München: Archimed Verlag, 1991 (Unveröffentlichte Dokumentation 1987).

Rerrich, D.: Frauenselbsthilfe - Frauen helfen Frauen. In: Nestmann, F., Schmerl, C. (Hg.): Frauen - das hilfreiche Geschlecht. Reinbek bei Hamburg: Rowohlt Taschenbuch Verlag, 1991, 171-184.

Rerrich, M.S.: Selbstorganisierte Frauengruppen. In: Kcupp, H., Rerrich, D. (Hg.): Psychosoziale Praxis. Gemeindepsychologische Perspektiven. München: Urban & Schwarzenberg, 1982.

Rerrich, Maria S.: Balanceakt Familie. Zwischen alten Leitbildern und neuen Lebensformen. Freiburg: Luchterhand Verlag, 2. aktualisierte Auflage, 1990.

Rerrich, M.S.: Ein gleich gutes Leben für alle? Über Ungleichheitserfahrungen im familialen Alltag. In: Berger, Peter; Hradil, Stefan (Hg.): Lebenslagen, Lebensläufe, Lebensstile. Sonderband 7 der Sozialen Welt, Göttingen 1990.

Rerrich, M.S.: Seine Lebensführung + ihre Lebensführung = gemeinsame Lebensführung? Empirische Befunde und kategoriale Überlegungen. In: Voß, Günter (Hg.): Die Zeiten ändern sich - alltägliche Lebensführung im Umbruch, Sonderband der SFB-Mitteilungen. München, 1991.

Rerrich, M.S.: Puzzle Familienalltag: wie passen die einzelnen Teile zusammen? In: Jugend und Gesellschaft. Zeitschrift für Erziehung, Jugendschutz und Suchtprävention, Heft 5/6, 1991.

Rerrich, M.S.: Familiale Lebensformen heute: zwischen "nicht mehr" und "noch nicht". In: Arbeitsgemeinschaft für katholische Familienfragen (AFK) e.V. (Hg.): Familie gestalten. Beiträge zur Familienkultur. Bonn, 1992.

Rerrich, Maria S.: Auf dem Weg zu einer neuen internationalen Arbeitsteilung der Frauen in Europa? Beharrungs- und Veränderungstendenzen in der Verteilung von Reproduktionsarbeit. In: Schäfers, Bernhard (Hg.): Lebensverhältnisse und soziale Konflikte im neuen Europa. Verhandlungen des 26. Deutschen Soziologentags in Düsseldorf 1992, Frankfurt/M., New York: Campus 1993.

Rerrich, M.S.: Familiale Lebensführung heute: zusammenfügen, was schlecht zusammenpaßt. In: Dokumentation des gesamtösterreichischen Syposiums "Gesellschaftlicher Wandel - eine Herausforderung an die familienbezogene Bildung" in Salzburg 1993, Salzburg 1994.

Rerrich, M.S.: Zusammenfügen, was auseinanderstrebt: zur familialen Lebensführung von Berufstätigen. In: Beck, Ulrich; Beck-Gernsheim, Elisabeth (Hg.): Riskante Freiheiten - zur Individualisierung von Lebensformen in der Moderne. Frankfurt: © Suhrkamp, 1994.

Rerrich, M.S.: Das Puzzle der Lebensführung von Familien - zusammenfügen, was schlecht zusammenpaßt. In: Brech, Joachim; Drum, Manfred; Wohnbund; Urbanes Wohnen (Hg.): Bauen für Familien: kostengünstig, ökologisch, nachbarschaftlich. Darmstadt, 1994.

Rerrich, M.S.: Bezahlte Arbeit im Privathaushalt - die Sicht der Arbeitsgeberinnen. In: Referat Arbeit und Wirtschaft der Landeshauptstadt München (Hg.): Dokumentation der ExpertInnenrunde "Ungesicherte und unterqualifizierte Arbeit in Privathaushalten - ein Teilarbeitsmarkt (nicht nur) für Ausländerinnen." Eine Veranstaltung der Frauenakademie München, der Ausländerbeauftragten der LH München und des Referats Arbeit und Wirtschaft, München, 1993. Schriftenreihe des Referats Arbeit und Wirtschaft, München 1994.

Rerrich, M.S.: Modernizing the Patriarchal Family in West Germany: Some Findings on the Redistribution of Family Work between Women. In: European Journal of Women's Studies 3 (1) 1996, 27-37.

Rerrich, Maria S.: Die neue Dienstbotenfrage. Patriarchale Modernisierung von Familienstrukturen und neue Ungleichheiten zwischen Frauen (Arbeitstitel). In Vorbereitung.

Reuter-Liehr, Carola: Lautgetreue Rechtschreibförderung. Bochum: Verlag Dieter Winkler, 1992.

Rich, Adrienne: Von Frauen geboren. Mutterschaft als Erfahrung und Institution. München: Verlag Frauenoffensive, 1979.

Rich, Adrienne: On Lies, Secrets and Silences. New York: W.W. Norton & Co., 1979.

Richter, Erwin: So lernen Kinder sprechen. Die normale und die gestörte Sprachentwicklung. 2., unveränderte Auflage. München, Basel: Ernst Reinhardt Verlag, 1989.

Rommelspacher, Birgit (Herausgeberin): Weibliche Beziehungsmuster. Psychologie und Therapie von Frauen. Frankfurt am Main: Campus Verlag, 1987.

Rücker-Vogler, Ursula: Kinder können entspannt lernen. Grundlagen und Übungen. München: Don Bosco Verlag, 1994.

Rühmkorf, Eva: Grußwort. In: Hamburgische Landesstelle gegen die Suchtgefahren e.V.: Frau und Sucht. Arbeitstagung der Hamburgischen Landesstelle gegen die Suchtgefahren e.V. Hamburg, 1985.

Rumpf, Horst: Die unbekannte Nähe. Über Entautomatisierungen. Vortrag, gehalten am 21.10.1993, Fachtagung Exploration Sinnenreich, Universität München. In: Zacharias, Wolfgang (Hrsg.): EXPLORATION SINNENREICH 1994, 93-106.

Sacks, Oliver: Seeing Voices. A journey into the World of the Deaf. London: Picador, 1990.

Saatweber, Margarete: Einführung in die Arbeitsweise Schlaffhorst-Andersen. Atmung, Stimme, Sprache, Haltung und Bewegung in ihren Wechselwirkungen. Hannover-Kleefeld: Druckerei Stephansstift, o.J.

Schafer, Murray: Klang und Krach. Eine Kulturgeschichte des Hörens. Frankfurt am Main: Athenäum, 1988. (Orig.: The Tuning of the World.(!) Toronto: The Canadian Publishers, 1977.)

Schafer, Murray: Vortrag gehalten auf dem Festival des Hörens in Erlangen, September 1990.

Schami, Rafik: Andere Märchen. Mit Illustrationen von Angelika Sahra. Bonn: Progress-Dritte-Welt-Verlag, 1978.

Schami, Rafik: Das Schaf im Wolfspelz. Mit Zeichnungen von Barbara Richter. Dortmund: Pädagogische Arbeitsstelle, 1982.

(Schami, Rafik: Das Schaf im Wolfspelz. Illustriert von Root Leeb. München: dtv, 1994.)

Schami, Rafik: Luki: Die Abenteuer eines kleinen Vogels. Mit Illustrationen von Theo Scherling. Göttingen: Fischer Verlag, 1983.

Schami, Rafik: das letzte Wort der Wanderratte. Märchen, Fabeln und phantastische Geschichten. Mit neun Graphiken von Erika Rapp. Kiel: Neuer Malik Verlag, 1984.

(Schami, Rafik: Das letzte Wort der Wanderratte. Illustriert von Root Leeb. München: dtv, 1994).

Schami, Rafik: Weshalb darf Babs wieder lachen? Mit Illustrationen von Erika Rapp. Göttingen: Fischer Verlag, 1985.

Schami, Rafik: Bobo und Susu. Als der Elefant sich in eine Maus verliebte. Mit Illustrationen von Erika Rapp. Wien: Jungbrunnen, 1986.

Schami, Rafik: Der Kameltreiber von Heidelberg. Ein Hörspiel und die Geschichten "Der Schmetterling" und "Bobo und Susu". Dortmund: pläne (Audiokassette), 1986.

Schami, Rafik: Eine Hand voller Sterne. Weinheim und Basel: Beltz Verlag, 1987

(Schami, Rafik: Eine Hand voller Sterne. Illustriert von Root Leeb. München: dtv, 1995).

Schami, Rafik: Erzähler der Nacht. Weinheim und Basel: Beltz Verlag, 1989.

(Schami, Rafik: Erzähler der Nacht. Illustriert von Root Leeb: München: dtv, 1994).

Schami, Rafik: Der Löwe Benilo. Mit Illustrationen von Erika Rapp. Wien: Jungbrunnen, 1989.

Schami, Rafik: Der Wunderkasten. Mit Illustrationen von Peter Knorr. Weinheim: Beltz & Gelberg, 1990.

Schami, Rafik: Der Fliegende Baum. Die schönsten Märchen, Fabeln und phantastischen Geschichten. Mit Illustrationen von Root Leeb. Kiel: Neuer Malik Verlag, 1991.

Schami, Rafik: Vom Zauber der Zunge. Reden gegen das Verstummen. Frauenfeld: Verlag Im Waldgut, 1991.

Schami, Rafik: Märchen aus Malula. Illustriert von Root Leeb. Kiel: Neuer Malik Verlag, 1992 (Schami, Rafik: Märchen aus Malula. Illustriert von Root Leeb. München: dtv, 1994).

Schami, Rafik: Der ehrliche Lügner. Roman von tausendundeiner Lüge. Weinheim und Basel: Beltz Verlag, 1992

(Schami, Rafik: Der ehrliche Lügner. Illustriert von Root Leeb. München: dtv, 1996).

Schami, Rafik: Der Fliegenmelker. Geschichten aus Damaskus. Illustriert von Root Leeb. Kiel: Neuer Malik Verlag, 1993

(Schami, Rafik: Der Fliegenmelker. Geschichten aus Damaskus. Illustriert von Root Leeb. München: dtv, 1994).

Schami, Rafik: Zeiten des Erzählens. Illustriert von Root Leeb. Herausgegeben von Erich Joos. Freiburg, Basel, Wien: Herder Verlag, 1994.

Schami, Rafik: Der erste Ritt durchs Nadelöhr. Illustriert von Root Leeb. München: dtv, 1994.

Schami, Rafik, Erlbruch, Wolf: Das ist kein Papagei! München: Carl Hanser Verlag, 1994.

Schami, Rafik: Der brennende Eisberg. Verlag im Waldgut (Schweiz), 1994.

Schami, Rafik: Reise zwischen Nacht und Morgen. Illustriert von Root Leeb. München: Hanser Verlag, 1995.

Schami, Rafik: Der Schnabelsteher. Mit Illustrationen von Els Cools und Oliver Streich. Gossau: Nord Süd, 1995.

Schami, Rafik: Der Schnabelsteher. Hamburg: Nord-Süd-Verlag, 1995.

Schami, Rafik: Reise zwischen Nacht und Morgen. Illustriert von Root Leeb. München: Carl Hanser Verlag, 1995.

Schami, Rafik: Die Sehnsucht fährt schwarz. Illustriert von Root Leeb. Kiel: Neuer Malik Verlag, 1996.

Schami, Rafik: Fatima und der Traumdieb. Mit Illustrationen von Els Cools und Oliver Streich. Gossau: Nord Süd, 1996.

Schami, Rafik: Hürdenlauf oder Von den unglaublichen Abenteuern, die einer erlebt, der seine Geschichte zu Ende erzählen will. Rede in der Johann Wolfgang Goethe-Universität, Frankfurt am 28. Juni 1996. Mit Werkverzeichnis und Literatur zum kinder- und jugendliterarischen Werk. Jahresgabe 1996. Frankfurt am Main: Institut für Jugendbuchforschung der Johann Wolfgang Goethe-Universität, 1996.

Schami, Rafik: Loblied und andere Olivenkerne. Mit Zeichnungen von Root Leeb. München: Hanser Verlag, 1996.

Schami, Rafik: Fatima und der Traumdieb. Hamburg: Nord-Süd-Verlag, 1996.

Schami, Rafik: Loblied und andere Olivenkerne. Mit Zeichnungen von Root Leeb. München: Carl Hanser Verlag, 1996.

Schami, Rafik: Der erste Kuß nach drei Jahren. Illustriert von Root Leeb. München: dtv, 1996.

Schami, Rafik: Gesammelte Olivenkerne. Illustriert von Root Leeb. München: Carl Hanser Verlag, 1997.

Schami, Rafik: Milad. Illustriert von Root Leeb. München: Carl Hanser Verlag, 1998.

Schami, Rafik: Damals dort und heute hier. Freibrug: Herder Verlag, 1998.

Scheffler, Sabine: Feministische Therapie. In: Beiträge zur feministischen Theorie und Praxis. Neue Heimat Therapie. Bd. 17. Köln 1986.

Scheffler, Sabine: Frauen und Abhängigkeit. Vortrag, gehalten auf dem 10. Bundesdrogenkongress "Wenn Frauen aus der Falle rollen...", Stuttgart, 1987.

Schellenbaum, Peter: Abschied von der Selbstzerstörung. Befreiung der Lebensenergie. Stuttgart: Kreuz Verlag, 1987.

Schivelbusch, Wolfgang: Das Paradies, der Geschmack und die Vernunft. Eine Geschichte der Genußmittel. Frankfurt am Main: Ullstein, 1983.

Schimmel, Annemarie: Nimm eine Rose und nenne sie Lieder. Poesie der islamischen Völker. Köln: Diederichs, 1987.

Schmidt, Alfred: Emanzipatorische Sinnlichkeit. Ludwig Feuerbachs anthropologischer Materialismus. München: Piper Verlag, 1988.

Schmidtbauer, W.; v. Scheidt, J.: Handbuch der Rauschdrogen. München: Nymphenburger Verlag, 1988.

Schulte, Birgitta M.: Leben ist Schwingung. In: spielen und lernen 5/90, 29-30.

Seilern und Aspang, Emer: Frühkindlicher Autismus - eine Krankheit unserer Zeit. Unveröffentlichte Diplomarbeit zur Diplomprüfung in der Psychologie, Ludwig-Maximilians-Universität, München, 1988.

Selbmann, Rolf: Vom Herzen. Ein Insel-Buch. Frankfurt am Main: Insel Verlag, 1988.

Sindelar, Brigitte: Rechtschreibtraining. Lernprobleme an der Wurzel packen. Trainingsprogramme gegen Lernstörungen. Wien: Eigenverlag, 1986.

Sloterdijk, Peter: Kritik der zynischen Vernunft. Erster und zweiter Band. Frankfurt am Main: © Suhrkamp Verlag, 1983.

Sloterdijk, Peter: Zur Welt kommen. Zur Sprache kommen. Frankfurter Vorlesungen. Frankfurt am Main: © Suhrkamp, 1988.

Sloterdijk, Peter: Weltfremdheit. Frankfurt am Main: © Suhrkamp Verlag, 1993.

Soltau, Roswitha und Kulzer, Elisabeth: Modell einer therapeutischen Wohngemeinschaft für drogenabhängige Frauen. Mai 1985. Abgedruckt in: Rerrich, D.: Prima_Donna. Bericht über das Modell der sozialtherapeutischen Wohngemeinschaft für drogenabhängige Frauen. München, Archimed Verlag, 1991, Anhang.

Sonntag, Ute: Die Oferrolle überwinden. In: Blätter der Wohlfahrtspflege – Deutsche Zeitschrift für Sozialarbeit 2/93

Sonntag, Ute: Empowermentprozesse bei Frauen. In: impulse, Newsletter zur Gesundheitsförderung, Nr. 16, 3. Quartal 1997/September

Sontag, Susan: The Third World of Women. In: Partisan Review, Vol. XL, Nr. 2, 1973, 180-207.

Sophokles: Antigone. Übersetzt von Hölderlin. Bearbeitet von Martin Walser und Edgar Selge. Frankfurt am Main: Insel Verlag, 1989.

Spitz, René (Unter Mitarbeit von Godfrey Cobliner): Vom Säugling zum Kleinkind. Stuttgart: Klett Verlag, 1974.

Spitz, René: Vom Dialog. Studien über den Ursprung der menschlichen Kommunikation und ihrer Rolle in der Persönlichkeitsbildung. München: Deutscher Taschenbuch Verlag, 1988.

Stark, Wolfgang: Gemeindepsychologische Geschichte(n): Zur Bedeutung von Geschichten für eine gemeindepsychologische Perspektive. Fünf Annäherungen. In: Böhm, Ingrid; Faltermaier, Toni; Flick, Uwe; Krause Jacob, Mariane (Hrsg.): Gemeindespsychologisches Handeln. Ein Werkstattbuch. Freiburg im Breisgau: Lambertus, 1992, 28-44.

Stark, Wolfgang: Empowerment. Neue Handlungskompetenzen in der psychosozialen Praxis. Freiburg im Breisgau: Lambertus Verlag, 1996.

Stevenson, Victor (Ed.): Words. An illustrated history of western languages. London & Sydney: Macdonald & Co. Publishers Ltd., 1983.

Strauss, Anselm L.: Grundlagen qualitativer Sozialforschung, Datenanalyse und Theoriebildung in der empirischen soziologischen Forschung. Mit einem Vorwort von Bruno Hildenbrand. München: Wilhelm Fink Verlag, 1991.

Stelzer, Christian: Vom Hören ist nicht viel zu lesen. Texte zu einem übersehenen Thema. Eine Publikation der Theaterwissenschaft Erlangen. Nürnberg: Druckhaus Nürnberg, 1990.

Stern, Daniel: Mutter und Kind. Die erste Beziehung. Stuttgart: Klett-Cotta, 1979. (Orig.: The First Relationship: Infant and Mother.(!) London: Fontana/ Open Books, 1977).

Stern, Daniel: The Interpersonal World of the Infant. New York: Basic Books, 1985.

Sturdivant, Susan: Therapy with Women. A Feminist Philosophy of Treatment. New York: Springer Publishing Company, 1980.

Taplin, Oliver: Greek Fire. London: Jonathan Cape Ltd., 1989.

Torres Pastorino, C.: Minutos de Sabedoria. Petropolis: Editora Vozes Ltda., 1986.

Tomatis, Alfred A.: Der Klang des Lebens. Vorgeburtliche Kommunikation - die Anfänge der seelischen Entwicklung. Einführung und Bearbeitung von Sabina Manassi. Reinbek bei Hamburg: Rowohlt Verlag, 1987 (Original: La Nuit utérine).

Tomatis, Alfred A.: Klangwelt Mutterleib. Die Anfänge der Kommunikation zwischen Mutter und Kind. München, Kösel Verlag, 1994.

Toulmin, Stephen: Kosmopolis. Die unerkannten Aufgaben der Moderne. Frankfurt: © Suhrkamp, 1991.

Tournier, Paul: Zuhören können. Gesammelt und herausgegeben von Charles Piguet. Freiburg im Breisgau: Verlag Herder, 1986.

Vogt, Irmgard: Für alle Leiden gibt es eine Pille: über Psychopharmakonsum und dem geschlechtsspezifischen Gesundheitskonzept bei Mädchen und Frauen. Opladen: Westdeutscher Verlag, 1985.

Vogt, Irmgard: Alkohlikerinnen: eine qualitative Interviewstudie. Freiburg im Breisgau: Lambertus, 1986.

Vogt, Irmgard: Drug Use in Historical Perspective: Continuities and Discontinuities. A Special Reprint. Contemporary Drug Problems, Federal Legal Publications, Inc. (U.S.A.), o.O., 1990.

Vogt, Irmgard: Gewaltsame Erfahrungen: "Gewalt gegen Frauen" als Thema in der Suchtkrankenhilfe. Bielefeld: Kleine, 1993 (Materialien zur Frauenforschung 17)

Walter, Melitta (Herausgeberin): Ach, wär's doch nur ein böser Traum! Frauen und AIDS. Freiburg im Breisgau: Hensch Verlag, 1987.

Wildwasser Bielefeld e.V. (Hginnen): Der aufgestörte Blick. Multiple Persönlichkeiten, Frauenbewegung und Gewalt. Bielefeld: Kleine Verlag, Wiss. Reihe 4, 1997.

Weizenbaum, Joseph: Kurs auf den Eisberg. Die Verantwortung des Einzelnen und die Diktatur der Technik. München, Zürich: Piper, 1988.

Weizenbaum, Joseph, Herausgegeben von Wendt, Gunna: Wer erfindet die Computermythen? Der Fortschritt in den großen Irrtum. Herausgegeben von Gunna Wendt. Freiburg, Basel, Wien: Herder Spektrum, 1993.

Wendt, Gunna (Herausgeberin): Die Jazz-Frauen. Hamburg, Zürich: Luchterhand Verlag, 1992.

Williams, William Carlos: Die Worte, die Worte, die Worte. Gedichte Amerikanisch und deutsch. Übertragung, das Gedicht "Envoi" und Nachwort von Hans Magnus Enzensberger. Frankfurt/M.: c © Suhrkamp Verlag, Zweite Auflage 1973, c © Suhrkamp Verlag, Frankfurt am Main 1962.

Williams, William Carlos: Eine Nacht im Juni. Zürich: Verlag Arche, 1980.

Wilson Schaef, Anne: Im Zeitalter der Sucht. Hamburg: Hoffmann und Campe, 1991.

Winnicott, D.W.: Babys und ihre Mütter. Stuttgart: Klett Verlag, 1990.

Winnicott, D.W.: Reifungsprozesse und fördernde Umwelt. Frankfurt am Main: Fischer Taschenbuch Verlag, 1990.

Wissenschaftliches Zentrum II für Psychoanalyse, Psychotherapie und psychosoziale Forschung der Gesamthochschule Kassel: Unterbrochene Verbindungen: I. Stimme und Ohr. Theorien und Techniken des Hörens. II. Computer und Psyche. Zur Topologie unbewußter und maschineller Information. Heft 35/36, Juni 1991.

Wolf, Christa: Ein Modell von der anderen Art. In: Ansprachen. Darmstadt: Luchterhand Literaturverlag, 1988, 9-12.

Wollstonecraft, Mary: Vindication of the Rights of Woman. London: Penguin, 1985.

Young, Iris: Impartiality and the Civic Public: Some Implications of Feminist Critiques of Moral and Political Theory. In: Praxis International 5:4 January 1986, 381-401.

Zarncke, Lilly: Psychologie und Glaube. Eine Auseinandersetzung mit den Systemen der Tiefenpsychologie. Berlin: Morus-Verlag, 1960.

Ziegler, Beata: Das innere Hören. München: Musikverlag Max Hieber, 1984.

Zimmer, Katharina: Das wichtigste Jahr. Die seelische und körperliche Entwicklung im ersten Lebensjahr. München: Kösel Verlag, 1987.

Zimmermann, Ursula: Rhythmisch-musikalische Basiserziehung bei Legasthenikern. In: Dummer, Lisa: Legasthenie. Bericht über den Fachkongreß 1986. Hannover: Bundesverband Legasthenie e.V., 1987.

Zweig, Connie (Ed.): To Be a Woman. The Birth of the Conscious Feminine. London: Mandala, 1991.